中華文化促進會主持編纂

國家"十一五"~"十四五"重點圖書出版規劃項目

中國社會科學院哲學社會科學創新工程學術出版資助項目

出品人　王石　段先念

今注本二十四史

宋 薛居正等 撰

陳智超 紀雪娟 主持校注

舊五代史

八　　唐書〔四〕

中國社會科學出版社

舊五代史　卷四九

唐書二十五

后妃列傳第一

貞簡曹太后

　　武皇帝貞簡皇后曹氏，[1]莊宗之母也。[2]太原人，[3]以良家子嬪於武皇。姿質閑麗，性謙退而明辨，雅爲秦國夫人所重，[4]常從容謂武皇曰："妾觀曹姬非常婦人，王其厚待之。"武皇多内寵，乾寧初，[5]平燕薊，[6]得李匡儔妻張氏，[7]姿色絶代，嬖幸無雙。時姬侍盈室，罕得進御，唯太后恩顧不衰。武皇性嚴急，左右有過，必峻於譴罰，無敢言者，唯太后從容救諫，即爲解顔。及莊宗載誕，[8]體貌奇傑，武皇異而憐之，太后益寵貴，諸夫人咸出其下，后亦恭勤内助，左右稱之。

　　[1]武皇帝：五代後唐太祖李克用謚號。莊宗即位，追謚武皇帝，廟號太祖，陵在雁門。李克用，沙陀部人，生於神武川新城

（一説今山西朔州市朔城區之梵王寺村，一説今山西應縣縣城，一説今山西懷仁縣之日中城）。後唐實際奠基者。紀見本書卷二五至卷二六、《新五代史》卷四。

[2]莊宗：五代後唐李存勗廟號。李存勗，沙陀部人。後唐王朝的建立者。923年至926年在位。紀見本書卷二七至卷三四、《新五代史》卷五。

[3]太原：府名。治所在今山西太原市。

[4]雅爲秦國夫人所重：秦國夫人劉氏爲後唐武皇正室，武皇封晉王，劉氏封秦國夫人，事見《新五代史》卷一四《唐太祖家人傳》。莊宗即位後，册尊生母曹氏爲皇太后，而以嫡母劉氏爲皇太妃。

[5]乾寧：唐昭宗李曄年號（894—898）。

[6]燕薊：地區名。即今河北北部、北京市、天津市一帶。乾寧初，平燕薊："平燕薊"，見《輯本舊史》卷二六《唐武皇紀下》乾寧元年（894）十月至十二月記事。

[7]李匡儔：人名。范陽（今北京市）人。幽州節度使李全忠之子、李匡威之弟。唐末軍閥。傳見《舊唐書》卷一八〇、《新唐書》卷二一二。　得李匡儔妻張氏：《舊五代史考異》："原本避宋諱作李儔，今據《新唐書·藩鎮傳》增入。"見《新唐書》卷二一二《李匡籌傳》。"李匡儔"之"儔"，《輯本舊史》《新五代史》各處同，新、舊《唐書》及《通鑑》作"籌"。

[8]載誕：猶言出生。

　　武皇薨，莊宗嗣晉王位，[1]時李克寧、李存顥謀變，[2]人情危懼。太后召監軍張承業，[3]指莊宗謂之曰："先人把臂授公此兒，如聞外謀，欲孤付託，公等但置予母子有地，毋令乞食于汴，[4]幸矣。"承業因誅存顥、克寧，以清内難。[5]莊宗善音律，喜伶人譴浪，太后嘗提耳誨之。天祐七年，[6]鎮、定求援，[7]莊宗促命治兵，太后曰：“予齒漸衰，兒但不墜先人之業爲幸矣，何事櫛風沐雨，離我晨昏！”莊宗曰：“稟先王遺旨，須滅仇讎。山東之事，[8]機不可失。”及發，太后餞于汾橋，[9]悲不自勝。莊宗平定趙、魏，[10]駐于鄴城，[11]每一歲之內，馳駕歸寧者數四，[12]士民服其仁孝。[13]

[1]武皇薨，莊宗嗣晉王位：《輯本舊史》卷二六《唐武皇紀下》繫此事於唐天祐五年（908）正月。

[2]李克寧：人名。沙陀部人。李克用之弟。唐末、五代後唐將領。傳見本書卷五〇、《新五代史》卷一四。　李存顥：人名。籍貫不詳。唐末李克用義子。事見本書本卷、卷五〇，《新五代史》卷一四。

[3]監軍：官名。爲臨時差遣，代表朝廷協理軍務，督察將帥。五代時常以宦官爲監軍。　張承業：人名。同州（今陝西大荔縣）人。唐末五代宦官，河東監軍。傳見本書卷七二、《新五代史》卷三八。

[4]汴：州名。治所在今河南開封市。

[5]“時李克寧、李存顥謀變”至“以清內難”：此事見《輯本舊史》卷二七《唐莊宗紀一》天祐五年正月、二月各條，亦見《通鑑》卷二六六開平二年（908）正月、二月各條。唐天祐五年即五代後梁開平二年。

[6]天祐：唐昭宗李曄開始使用的年號（904）。唐哀帝李柷即位後沿用（904—907）。唐亡後，河東李克用、李存勗仍稱天祐，沿用至天祐二十年（923）。五代其他政權亦有行此年號者，如南吳、吳越等，使用時間長短不等。

[7]鎮：州名。治所在今河北正定縣。　定：州名。治所在今河北定州市。

[8]山東：太行山以東。

[9]汾橋：橋名。位於今山西太原市。

[10]趙：封國名。此處代指唐末河北方鎮成德軍，治所在今河北正定縣。時王鎔爲成德軍節度使、趙王。　魏：州名。此處代指唐末河北方鎮魏博軍，治所在今河北大名縣。時羅弘信爲魏博軍節度使。

[11]鄴城：地名。即鄴都。治所在今河北大名縣。

[12]歸寧：回家省親。

[13]“天祐七年”至“士民服其仁孝”：“天祐七年鎮定求援”，《輯本舊史》卷二五《唐武皇紀上》載天祐七年十一月鎮州王鎔遣使來求援。“太后餞于汾橋”，有《舊五代史考異》：“原本作‘渭橋’，今據《通鑑注》改正。”《通鑑》卷二六九貞明二年二月記晉牙將石君立叛晉陽，梁兵扼汾河橋。胡注：“汾橋在晉陽城東南汾水上。”汾河橋即汾橋。“士民服其仁孝”，中華書局本有校勘記：“‘士民’原作‘民士’，據彭校、《册府》卷二七乙正。”見明本《册府》卷二七《帝王部·孝德門》。

太后初封晉國夫人，莊宗即位，命宰臣盧程奉册書上皇太后尊號。[1]其年平定河南，[2]西幸洛陽，[3]令皇弟存渥、皇子繼岌就太原迎奉。[4]莊宗親至河陽，[5]迎歸長壽宮。[6]太后素與劉太妃善，[7]分訣之後，悒然不樂。俄聞太妃寢疾，尚醫中使，[8]問訊結轍。既而謂莊宗曰：“吾與太妃恩如伯仲，彼經年抱疾，但見吾面，差足慰心，吾暫至晉陽，[9]旬朔與之俱來。”[10]莊宗曰：“時方暑毒，山路崎嶇，無煩往復，可令存渥輩迎侍太妃。”乃止。及凶問至，太后慟哭累旬，由是不豫，尋崩于長壽宮。[11]同光三年冬十月，[12]上諡曰貞簡皇太后，[13]葬

于坤陵。^[14]《永樂大典》卷一萬九千三百四。^[15]

[1]盧程：人名。范陽（今河北涿州市）盧氏族人。唐末進士，五代後唐宰相。傳見本書卷六七、《新五代史》卷二八。中華書局本有校勘記："'盧程'，原作'盧損'，據本書卷六七《盧程傳》、《新五代史》卷二八《盧程傳》、《通鑑》卷二七二改。按《新五代史》卷五《唐本紀》徐無黨注：'莊宗即位，遣盧程奉册爲皇太后。'另據本書卷一二八《盧損傳》，損未嘗任宰臣。"《輯本舊史》卷六七《盧程傳》："遣程使晋陽宮册皇太后。"《新五代史》卷五《唐本紀》同光二年（924）正月庚申條："如河陽。"注："迎皇太后也。太后曹氏，莊宗母也。莊宗即位，遣盧程奉册爲皇太后。《舊史》《實錄》皆無奉册月日，故不書。"《通鑑》卷二七二同光元年四月己巳條："尊母晋國太夫人曹氏爲皇太后，嫡母秦國夫人劉氏爲皇太妃……詔盧程詣晋陽册太后、太妃。初，太妃無子，性賢，不妬忌；太后爲武皇侍姬，太妃嘗勸武皇善待之，太后亦自謙退，由是相得甚歡。及受册，太妃詣太后宮賀，有喜色，太后怏怏不自安。太妃曰：'願吾兒享國久長，吾輩獲没于地，園陵有主，餘何足言！'因相向歔欷。"

[2]河南：指黄河以南地區。　其年平定河南：《輯本舊史》卷三〇《唐莊宗紀四》繫此事於同光元年十月。

[3]洛陽：地名。即今河南洛陽市。　西幸洛陽：《輯本舊史》卷三〇繫此事於同光元年十二月庚午。

[4]存渥：人名。即李存渥。李克用之子，後唐莊宗李存勗之弟。傳見《新五代史》卷一四。　繼岌：人名。即李繼岌。後唐莊宗長子。傳見本書卷五一、《新五代史》卷一四。

[5]河陽：方鎮名。全稱"河陽三城"。治所在孟州（今河南孟州市）。"河陽"，《輯本舊史》原作"懷州"。《輯本舊史》卷三一《唐莊宗紀五》同光二年正月甲寅條："有司上言：'皇太后到

闕，皇帝合於銀臺門内奉迎。’詔親至懷州奉迎。中書奏：‘自二十三日後在散齋之内，車駕不合遠出。’詔改至河陽奉迎。”同月庚申條：“車駕幸河陽，奉迎皇太后。”同月辛酉條：“帝侍皇太后至，文武百僚迎於上東門。”《通鑑》卷二七三同光二年正月諸條：“上遣皇弟存渥、皇子繼岌迎太后、太妃於晋陽，太妃曰：‘陵廟在此，若相與俱行，歲時何人奉祀！’遂留不來。太后至，庚申，上出迎於河陽；辛酉，從太后入洛陽。”據以上材料，莊宗親至河陽奉迎，而非懷州，故改。

[6]長壽宮：宮殿名。位於今河南洛陽市。《輯本舊史》卷三一《唐莊宗紀五》同光二年二月癸巳條：“詔曰：‘皇太后母儀天下，子視群生，當別建宮闈，顯標名號，冀因稱謂，益表尊嚴，宜以長壽宮爲名。’”則“長壽宮”之名並非莊宗親迎皇太后時即有。《輯本舊史》卷三二《唐莊宗紀六》同光二年十月丁丑條：“皇后差使賜兗州節度使李紹欽湯藥。時皇太后行誥命，皇后劉氏行教命，互遣使人宣達藩后，紊亂之弊，人不敢言。”同卷同光三年四月庚辰條：“帝侍皇太后幸會節園，遂幸李紹榮之第。”

[7]劉太妃：人名。指李克用正妻劉氏。代北（今山西代縣）人。莊宗即位，以嫡母劉氏爲皇太妃。傳見本書本卷、《新五代史》卷一四。

[8]中使：官名。泛指朝廷派出的使臣。多由宦官擔任。

[9]晋陽：地名。太原別稱，爲宋太宗火燒、水淹而毀。城址位於今山西太原市晋源區。

[10]旬朔：十天或一個月。意即時間短暫。

[11]“及凶問至”至“尋崩于長壽宮”：《輯本舊史》卷三二《唐莊宗紀六》同光三年五月丁酉條：“皇太妃劉氏薨於晋陽，廢朝五日，帝於興安殿行服。時皇太后欲奔喪於晋陽，百官上表請留，乃止。”《輯本舊史》卷三三《唐莊宗紀七》同光三年七月壬寅條：“皇太后崩於長壽宮，帝執喪於内，出遺令以示於外。”《新五代史》卷五《唐本紀》同光三年七月壬寅條：“皇太后薨。”卷一四

《太祖正室劉氏次妃曹氏傳》：“同光三年五月，太妃薨。七月，太后崩。”《通鑑》卷二七三同光三年五月丁酉條：“北都奏太妃薨。”同年七月壬寅條：“太后殂。帝哀毀過甚，五日方食。”《會要》卷一皇后條同光三年八月記事：“中書門下奏：‘據禮儀使狀，準禮及故事，太常少卿定諡，太常卿署定訖，告天地宗廟。伏準禮文，賤不得誄貴，子不得爵母。后必諡于廟者，受成于祖宗。今皇太后諡，請太常卿署定後，集百官連署諡狀訖，讀于太廟太祖武皇帝室，然後差丞郎一人撰册文，別定日命太尉上諡册于西宮靈座，同日差官告諡于天地、太微宮、宗廟，如常告之儀。’從之。”同年九月條：“中書門下奏：‘大行皇太后諡議，合讀于太廟太祖武皇帝室，其日合集兩省御史臺五品以上、尚書省四品以上、諸司三品以上官于太廟序立，俟行告禮畢，中書省班首一人升階，詣太祖武皇帝讀諡訖奏聞，別擇日上諡册於西宮靈座，及祭告天地、宗廟。’從之。”

[12]同光：五代後唐莊宗李存勖年號（923—926）。

[13]上諡曰貞簡皇太后：《輯本舊史》卷三三《唐莊宗紀七》同光三年十月庚申條：“宰臣及文武三品以上官赴長壽宮，上大行皇太后諡曰貞簡皇太后。”

[14]葬于坤陵：“坤陵”，《輯本舊史》原作“壽安陵”。《輯本舊史》卷三三《唐莊宗紀七》同光三年十月辛酉條：“幸甘泉，遂幸壽安陵。”同月丁卯條：“奉皇太后尊諡寶册赴西宮靈座。”同月己巳條：“中書上言：‘貞簡太后陵請以坤陵爲名。’從之。初卜山陵，帝欲祔於代州武皇陵，奏議：‘天子以四海爲家，不當分其南北。’乃於壽安縣界別卜是陵。”同月丁亥條：“文武百官上表，以貞簡皇太后靈駕發引，請車駕不至山陵所。”同月戊子條：“葬貞簡太后於坤陵。”同年十一月庚寅條：“帝幸壽安，號慟於坤陵。”同月己丑條：“禮儀使奏：‘貞簡皇太后升祔禮畢，一應宗廟伎樂及諸祀並請仍舊。’從之。”此條亦見卷一四三《禮志下》同光三年十一月條。卷八一《晉少帝紀一》天福八年正月辛巳條：“盜發唐坤

陵，莊宗母曹太后之陵也。"《新五代史》卷五《唐本紀》同光三年十月戊子條："葬貞簡太后於坤陵。"卷一四《正室劉氏次妃曹氏傳》："同光三年七月，太后薨，謚曰貞簡，葬于坤陵。"卷二四《郭崇韜傳》："皇太后崩，葬坤陵，陵在壽安，莊宗幸陵作所。"《通鑑》卷二七三同光三年八月癸未條："會帝自往壽安視坤陵役者，道路泥濘，橋多壞。"該條胡注："《九域志》：壽安縣在洛陽西南七十里。《五代會要》曰：上欲祔太后於代州太祖園陵，中書門下奏議曰：'人君以四海爲家，不當分南北。洛陽是帝王之宅，四時朝拜，理須便近，不能遠幸代州。漢朝諸陵皆近秦雍；國家園寢布列京畿。後魏文帝自代遷洛之後，園陵皆在河南，兼敕應勳臣之家不許北葬，今魏氏諸陵尚在京畿。祔葬代州，理未爲允。'於是作坤陵。"見《會要》卷四皇后陵條。《通鑑》同年十月戊子條："葬貞簡太后于坤陵。"據以上諸書，貞簡太后葬於坤陵，陵在壽安縣，故改。

［15］《大典》卷一九三〇四"后"字韻"五代后"事目。

劉太妃[1]

［1］《輯本舊史》之原輯者案語："《劉太妃傳》，《永樂大典》闕全篇。"

太妃劉氏，武皇之正室也。[1]代北人也。[2]太祖封晋王，[3]劉氏封秦國夫人。[4]

［1］太妃劉氏，武皇之正室也：《大典》卷一二六六"妃"字韻"淑妃"事目。

［2］代北：方鎮名。治所在代州（今山西代縣）。

［3］太祖：五代後唐李克用廟號。後唐莊宗時追尊。

〔4〕"代北人也"至"劉氏封秦國夫人":《新五代史》卷一四《正室劉氏傳》。

晋王李克用妻劉夫人，常隨軍行，至於軍機，多所弘益。先是，汴州上源驛有變，[1]晋王憤恨，欲回軍攻之。夫人曰："公爲國討賊，而以杯酒私忿，必若攻城，即曲在於我，不如回師，自有朝廷可以論列。"於是班退。[2]

〔1〕上源驛：地名。位於今河南開封市。

〔2〕"晋王李克用妻劉夫人"至"於是班退":《北夢瑣言》卷一七晋王上源驛遇難條。《新五代史》卷一四《正室劉氏傳》："自太祖起兵代北，劉氏常從征伐。爲人明敏多智略，頗習兵機，常教其侍妾騎射，以佐太祖。太祖東追黄巢，還軍過梁，館于封禪寺。梁王邀太祖入城，置酒上源驛，夜半以兵攻之。太祖左右有先脱歸者，以難告夫人，夫人神色不動，立斬告者，陰召大將謀保軍以還。遲明，太祖還，與夫人相嚮慟哭，因欲舉兵擊梁。夫人曰：'公本爲國討賊，今梁事未暴，而遽反兵相攻，天下聞之，莫分曲直。不若斂軍還鎮，自訴于朝。'太祖從之。"據《輯本舊史》卷五三《李存孝傳》載，乾寧元年（894）三月李存孝敗後，"武皇愍之，遣劉太妃入城慰勞。太妃引來謁見"。

天復中，[1]周德威爲汴軍所敗，[2]三軍潰散，汴軍乘我，晋王危懼，與周德威議，欲出保雲州。[3]劉夫人曰："妾聞王欲棄城而入外藩，誰爲此畫？"曰："存信輩所言。"[4]夫人曰："存信本北方牧羊兒也，焉顧成敗！王常笑王行瑜棄城失勢，[5]被人屠割，今復欲效之，何也？

王頃歲避難達靼，[6]幾遭陷害，賴遇朝廷多事，方得復歸。今一旦出城，便有不測之變，焉能遠及北蕃？”晋王止行，居數日，亡散之士復集，軍城安定，夫人之力也。[7]

[1]天復：唐昭宗李曄年號（901—904）。李克用沿用至天復七年（907）。

[2]周德威：人名。朔州馬邑（今山西朔州市朔城區東北）人。唐末、五代河東將領。傳見本書卷五六、《新五代史》卷二五。

[3]雲州：州名。治所在今山西大同市。

[4]存信：人名。即李存信。本姓張。回鶻人。唐末、五代後唐將領。傳見本書卷五三、《新五代史》卷三六。

[5]王行瑜：人名。邠州（今陝西彬縣）人。唐末軍閥。傳見《舊唐書》卷一七五、《新唐書》卷二二四下。

[6]達靼：即韃靼。北方游牧民族。五代及遼時屢叛屢降。

[7]“天復中”至“夫人之力也”：《北夢瑣言》卷一七晋王上源驛遇難條。“與周德威議”，《輯本舊史》之原輯者案語引《北夢瑣言》作“與李存信議”，今據《北夢瑣言》卷一七、《太平廣記》卷二七一引《北夢瑣言》回改。“劉夫人曰：妾聞王欲棄城而入外藩，誰爲此畫，曰：存信輩所言”，《輯本舊史》之原輯者案語及今本《北夢瑣言》均無，據《太平廣記》補，其中“夫人”，《太平廣記》作“劉皇后”。“焉能遠及北蕃”之“北蕃”，《輯本舊史》之原輯者案語無，據《太平廣記》增。“王頃歲避難達靼”，“達靼”原作“塞外”，中華書局本有校勘記：“《北夢瑣言》卷一七作‘韃靼’。”但未改。《太平廣記》亦作“韃靼”，今據改。

夫人無子，性賢，不妒忌，常爲太祖言：“曹氏相當生貴子，[1]宜善待之。”而曹氏亦自謙退，因相得甚歡。莊宗即位，册尊曹氏爲皇太后，而以嫡母劉氏爲皇太妃。往謝太后，太后有慚色。太妃曰：“願吾兒享國無窮，使吾獲没于地以從先君，幸矣，復何言哉！”莊宗滅梁入汴，使人迎太后歸洛，[2]居長壽宮，而太妃獨留晋陽。同光三年五月，太妃薨。太妃無謚，葬魏縣。[3]太妃與太后甚相愛，其送太后于洛也，涕泣而别，歸而相思慕，遂至不起。[4]

[1]曹氏：即前文之貞簡曹太后。傳見本書本卷、《新五代史》卷一四。

[2]洛：地名。即洛陽。位於今河南洛陽市。

[3]魏縣：縣名。治所在今河北魏縣。

[4]“夫人無子”至“遂至不起”：《新五代史》卷一四《正室劉氏傳》。《通鑑》卷二七二同光元年（923）四月己巳條：“尊母晋國太夫人曹氏爲皇太后，嫡母秦國夫人劉氏爲皇太妃。”卷二七三同光二年正月：“上遣皇弟存渥、皇子繼岌迎太后、太妃於晋陽，太妃曰：‘陵廟在此，若相與俱行，歲時何人奉祀！’遂留不來。太后至，庚申，上出迎於河陽；辛酉，從太后入洛陽。”

魏國夫人陳氏

魏國夫人陳氏，襄州人，[1]本昭宗之宫嬪也。[2]乾寧二年，武皇奉詔討王行瑜，[3]駐軍于渭北，[4]昭宗降朱書御札，出陳氏及内妓四人以賜武皇。[5]陳氏素知書，有才貌，武皇深加寵重。及光化之後，[6]時事多艱，武皇常獨居深念，嬪媵鮮得侍謁，唯陳氏得召見。陳氏性既靜退，不以寵侍自侈，武皇常呼爲阿婼。及武皇大漸之際，[7]陳氏侍醫藥，垂泣言：“妾爲王執掃除之役，十有四年矣，王萬一不幸，妾將何託！既不能以身爲殉，願落髮爲尼，爲王讀一藏佛經，以報平昔。”武皇爲之流涕。及武皇薨，陳氏果落髮持經，法名智願。後居於洛陽佛寺，莊宗賜號建法大師。天成中，明宗幸其院，改賜圓惠大師。[8]晉天福中，[9]卒於太原。追諡光國大師，塔以惠寂爲名也。《永樂大典》卷二千九百六十九。[10]

[1]襄州：州名。治所在今湖北襄陽市。

[2]昭宗：即唐昭宗李曄，888年至904年在位。紀見《舊唐書》卷二〇上、《新唐書》卷一〇。

[3]武皇奉詔討王行瑜：據《輯本舊史》卷二六《唐武皇紀下》，此役起自乾寧二年（895）六月，至十一月結束。

[4]渭北：即渭河以北地區。

[5]昭宗降朱書御札，出陳氏及内妓四人以賜武皇：“朱書御札”，《輯本舊史》之影庫本粘籤：“原本作‘宋書御禮’，今據《通鑑》所引《薛史》改止。”見《通鑑》卷二六三大復三年（903）正月辛亥條及該條胡注所引《薛史》卷三三《唐莊宗紀七》同光三年（925）閏十二月甲午條樞密承旨段徊奏。《輯本舊史》卷二六《唐武皇紀下》乾寧二年十月戊子條：“天子賜武皇內弟子四人，又降朱書御札，賜魏國夫人陳氏。”《新唐書》卷二一八《沙陀傳》乾寧二年：“朱詔賜（克用）魏國夫人陳氏。陳，襄陽人也，善書，帝所愛，欲急平賊，故予之。”

[6]光化：唐昭宗李曄年號（898—901）。

[7]大漸：病勢危重。多指帝王病危。

[8]天成：後唐明宗李嗣源年號（926—930）。 天成中，明

宗幸其院，改賜圓惠大師：《輯本舊史》卷四〇《唐明宗紀六》天成四年八月甲子條："幸金真觀，改賜建法大師賜紫尼智願爲圓惠大師，即武皇夫人陳氏也。"

［9］天福：後晉高祖石敬瑭年號，出帝石重貴沿用，共九年（936—944）。

［10］《大典》卷二九六九"人"字韻"夫人"事目。

神閔劉皇后[1]

［1］《輯本舊史》之原輯者案語："《劉后傳》，《永樂大典》原闕。"

莊宗神閔敬皇后劉氏，[1]魏州成安人，家世寒微。[2]莊宗正室曰衛國夫人韓氏，[3]其次燕國夫人伊氏，[4]其次后也，初封魏國夫人。[5]

［1］莊宗神閔敬皇后劉氏：《大典》卷一三三五二"謐"字韻"歷代皇后謐"事目。

［2］魏州：州名。治所在今河北大名縣。 成安：縣名。治所在今河北成安縣。 魏州成安人，家世寒微：《北夢瑣言》卷一八劉皇后答父條。

［3］韓氏：後唐莊宗淑妃。籍貫不詳。傳見《新五代史》卷一四。

［4］伊氏：後唐莊宗德妃。籍貫不詳。傳見《新五代史》卷一四。

［5］"莊宗正室曰衛國夫人韓氏"至"初封魏國夫人"：《新五代史》卷一四《皇后劉氏傳》。

太祖攻魏州，取成安，得后，時年五六歲。歸晉陽宮，[1]爲太后侍者，教吹笙。及筝，姿色絕衆，聲伎亦所長。太后賜莊宗，爲韓國夫人侍者。[2]先時，莊宗攻梁軍於夾城，得符道昭妻侯氏，[3]寵專諸宮，宮中謂之"夾寨夫人"。莊宗出兵四方，常以侯氏從軍。其後，劉氏生子繼岌，莊宗以爲類己，愛之，由是劉氏寵益專，自下魏博、戰河上十餘年，[4]獨以劉氏從。劉氏多智，善迎意承旨，其佗嬪御莫得進見。[5]

[1]晉陽宮：宮殿名。位於今山西太原市。
[2]"太祖攻魏州"至"爲韓國夫人侍者"：《北夢瑣言》卷一八劉皇后答父條。
[3]符道昭：人名。蔡州（今河南汝南縣）人。唐末、五代後梁將領。傳見本書卷二一、《新五代史》卷二一。　侯氏：後唐莊宗嬪妃。事見本書本卷、卷三二。
[4]魏博：方鎮名。治所在魏州（今河北大名縣）。
[5]"先時"至"其佗嬪御莫得進見"：《新五代史》卷一四《皇后劉氏傳》。

它日，成安人劉叟詣鄴宮見上，[1]稱夫人之父。有內臣劉建豐認之，[2]即昔日黃鬚丈人，后之父也。劉氏方與嫡夫人爭寵，皆以門族誇尚，劉氏恥爲寒家，白莊宗曰："妾去鄉之時，妾父死於亂兵，是時環屍而哭。妾固無父，是何田舍翁詐僞及此！"乃於宮門笞之，其實后即叟之長女也。莊宗好俳優，宮中暇日，自負著囊藥篋，令繼岌破帽相隨，似后父劉叟以醫卜爲業也。后方晝眠，炭造其卧内，自稱劉衢推訪女，后大恚，笞繼炭。[3]

[1]劉叟：人名。本書僅此一見。　鄴宮：宮殿名。即興聖宮。在洛陽宮城内。位於今河南洛陽市。

[2]内臣：即宦官。　劉建豐：人名。本書僅此一見。

[3]“它日”至“笞繼炭”：《北夢瑣言》卷一八劉皇后答父條。《新五代史》卷一四《皇后劉氏傳》載劉父自號“劉山人”。“劉建豐”，《輯本舊史》之原輯者案語：“《歐陽史》作裨將袁建豐得后，納之晋宮，而《北夢瑣言》作内臣劉建豐，亦傳聞之異辭也。”見《新五代史》卷一四。《輯本舊史》卷六一、《新五代史》卷二五有《袁建豐傳》，其中均未言此事。他處亦未見内臣劉建豐之記載。“令繼炭破帽相隨”，“破帽”原無，據《北夢瑣言》補。“似后父劉叟以醫卜爲業也”，中華書局本有校勘記：“‘似’，原作‘以’，據《北夢瑣言》卷一八改。”

然爲太后不禮，復以韓夫人居正，無以發明。大臣希旨請册劉氏爲皇后，議者以后出於寒賤，好興利聚財，初在鄴都，令人設法稗販，所鬻樵蘇果茹亦以皇后爲名。[1]同光二年四月己卯，皇帝御文明殿，[2]遣使册劉氏爲皇后。皇后受册，乘重翟車，[3]鹵簿、鼓吹，[4]見於太廟。韓夫人等皆不平之，乃封韓氏爲淑妃，伊氏爲德妃。[5]

[1]“然爲太后不禮”至“，所鬻樵蘇果茹亦以皇后爲名”：《北夢瑣言》卷一八劉皇后答父條。《新五代史》卷一四《皇后劉氏傳》：“宰相豆盧革、樞密使郭崇韜希旨，上章言劉氏當立，莊宗

大悦。”

[２]文明殿：宮殿名。爲洛陽宮城之前殿。位於今河南洛陽市。

[３]重翟車：簡稱“重翟”。古代皇太后、皇后乘用的主要車輛之一。

[４]鹵簿：帝后出行時的儀仗隊。蔡邕《獨斷》卷下載：“天子出，車駕次第謂之鹵簿。”　鼓吹：演奏鼓吹樂的樂隊。鼓吹樂源自北方民族，主要樂器有鼓、鉦、簫、笳等。本用於軍中，宮廷鹵簿亦用之。

[５]“同光二年四月己卯”至“伊氏爲德妃”：《新五代史》卷一四《皇后劉氏傳》。中華書局本有校勘記：“‘四月己卯’原作‘癸未’，據宗文本、吳縝《纂誤》卷上引《五代史》改。按本書卷三一《唐莊宗紀五》：‘（同光二年二月癸未）制以魏國夫人劉氏爲皇后，仍令所司擇日備禮册命。’至四月己卯，‘册魏國夫人劉氏爲皇后’。宋甲本作‘同光二年二月癸未’，宋丙本作‘同光四年己卯’。”則二月癸未爲制命之日，四月己卯爲册封之日。“乘重翟車”，中華書局本有校勘記：“‘重’字原闕，據宋丙本、宗文本、《五代會要》卷一、《册府》卷五九三補。《周禮·春官·巾車》：‘王后之五輅：重翟，錫面朱總。’鄭玄注：‘重翟，重翟雉之羽也……后從王祭祀所乘。’”見《會要》卷一皇后條之雜録，《宋本册府》卷五九三《掌禮部·奏議門二》後唐莊宗同光二年（924）四月條。

　　正位之後，凡貢奉先入後宮，惟寫佛經施尼師，它無所賜。[１]

[１]“正位之後”至“它無所賜”：《北夢瑣言》卷一八劉皇后答父條。

　　有胡僧自于闐來，[1]莊宗率皇后及諸子迎拜之。僧遊五臺山，[2]遣中使供頓，所至傾動城邑。又有僧誠惠，[3]自言能降龍。嘗過鎮州，王鎔不爲之禮，[4]誠惠怒曰：“吾有毒龍五百，當遣一龍揭片石，常山之人，[5]皆魚鱉也。”會明年滹沱河大水，[6]壞鎮州關城，人皆以爲神。莊宗及后率諸子、諸妃拜之，誠惠端坐不起，由是士無貴賤皆拜之，獨郭崇韜不拜也。[7]是時，皇太后及皇后交通藩鎮，太后稱“誥令”，皇后稱“教命”，兩宮使者旁午於道。許州節度使溫韜以后佞佛，[8]因請以私第爲佛寺，爲后薦福。莊宗數幸郭崇韜、元行欽等私第，[9]常與后俱。其後，幸張全義第，[10]酒酣，命后拜全義爲養父。全義日遣姬妾出入中宮，問遺不絕。莊宗有愛姬，甚有色而生子，后心患之。莊宗燕居宮中，元行欽侍側，莊宗問曰：“爾新喪婦，其復娶乎？吾助爾聘。”后指愛姬請曰：“帝憐行欽，何不賜之？”莊宗不得已，陽諾之。后趣行欽拜謝，行欽再拜，起顧愛姬，肩輿已出宮矣。莊宗不樂，稱疾不食者累日。[11]

　　[1]于闐：西域國名。都城在今新疆和田地區。參見張廣達、榮新江《于闐史叢考（增訂本）》，中國人民大學出版社 2008 年版。

　　[2]五臺山：山名。位於今山西忻州市。

　　[3]誠惠：人名。籍貫不詳。五代後唐僧人。傳見本書卷七一。

　　[4]王鎔：人名。回鶻人。唐末、五代軍閥，朱溫後封趙王。傳見本書卷五四、《新五代史》卷三九。

　　[5]常山：即鎮州，治所在今河北正定縣。

［6］滹沱河：河流名。發源於今山西繁峙縣，東流入今河北省，
過正定縣，再向東流入渤海。

［7］郭崇韜：人名。代州雁門（今山西代縣）人。五代後唐大
臣。傳見本書卷五七、《新五代史》卷二四。

［8］許州：州名。治所在今河南許昌市。　節度使：官名。唐
時在重要地區所設掌握一州或數州軍、民、財政的長官。　溫韜：
人名。京兆華原（今陝西銅川市耀州區）人。唐末李茂貞部將，五
代後梁、後唐將領。傳見本書卷七三、《新五代史》卷四〇。

［9］元行欽：人名。幽州（今北京市）人。五代後唐將領。傳
見本書卷七〇、《新五代史》卷二五。

［10］張全義：人名。後因犯諱，改名“張宗奭”。亦作“張
言”。濮州臨濮（今山東鄄城縣）人。唐末至五代後梁、後唐將
領。傳見本書卷六三、《新五代史》卷四五。

［11］“有胡僧自于闐來”至“稱疾不食者累日”：《新五代史》
卷一四《皇后劉氏傳》。

　　同光三年秋大水。兩河之民，流徙道路，京師賦調
不充，六軍之士，往往殍踣。乃預借明年夏秋租稅，百
姓愁苦，號泣于路。莊宗方與后荒于畋遊。十二月己卯
臘，畋于白沙。[1]后率皇子、後宮畢從，歷伊闕，[2]宿龕
澗，[3]癸未乃還。是時大雪，軍士寒凍，金鎗衛兵萬騎，
所至責民供給，壞什器、徹廬舍而焚之，縣吏畏懼，亡
竄山谷。[4]

［1］白沙：地名。位於今河南洛陽市。

［2］伊闕：一爲山名。又名“闕塞山”“龍門山”，位於今河南
洛陽市。一爲縣名。治所在今河南伊川縣西南。

　　[3]龕潤：地名。位於今河南洛陽市。《通鑑》卷二七四胡三省注"自白沙至龕潤，其地皆在洛陽東"。

　　[4]"同光三年秋大水"至"亡竄山谷"：《新五代史》卷一四《皇后劉氏傳》。"金鎗衛兵萬騎"，中華書局本有校勘記："按《舊五代史》卷三二《唐莊宗紀六》記同光二年（924）十一月癸卯莊宗'畋于伊闕，侍衛金槍馬萬餘騎從'。"

　　明年三月，客星犯天庫，[1]有星流于天棓。[2]占星者言："御前當有急兵，宜散積聚以禳之。"宰相請出庫物以給軍，莊宗許之，后不肯，曰："吾夫婦得天下，雖因武功，蓋亦有天命。命既在天，人如我何！"宰相論于延英，[3]后於屏間耳屬之，因取妝奩及皇幼子滿喜置帝前曰：[4]"諸侯所貢，給賜已盡。宮中所有惟此耳。請鬻以給軍！"宰相惶恐而退。及趙在禮作亂，[5]出兵討魏，始出物以賚軍。軍士負而訴曰："吾妻子已餓死，得此何爲！"[6]

　　[1]天庫：星名。庫樓十星之一，有時亦代指庫樓全體。屬二十八宿的角宿，在半人馬座。

　　[2]天棓：星名。共五星，屬紫微垣。在紫微宮右，女床星北。星占家認爲是天子的先驅，主禦兵。

　　[3]延英：宮殿名。唐、五代、宋時皇宮常設之便殿，宰相以下在延英殿奏事，稱爲"延英奏對"。參見袁剛《延英奏對制度初探》，《北京大學學報》1989 年第 5 期。

　　[4]滿喜：人名。即李滿喜，五代後唐莊宗李存勗幼子。事見本書本卷。

　　[5]趙在禮：人名。涿州（今河北涿州市）人。五代後唐、後

晋將領。傳見本書卷九○、《新五代史》卷四六。

[6]"明年三月"至"得此何爲":《新五代史》卷一四《皇后劉氏傳》。《北夢瑣言》卷一八劉皇后答父條:"闕下諸軍困乏，以至妻子餓殍，宰相請出内庫俵給，后將出妝具銀盆兩口、皇子滿喜等三人，令鬻以贍軍。一旦作亂，亡國滅族，與夫褒姒、妲己無異也。"

莊宗東幸汴州，從駕兵二萬五千，及至萬勝，[1]不得進而還，軍士離散，所亡太半。至罌子谷，[2]道路隘狹，莊宗見從官執兵仗者，皆以好言勞之曰："適報魏王平蜀，得蜀金銀五十萬，當悉給爾等。"對曰："陛下與之太晚，得者亦不感恩。"莊宗泣下，因顧内庫使張容哥索袍帶以賜之，[3]容哥對曰："盡矣。"軍士叱容哥曰："致吾君至此，皆由爾輩！"因抽刀逐之，左右救之而免。容哥曰："皇后惜物，不以給軍，而歸罪於我。事若不測，吾身萬段矣！"乃投水而死。郭從謙反，[4]莊宗中流矢，傷甚，臥絳霄殿廊下，[5]渴欲得飲，后令宦官進飴酪，不自省視。莊宗崩，后與李存渥等焚嘉慶殿，[6]擁百騎出師子門。[7]后於馬上以囊盛金器寶帶，欲於太原造寺爲尼。在道與存渥姦，及至太原，乃削髮爲尼。明宗入立，[8]遣人賜后死。晋天福五年，追謚曰神閔敬皇后。[9]

[1]萬勝：鎮名。位於今河南中牟縣。
[2]罌子谷：地名。位於今河南滎陽市西北。
[3]内庫使：官名。五代後唐莊宗置，爲内諸司使之一，以宦

者爲之，掌內庫財物之出納。　張容哥：人名。籍貫不詳。五代後唐宦官。事見本書本卷、卷三四。

[4]郭從謙：人名。籍貫不詳。五代後唐將領、伶人。傳見本書附錄、《新五代史》卷三七。

[5]絳霄殿：後唐皇宮宮殿名。位於今河南洛陽市。

[6]嘉慶殿：宮殿名。位於今河南洛陽市。

[7]師子門：城門名。位於今河南洛陽市。

[8]明宗：即五代後唐明宗李嗣源。沙陀部人。原名邈佶烈，李克用養子。926年至933年在位。紀見本書卷三五至卷四四、《新五代史》卷六。

[9]"莊宗東幸汴州"至"追諡曰神閔敬皇后"：《新五代史》卷一四《皇后劉氏傳》。《北夢瑣言》卷一八劉皇后答父條："先是，莊宗自爲俳優，名曰'李天下'，雜於塗粉優雜之間，時爲諸優扑扶摑搭，竟爲嚚婦恩伶之傾玷，有國者得不以爲前鑒！劉后以囊盛金合犀帶四，欲於太原造寺爲尼，沿路復通皇弟存渥，同簀而寢，明宗聞其穢，即令自殺。"《輯本舊史》本傳錄《北夢瑣言》此句，有影庫本粘籤："'優雜'，疑當作'優劇'，考《北夢瑣言》諸刻本俱作'雜'字，今姑仍其舊。"《輯本舊史》卷七九《晉高祖紀五》天福五年（940）正月甲午條："太常少卿裴羽奏：'請追諡唐莊宗皇后劉氏爲神閔敬皇后。'從之。"

韓淑妃　伊德妃

淑妃韓氏，莊宗正室。德妃伊氏，莊宗次室。[1]並同光二年十二月册，以宰相豆盧革、韋說爲册使，[2]出應天門，[3]登輅車，[4]鹵薄鼓吹前導，至于永福門降車，[5]入右銀臺門，[6]至淑妃宮，受册于內，文武百官立班稱賀。[7]

[1]淑妃韓氏，莊宗正室。德妃伊氏，莊宗次室：《大典》卷一二六六“妃”字韻“淑妃、德妃”事目。《輯本舊史》之原輯者案語：“《韓淑妃傳》《伊德妃傳》，《永樂大典》原闕。”下錄《會要》卷一、《北夢瑣言》卷一八兩段文字。

[2]豆盧革：人名。先世爲鮮卑慕容氏，後改豆盧氏。唐同州刺史豆盧籍之孫，舒州刺史豆盧瓚之子。五代後唐宰相。傳見本書卷六七、《新五代史》卷二八。　韋説：人名。京兆萬年（今陝西西安市長安區）人。唐福建觀察使韋岫之子。唐末進士，五代後梁大臣、後唐宰相。傳見本書卷六七。

[3]應天門：洛陽城正門。位於今河南洛陽市。

[4]輅車：天子車駕。可分爲大輅、玉輅、金輅、象輅、革輅、木輅等。

[5]永福門：洛陽城門。位於今河南洛陽市。

[6]右銀臺門：洛陽城門。位於今河南洛陽市。

[7]“並同光二年十二月册”至“文武百官立班稱賀”：《會要》卷一内職條。《輯本舊史》卷三二《唐莊宗紀六》則繫於同光二年（924）十月庚午：“正衙命使册淑妃韓氏、德妃伊氏，以宰臣豆盧革、韋説充册使。”應爲十月命使，十二月受册。

明宗立，悉放莊宗時宮人還其家。而韓淑妃、伊德妃皆居太原。晋高祖反時，[1]爲契丹所虜。[2]天福八年春正月辛巳，後唐莊宗德妃伊氏自契丹遣使貢馬。[3]

[1]晋高祖：即五代後晋高祖石敬瑭。沙陀部人。後唐將領、後晋開國皇帝。936年至942年在位。紀見本書卷七五至卷八〇、《新五代史》卷八。

[2]“明宗立”至“爲契丹所虜”：《新五代史》卷一四《皇后劉氏傳》。《北夢瑣言》卷一八韓伊二妃條：“莊宗皇帝嫡夫人韓

氏，後爲淑妃，伊氏爲德妃。契丹入中原，陷於虜庭，宰相馮道尊册契丹王。虜張宴席，其國母后妃列坐同宴，王嬙、蔡姬之比也。"

［3］天福八年春正月辛巳，後唐莊宗德妃伊氏自契丹遣使貢馬：《輯本舊史》卷八一《晋少帝紀一》。

昭懿夏皇后

明宗昭懿皇后夏氏，生秦王從榮及閔帝。[1]不見其世家，無封爵，明宗未即位前卒。[2]

［1］從榮：人名。即李從榮。沙陀部人。五代後唐明宗李嗣源次子。傳見本書卷五一、《新五代史》卷一五。 閔帝：即五代後唐閔帝李從厚。明宗李嗣源第三子。生於太原，小字菩薩奴。長興元年（930）封宋王，移鎮鄴都。明宗死後即位，改元應順（934）。潞王李從珂反於鳳翔，閔帝出逃至衛州，被廢爲鄂王，尋被縊殺。紀見本書卷四五、《新五代史》卷七。 明宗昭懿皇后夏氏，生秦王從榮及閔帝：《大典》卷一三三五二"謚"字韻"歷代皇后謚（一）"事目。《輯本舊史》原注出自《大典》卷一三五五五，中華書局本有校勘記："檢《永樂大典目録》，卷一三五五五爲'制'字韻'禮記王制篇（一四）'，與本則内容不符，恐有誤記。陳垣《舊五代史輯本引書卷數多誤例》謂應作卷一三三五二'謚'字韻'歷代皇后謚（一）'。"今據改。

［2］不見其世家，無封爵，明宗未即位前卒：《新五代史》卷一五《皇后夏氏傳》。《輯本舊史》卷七一《周玄豹傳》："昭懿皇后夏氏方侍巾櫛，偶忤旨，大爲明宗櫃楚。玄豹見之曰：'此人有藩侯夫人之位，當生貴子。'明宗赫怒因解，後其言果驗。"亦見《宋本册府》卷八六〇《總録部·相術門》。

同光初，后以疾崩。明宗即位，追封爲晋國夫人。長興中，[1]明宗以秦、宋二王位望既隆，因思從貴之義，乃下制曰："故晋國夫人夏氏，素推仁德，久睦宗親，嘗施内助之方，不見中興之盛。予當御極，子並爲王，有鵲巢之高，無翬衣之貴，貞魂永逝，懿範常存。考本朝之文，沿追册之制，將慰懷於九族，冀叶慶於四星。宜追册爲皇后，兼定懿號。"既而有司上謚曰昭懿。[2]于太微宫之東建寢廟以安神主。[3]

[1]長興：五代後唐明宗李嗣源年號（930—933）。

[2]"同光初"至"既而有司上謚曰昭懿"：《大典》卷一三三五二"謚"字韻"歷代皇后謚（一）"事目。《會要》卷一皇后條："長興四年三月二十八日，追謚曰昭懿皇后。"

[3]太微宫：廟名。唐天寶元年（742）於東都積善坊建玄元皇帝廟，次年更名太微宫。位於今河南洛陽市洛河南岸。　于太微宫之東建寢廟以安神主：《會要》卷一皇后條。

虢國夫人夏氏

夏氏，少長宫掖。[1]先爲昭容，同光二年十一月封虢國夫人。[2]明宗入洛，莊宗宫人數百悉令歸其骨肉，惟夏氏無所歸，明宗以夏魯奇是其同宗，[3]因命歸之。[4]長興三年四月，[5]嫁契丹突欲李贊華。[6]贊華性酷毒，喜殺人，婢妾微過，常加刲灼。[7]夏氏懼，求離婚，乃削髮爲尼以卒。[8]

[1]夏氏,少長宮掖:《北夢瑣言》卷一八韓伊二妃附夏夫人條。

[2]先爲昭容,同光二年十一月封號國夫人:《會要》卷一《內職昭容夏氏封號國夫人》條。

[3]夏魯奇:人名。青州(今山東青州市)人。五代後唐將領。傳見本書卷七〇、《新五代史》卷三三。

[4]"明宗入洛"至"因命歸之":《通鑑》卷二七七長興三年(932)四月癸亥條胡注引《薛史》。

[5]長興三年四月:《通鑑》卷二七七長興三年四月癸亥條。

[6]突欲李贊華:人名。本名耶律倍,小名突欲。遼太祖耶律阿保機長子,封東丹王。其弟耶律德光即位,是爲遼太宗。突欲憤而降五代後唐,明宗賜名李贊華。傳見《遼史》卷七二。

[7]刲灼:"刲"指割、刺;"灼"即炙、燒。

[8]"嫁契丹突欲李贊華"至"乃削髮爲尼以卒":《新五代史》卷一四《唐太祖家人傳》。《北夢瑣言》卷一八韓伊二妃條:"夫人夏氏,最承恩寵,後嫁契丹突欲,名李贊華,所謂東丹王,即阿保機長子,先歸朝,後除滑州節度使。性酷毒,侍婢微過,即以刀刲火灼。夏氏少長宮掖,不忍其凶,求離婚,歸河陽節度夏魯奇家,今爲尼也。"《輯本舊史》本傳引《北夢瑣言》此句,有原輯者案語:"《歐陽史·家人傳》:夏氏在天成初,以先朝宮人出歸夏魯奇家,後賜李贊華。與《北夢瑣言》微異。《遼史》又以夏氏爲莊宗皇后,疑誤。"

和武曹皇后[1]

[1]《輯本舊史》之原輯者案語:"《曹后傳》,《永樂大典》原闕。"

和武顯皇后曹氏，[1]生晋國公主，不見其世家。[2]

[1]和武顯皇后曹氏：《大典》卷一三三五二"謚"字韻"歷代皇后謚（一）"事目。《輯本舊史》原注出自《大典》卷一三五五五，中華書局本有校勘記："檢《永樂大典目録》，卷一三五五五爲'制'字韻'禮記王制篇（一四）'，與本則内容不符，恐有誤記。陳垣《舊五代史輯本引書卷數多誤例》謂應作卷一三三五二爲'謚'字韻'歷代皇后謚（一）'。本卷下二則同。"但未改，今據改。"和武顯皇后曹氏"，中華書局本有校勘記："'顯'，本書卷七九《晋高祖紀五》、《新五代史》卷一五《唐家人傳》作'憲'。"

[2]生晋國公主，不見其世家：《新五代史》卷一五《皇后曹氏傳》。

天成三年正月，册爲淑妃。長興元年五月十四日，册爲皇后。應順元年閏正月，[1]册爲皇太后。至清泰三年閏十一月，[2]隨末帝崩于後樓。[3]晋高祖使人獲葬，至晋天福五年正月二十八日，追册曰和武顯皇后。[4]

[1]應順：後唐閔帝李從厚年號（934）。

[2]清泰：五代後唐末帝李從珂年號（934—936）。

[3]末帝：即五代後唐廢帝李從珂，又稱末帝。鎮州平山（今河北平山縣）人。本姓王，爲後唐明宗養子，改名從珂。明宗入洛陽，李從珂率兵追隨，以功拜河中節度使，封潞王。閔帝李從厚即位，李從珂據城發動兵變，改鳳翔節度使。清泰元年（934）率軍東攻洛陽，廢黜閔帝，自立爲帝。清泰三年，石敬瑭與契丹合兵攻陷洛陽，自焚而死。紀見本書卷四六至卷四八、《新五代史》卷七。

[4]"天成三年正月"至"追册曰和武顯皇后"：《會要》卷一皇后條。《輯本舊史》卷三九《唐明宗紀五》天成三年（928）正

月甲戌條："制以楚國夫人曹氏爲淑妃……仍令所司擇日册命。"卷四一《唐明宗紀七》長興元年（930）三月庚寅條："制淑妃曹氏可立爲皇后，仍令擇日册命。"同年五月丁丑條："帝臨軒，命使册淑妃曹氏爲皇后。"卷四三《唐明宗紀九》長興三年四月戊午條："詔贈皇后曹氏曾祖父母已下爲太傅、太尉、太師、國夫人。"卷四五《唐閔帝紀》應順元年（934）閏正月丙午條："正衙命使册皇太后曹氏。"卷四八《唐末帝紀下》清泰三年閏十一月辛巳條："辰時，帝舉族與皇太后曹氏自燔於玄武樓。"卷七六《晉高祖紀二》天福元年（936）十二月丙申條："帝爲明宗皇后曹氏薨舉哀於長春殿，輟朝三日。"卷七九《晉高祖紀五》天福五年正月甲午條："太常少卿裴羽奏：'明宗皇后曹氏請追諡爲和武憲皇后。'從之。"卷九一《王建立傳》："及明宗爲魏軍所迫，時皇后曹氏、淑妃王氏在常山，使建立殺其監護并部下兵，故明宗家屬因而保全。""天成三年正月"，《新五代史》卷一五《皇后曹氏傳》作"天成元年"。《新五代史》誤。

宣憲魏太后

宣憲皇后魏氏，[1]鎮州平山人。[2]先適王氏，生從珂。[3]景福中，[4]明宗徇地山東，留成平山，得魏后……時明宗爲裨將，性闊達，不能治生，曹后亦疏於畫略，生計所資，惟宣憲而已。[5]居數年，魏氏卒，葬太原……明宗時，從珂已王，乃追封魏氏爲魯國夫人。廢帝即位，[6]追尊魏氏爲皇太后，議建陵寢，而太原石敬瑭反，[7]乃於京師河南府東立寢宮。[8]清泰三年六月丙寅，遣丁□高書崔儉奉上皇太后寶册，[9]諡曰宣憲。[10]

　　[1]宣憲皇后魏氏：《大典》卷一三三五二“諡”字韻“歷代皇后諡（一）”事目。《輯本舊史》原注出自《大典》卷一三五五五，應作卷一三三五二“諡”字韻“歷代皇后諡（一）”。今改。

　　[2]平山：地名。位於今河北正定縣。　鎮州平山人：《通鑑》卷二六八乾化三年（913）三月條《考異》引《唐廢帝實録》。

　　[3]王氏：本書僅此一見。　先適王氏，生從珂：《通鑑》卷二六八乾化三年三月條。

　　[4]景福：唐昭宗李曄年號（892—893）。

　　[5]“景福中”至“惟宣憲而已”：《通鑑》卷二六八乾化三年三月條《考異》引《唐廢帝實録》。“景福中”，《考異》所引《唐廢帝實録》原作“中和末”。《考異》又引《薛史》：“末帝諱從珂，本姓王氏，鎮州人也。母宣憲皇后魏氏，以光啓元年生帝於平山。景福中，明宗爲武皇騎將，略地至平山，遇魏氏，虜之。”《輯本舊史》卷四六《唐末帝紀上》有此句。又據《通鑑》卷二五九景福二年（893）七月壬申條、《輯本舊史》卷二六《唐武皇紀下》景福二年七月條，唐武皇攻平山確在景福二年，而非中和末。且《新五代史》卷一五《皇后魏氏傳》：“初適平山民王氏，生子十歲矣。”李從珂生於光啓元年。中和五年（885）三月改元光啓，距景福共約十年。則《唐廢帝實録》以從珂生年爲明宗得魏氏年，誤。故據以上諸條改。

　　[6]廢帝：即李從珂。

　　[7]石敬瑭：人名。沙陀部人。五代後唐將領，後晋開國皇帝，廟號高祖。

　　[8]河南府：府名。即五代後唐的都城洛陽（今河南洛陽市）。

　　[9]工部尚書：官名。尚書省工部長官。掌百工、屯田、山澤之政令。正三品。　崔儉：人名。即崔居儉。五代後梁、後唐官員。傳見本書卷五五。

　　[10]“居數年”至“諡曰宣憲”：《新五代史》卷一五《皇后魏氏傳》。“遣工部尚書崔儉奉上皇太后寶册”，中華書局本《新五

代史》有校勘記："'崔儉',《舊五代史》卷四八《唐末帝紀下》、《册府》卷三一作'崔居儉'。本書卷五五有《崔居儉傳》。"見《宋本册府》卷三一《帝王部·奉先門四》。《會要》卷一皇后條："皇后魏氏，初封魯國太夫人。清泰二年二月，中書門下奏：'臣聞漢昭帝承祧御曆，奉尊謚於雲陽；魏明帝繼體守文，思外家于甄館。而皆追崇徽號，祔饗廟廷，克隆敬本之文，式叶愛親之道。臣等又覽國史，竊見玄宗皇帝母曰昭成皇后竇氏，代宗皇帝母曰章敬太后吳氏，始嬪朱邸，俄閟玄宮，鴻圖既屬于明君，尊號咸追于聖母。伏以魯國夫人發祥沙麓，貽媺河洲。三母俱賢，周母允承于天統；四妃有子，唐后光啓于帝基。仰惟當寧之情，彌軫寒泉之思，久虛殷薦，慮損皇猷。臣等謹上尊謚曰宣顯皇太后，請依昭成皇太后故事，擇日備禮册命。又臣等伏聞先太后舊陵未祔先朝，則都下難崇別廟，既追尊謚，合創閟宮。按漢朝故事，園寢不在王畿，或就陵所便立寢祠。今商量上謚後，權立同廟，以申告獻，配祔之禮，請俟他年。'從之。"同卷內職條："明宗德妃王氏，天成三年正月册，至長興二年四月進號淑妃，應順元年閏正月十三日册爲太妃，至周廣順元年四月追謚賢妃。昭儀王氏，封齊國夫人。昭容葛氏，封周國夫人。昭媛劉氏，封趙國夫人；孫氏，封楚國夫人。御正張氏，封曹國夫人。司寶郭氏，封魏國夫人。司贊于氏，封鄭國夫人。尚服王氏，封衛國夫人。司記崔氏，封蔡國夫人。司膳翟氏，封滕國夫人。司醞吳氏，封莒國夫人。婕妤高氏，封渤海郡夫人。美人沈氏，封太原郡夫人。順御朱氏，封吳郡夫人。司飾聊氏，封潁川郡夫人。司衣劉氏，封彭城郡夫人。司藥孟氏，封咸陽郡夫人。梳篦張氏，封清河郡夫人。衣服王氏，封太原郡夫人。櫛篦傅氏，封潁川郡夫人。知客張氏，賜號尚書。故江氏，追封濟陽郡夫人。以上皆長興三年九月敕，其名號皆中書門下按《六典》內職敘而行之。內人李氏，封隴西縣君。崔氏，封清河縣君。李氏，封成紀縣君。田氏，封咸陽縣君。白氏，封南陽縣君。並長興四年二月敕。按前代內職皆無封君之禮，此一時之制職。"

王淑妃

淑妃王氏，邠州餅家子也，[1]有美色，號“花見羞”。少賣梁故將劉鄩爲侍兒。[2]鄩卒，王氏無所歸。是時，明宗夏夫人已卒，方求別室，有言王氏於安重誨者，[3]重誨以告明宗而納之。王氏素得鄩金甚多，悉以遺明宗左右及諸子婦，人人皆爲王氏稱譽，明宗益愛之。而夫人曹氏爲人簡質，常避事，由是王氏專寵。[4]

[1]邠州：州名。治所在今陝西彬縣。

[2]劉鄩：人名。密州安丘（今山東安丘市）人。唐末、五代將領。傳見本書卷二三、《新五代史》卷二二。

[3]安重誨：人名。應州（今山西應縣）人。五代後唐大臣。傳見本書卷六六、《新五代史》卷二四。

[4]“淑妃王氏”至“由是王氏專寵”：《新五代史》卷一五《淑妃王氏傳》。

明宗即位，議立皇后，而曹氏當立。曹氏謂王氏曰：“我素多病，而性不耐煩，妹當代我。”王氏曰：“后，帝匹也，至尊之位，誰敢干之！”乃立曹氏爲皇后、王氏爲淑妃。妃事皇后亦甚謹，每帝晨起，盥櫛服御，皆妃執事左右，及罷朝，帝與皇后食，妃侍，食徹乃退，未嘗少懈，皇后心亦益愛之。然宮中之事，皆主於妃。明宗病，妃與宦者孟漢瓊出納左右，[1]遂專用事，殺安重誨、秦王從榮，皆與焉。劉鄩諸子皆以妃故封拜官爵。[2]

[1]孟漢瓊：人名。籍貫不詳。五代後唐宦官，時任宣徽南院使。傳見本書卷七二。

[2]“明宗即位”至“劉鄩諸子皆以妃故封拜官爵”：《新五代史》卷一五《淑妃王氏傳》。《輯本舊史》卷四二《唐明宗紀八》長興二年（931）夏四月辛卯條：“制德妃王氏進位淑妃。”卷九一《王建立傳》：“明宗爲魏軍所迫，時皇后曹氏、淑妃王氏在常山，使建立殺其監護并部下兵，故明宗家屬因而保全。”《會要》卷一內職條：“明宗德妃王氏，天成三年正月册，至長興二年四月進號淑妃。”《通鑑》卷二七六天成三年（928）二月條：“（孔循）陰遣人結王德妃，求納其女；德妃請娶循女爲從厚婦，帝許之。”胡注云：“王德妃有寵於帝，言無不行，後進拜淑妃。”《通鑑》卷二七七長興元年三月庚寅條：“帝將立曹淑妃爲后，淑妃謂王德妃曰：‘吾素病中煩，倦於接對，妹代我爲之。’德妃曰：‘中宮敵偶至尊，誰敢干之！’庚寅，立淑妃爲皇后。德妃事后恭謹，后亦憐之。初，王德妃因安重誨得進，常德之。帝性儉約，及在位久，宮中用度稍侈，重誨每規諫。妃取外庫錦造地衣，重誨切諫，引劉后爲戒；妃由是怨之。”

愍帝即位，册尊皇后爲皇太后，妃爲皇太妃。初，明宗後宮有生子者，命妃母之，是爲許王從益。[1]從益乳母司衣王氏，[2]見明宗已老而秦王握兵，心欲自託爲後計，乃曰：“兒思秦王。”是時，從益已四歲，又數教從益自言求見秦王。明宗遣乳嫗將兒往來秦府，遂與從榮私通，從榮因使王氏伺察宮中動静。從榮已死，司衣王氏以謂秦王實以兵入宮衛天子，而以反見誅，出怨言。愍帝聞之，大怒，賜司衣王氏死，而事連太妃，由是心不悦，欲遷之至德宮，[3]以太后素善妃，懼傷其意而止，然待之甚薄。[4]

[1]從益：人名。即李從益。沙陀部人。五代後唐明宗李嗣源幼子，封許王。契丹滅後晋，蕭翰北歸，以其爲傀儡統治中原地區。傳見本書卷五一。

[2]司衣：女官名。掌後宫衣服首飾，以供后妃之用。正六品。王氏：本書僅此一見。

[3]至德宫：宫名。五代後唐天成元年（926）築。位於今河南洛陽市。

[4]“愍帝即位”至“然待之甚薄”：《新五代史》卷一五《淑妃王氏傳》。《輯本舊史》卷五一《許王從益傳》：“從益，明宗之幼子也，宫嬪所生，明宗命王淑妃母之。”《通鑑》卷二七八長興四年（933）十二月辛亥條：“秦王從榮既死，朱洪實妻入宫，司衣王氏與之語及秦王，王氏曰：‘秦王爲人子，不在左右侍疾，致人歸禍，是其罪也；若云大逆，則厚誣矣。朱司徒最受王恩，當時不爲之辨，惜哉！’洪實聞之，大懼，與康義誠以其語白閔帝，且言王氏私於從榮，爲之訵宫中事，辛亥，賜王氏死。事連王淑妃，淑妃素厚於從榮，帝由是疑之。”明本《册府》卷三八《帝王部·尊親門》：“閔帝即位，尊明宗皇后曹氏曰皇太后，又册王氏爲皇太妃。”《會要》卷一内職條：“應順元年閏正月十三日册爲太妃。”

潞王罷河中，[1]歸私第，王淑妃數遣孟漢瓊存撫之。[2]廢帝入立，嘗置酒妃院，妃舉酒曰：“願辭皇帝爲比丘尼。”帝驚問其故，曰：“小兒處偶得命，若大兒不容，則死之日，何面見先帝！”因泣下。廢帝亦爲之悽然，待之頗厚。[3]

［1］潞王：即李從珂。　河中：府名。治所在今山西永濟市。
　　［2］"潞王罷河中"至"王淑妃數遣孟漢瓊存撫之"：《通鑑》
卷二七九清泰元年（934）夏四月庚午條。
　　［3］"廢帝入立"至"待之頗厚"：《新五代史》卷一五《淑
妃王氏傳》。

　　石敬瑭兵犯京師，廢帝聚族將自焚。妃謂太后曰：
"事急矣。宜少回避，以俟姑夫。"太后曰："我家至此，
何忍獨生，妹自勉之！"太后乃與帝俱燔死，而妃與許
王從益及其妹匿於鞠院以免。[1]

　　［1］鞠院：古代蹴鞠的場地，因四周以牆圍合如院，故名。
"石敬瑭兵犯京師"至"而妃與許王從益及其妹匿於鞠院以免"：
《新五代史》卷一五《淑妃王氏傳》。《通鑑》卷二八○天福元年
（936）閏十一月辛巳條："唐主與曹太后、劉皇后、雍王重美及宋
審虔等携傳國寶登玄武樓自焚……王淑妃謂太后曰：'事急矣，宜
且避匿，以俟姑夫。'太后曰：'吾子孫婦女一朝至此，何忍獨生！
妹自勉之。'淑妃乃與許王從益匿於毬場，獲免。"

　　晋高祖立，妃自請爲尼，不可，乃遷于至德宮。晋
遷都汴，以妃子母俱東，置於宮中。高祖皇后事妃如
母。天福四年九月癸未，詔以郇國三千户封唐許王從益
爲郇國公，以奉唐祀，服色、旌旗一依舊制。太常議立
莊宗、明宗、愍帝三室，以至德宮爲廟。詔立高祖、太
宗，爲五廟，使從益歲時主祠。[1]

　　［1］"晋高祖立"至"使從益歲時主祠"：《新五代史》卷一五

《淑妃王氏傳》。《通鑑》卷二八二天福四年（939）九月癸未條："以唐許王從益爲郇國公，奉唐祀。從益尚幼，李后養從益於宮中，奉王淑妃如事母。"胡注云："李后，唐明宗曹皇后之女。王淑妃，明宗次妃也，故后事之如母。"

　　出帝即位，[1]妃母子俱還洛陽。契丹犯京師，趙延壽所尚明宗公主已死，[2]耶律德光乃爲延壽娶從益妹，[3]是爲永安公主。公主不知其母爲誰，素亦養於妃，妃至京師主婚禮。德光見明宗畫像，焚香再拜，顧妃曰："明宗與我約爲弟兄，爾吾嫂也。"已而靳之曰："今日乃吾婦也。"乃拜從益爲彰信軍節度使，[4]從益辭，不之官，與妃俱還洛陽。[5]

　　[1]出帝：即五代後晉少帝石重貴。942年至947年在位。石敬瑭從子。紀見本書卷八一至卷八五、《新五代史》卷九。

　　[2]趙延壽：人名。本姓劉，恒山（今河北正定縣）人。五代後唐明宗李嗣源女婿，後降契丹，引導契丹攻滅後晉。傳見本書卷九八、《遼史》卷七六。

　　[3]耶律德光：人名。契丹族，遼太祖耶律阿保機次子。遼朝皇帝，謚號太宗。927年至947年在位。紀見《遼史》卷三至卷四。

　　[4]彰信軍：方鎮名。此處疑誤。據《新五代史》卷六〇《職方考》：五代後晉開運二年（945）置威信軍於曹州（今山東曹縣西北），後漢初軍廢，後周廣順二年（952）復置，改名彰信軍。當此晉漢之際，無彰信軍之建制。

　　[5]"出帝即位"至"與妃俱還洛陽"：《新五代史》卷一五《淑妃王氏傳》。《宋本册府》卷七六六《總錄部·攀附門二》翟光

鄴條：“時虜犯闕，以後唐明宗少子許王從益爲曹州節度使，從益母淑妃王氏白於虜長以從益未諳政術，請以光鄴代知州事，虜從之。”《通鑑》卷二八六天福十二年（947）二月條：“唐王淑妃與郇公從益居洛陽；趙延壽娶明宗女爲夫人，淑妃詣大梁會禮。契丹主見而拜之，曰：‘吾嫂也。’統軍劉遂凝因淑妃求節鉞。契丹主以從益爲許王、威信節度使，遂凝爲安遠節度使。淑妃以從益幼，辭不赴鎮，復歸于洛。”

　　德光北歸，留蕭翰守汴州。[1]漢高祖起太原，[2]翰欲北去，乃使人召從益，委以中國。從益子母逃於徽陵域中，[3]以避使者，使者迫之以東，遂以從益權知南朝軍國事。從益御崇元殿，[4]翰率契丹諸將拜殿上，晉群臣拜殿下。群臣入謁太妃，妃曰：“吾家子母孤弱，爲翰所迫，此豈福邪？禍行至矣！”乃以王松、趙上交爲左右丞相，[5]李式、翟光鄴爲樞密使，[6]燕將劉祚爲侍衛親軍都指揮使。[7]翰留契丹兵千人屬祚而去。[8]

　　[1]蕭翰：人名。契丹人。遼朝宰相蕭敵魯之子，述律太后之侄，太宗皇后之兄。遼初將領。傳見本書卷九八、《遼史》卷一一三。
　　[2]漢高祖：即五代後漢高祖劉知遠。947年至948年在位。紀見本書卷九九至卷一〇〇、《新五代史》卷一〇。
　　[3]徽陵：五代後唐明宗李嗣源陵墓。位於今河南新安縣。後晉石敬瑭將後唐愍帝（閔帝）、李從榮、李重吉皆祔葬於此。
　　[4]崇元殿：殿名。五代後梁開平元年（907）改汴京正殿爲崇元殿。位於今河南開封市。
　　[5]王松：人名。京兆（今陝西西安市）人。唐僖宗宰相王徽

之子。五代後唐至後漢官員。傳見本書附録、《新五代史》卷五七。

　　趙上交：人名。涿州范陽（今河北涿州市）人。五代、宋初大臣。本名遠，字上交，避後漢高祖劉知遠諱，遂以字爲名。傳見《宋史》卷二六二。

　　[6]李式：人名。籍貫不詳。五代後晉官員。事見本書卷七七。

　　翟光鄴：人名。濮州甄城（今山東鄄城縣）人，五代將領。傳見本書卷一二九、《新五代史》卷四九。　　樞密使：官名。樞密院長官。唐代宗時始以宦官掌機密，至昭宗時借朱温之力盡誅宦官，始改以士人任樞密使。備顧問，參謀議，出納詔奏，權侔宰相。參見李全德《唐宋變革期樞密院研究》，國家圖書館出版社2009年版。

　　[7]劉祚：人名。籍貫不詳。遼國將領。事見本書本卷、卷五一。　　侍衛親軍都指揮使：官名。五代時侍衛親軍長官。多由皇帝親信擔任。

　　[8]“德光北歸”至“翰留契丹兵千人屬祚而去”：《新五代史》卷一五《淑妃王氏傳》。《輯本舊史》卷一〇六《劉審交傳》：“高祖起義於太原……李從益母王淑妃詢於文武臣僚曰：‘予子母在洛，孤危自處，一旦爲蕭翰所逼，致令及此，但遣人迎請太原，勿以予子母爲事。’或曰：‘收拾諸處守營兵士與燕軍，足以把城，以俟河北救應可也。’妃曰：‘非謀也，我子母亡國之餘，安敢與人爭天下？’”《通鑑》卷二八七天福十二年（947）五月壬寅條：“初，（蕭）翰聞帝擁兵而南，欲北歸，恐中國無主，必大亂，己不得從容而去。時唐明宗子許王從益與王淑妃在洛陽，翰遣高謨翰迎之，矯稱契丹主命，以從益知南朝軍國事，召己赴恒州。淑妃、從益匿於徽陵下宮，不得已而出。至大梁，翰立以爲帝，帥諸酋長拜之。又以禮部尚書王松、御史中丞趙遠爲宰相，前宣徽使甄城翟光鄴爲樞密使，左金吾大將軍王景崇爲宣徽使，以北來指揮使劉祚權侍衛親軍都指揮使，充在京巡檢。松，徽之子也。百官謁見淑妃，淑妃泣曰：‘吾母子單弱如此，而爲諸公所推，是禍吾家也。’翰留燕兵千人守諸門，爲從益宿衛。壬寅，翰及劉晞辭行，從益餞於北郊。

遺使召高行周於宋州，武行德於河陽，皆不至，淑妃懼，召大臣謀之曰：‘吾母子爲蕭翰所逼，分當滅亡。諸公無罪，宜早迎新主，自求多福，勿以吾母子爲意！’衆感其言，皆未忍叛去。或曰：‘今集諸營，不減五千，與燕兵併力堅守一月，北救必至。’淑妃曰：‘吾母子亡國之餘，安敢與人爭天下！不幸至此，死生惟人所裁。若新主見察，當知我無所負。今更爲計畫，則禍及他人，闔城塗炭，終何益乎！’衆猶欲拒守。三司使文安劉審交曰：‘余燕人，豈不爲燕兵計！顧事有不可如何者。今城中大亂之餘，公私窮竭，遺民無幾，若復受圍一月，無噍類矣。願諸公勿復言，一從太妃處分。’乃用趙遠、翟光鄴策，稱梁王，知軍國事。遣使奉表稱臣迎帝，請早赴京師，仍出居私第。”

漢高祖擁兵而南，從益遣人召高行周、武行德等爲拒，[1]行周等皆不至，乃與王松謀以燕兵閉城自守。妃曰：“吾家亡國之餘，安敢與人爭天下！”乃遣人上書迎漢高祖。高祖聞其嘗召行周而不至，遣郭從義先入京師殺妃母子。[2]妃臨死呼曰：“吾家母子何罪？何不留吾兒，使每歲寒食持一盂飯洒明宗墳上。”聞者悲之。從益死時年十七。[3]

[1]高行周：人名。媯州懷戎（今河北懷來縣）人。五代後唐至後周將領。傳見本書卷一二三、《新五代史》卷四八。　武行德：人名。并州榆次（今山西晋中市榆次區）人。五代、宋初將領。傳見《宋史》卷二五二。

[2]郭從義：人名。沙陀部人。曾名李從義。五代後唐莊宗李存勗養子。五代及宋初將領。傳見《宋史》卷二五二。

[3]“漢高祖擁兵而南”至“從益死時年十七”：《新五代史》

卷一五《淑妃王氏傳》。《通鑑》卷二八七天福十二年（947）六月丙辰條："帝至洛陽，命鄭州防禦使郭從義先入大梁清宫，密令殺李從益及王淑妃。淑妃且死，曰：'吾兒爲契丹所立，何罪而死！何不留之，使每歲寒食，以一盂麥飯酒明宗陵乎！'聞者泣下。"《輯本舊史》卷一〇〇《漢高祖紀下》天福十二年六月丙辰條："車駕至洛，兩京文武百僚自新安相次奉迎。郇國公李從益、唐明宗淑妃王氏皆賜死於東京。"《五代史闕文》："漢高祖自太原起軍建號，至洛陽，命郭從義先入京師，受密旨殺王淑妃與許王從益。淑妃臨刑號泣曰：'吾家子母何罪？吾兒爲契丹所立，非敢與人争國，何不且留我兒，每年寒食使持一盂飯灑明宗陵寢？'聞者無不泣下。臣謹按，隱帝朝，詔史臣修《漢祖實録》，敘淑妃、從益傳，但云'臨刑之日，焚香俟命'，蓋諱之耳。"

　　周廣順元年四月，[1]追謚賢妃。[2]

　　[1]廣順：五代後周太祖郭威年號（951—953）。
　　[2]周廣順元年四月，追謚賢妃：《會要》卷一内職條。《輯本舊史》卷一一一《周太祖紀二》繫此事於廣順元年（951）三月庚寅條，"追謚"作"追贈"。《新輯會證》本傳："《千唐志齋藏志》録孟津出土楊敏昇撰《晋故隴西郡夫人關氏墓志銘并序》，關氏爲王萬榮妻，王淑妃母。"下録墓志原文，可參見。

　　孔皇后[1]

　　[1]《輯本舊史》之原輯者案語："《孔后傳》，《永樂大典》原闕。"

　　閔帝哀皇后孔氏。[1]父循，[2]横海軍節度使。[3]循陰遣人結王德妃，[4]求納其女；德妃請娶循女爲從厚婦，帝許之。[5]庚寅，皇子從厚納孔循女爲妃。[6]初封魯國夫人。[7]后有賢行，生四子。愍帝即位，立爲皇后，未及册命而難作。愍帝出奔，后病子幼，皆不能從。廢帝入立，后及四子皆見殺。[8]應順元年四月，爲末帝所害。晋天福五年正月二十八日，追謚爲閔哀皇后。[9]

[1]閔帝哀皇后孔氏：原注録自《大典》卷一三五五五“制”字韻“王制篇（一四）”事目，與本篇内容不符，應録自卷一三三五二“謚”字韻“歷代皇后謚（一）”事目。中華書局本未改。今改。

[2]循：人名。即孔循。籍貫不詳。五代後唐大臣。傳見《新五代史》卷四三。

[3]横海軍：方鎮名。治所在今河北滄州市。　父循，横海軍節度使：《新五代史》卷一五《皇后孔氏傳》。

[4]王德妃：後唐明宗嬪妃王氏。事見本書卷三九《唐明宗紀四》。

[5]“循陰遣人結王德妃”至“帝許之”：《通鑑》卷二七六天成三年（928）二月乙未條。

[6]皇子從厚納孔循女爲妃：《通鑑》卷二七六天成三年十一月庚寅條。

[7]初封魯國夫人：《會要》卷一皇后條。

[8]“后有賢行”至“后及四子皆見殺”：《新五代史》卷一五《皇后孔氏傳》。

[9]“應順元年四月”至“追謚爲閔哀皇后”：《會要》卷一皇后條。《輯本舊史》卷七九《晋高祖紀五》天福五年（940）正月甲午條：“太常少卿裴羽奏：‘閔帝魯國夫人孔氏請追謚爲閔哀皇后。’從之。”

劉皇后

末帝劉皇后，應州人也。[1]天成中，封爲沛國夫人。清泰初，百官三上表請立中宫，遂立爲皇后。[2]后性强戾，末帝甚憚之，故其弟延皓自鳳翔牙校環歲之間歷樞密使，[3]出爲鄴都留守，[4]皆由后内政之力也。及延皓爲張令昭所逐，[5]執政請行朝典，后力制之，止從罷免而已。[6]晋高祖入洛，后與末帝俱就燔焉。[7]《永樂大典》卷一萬九千三百四。[8]

[1]應州：州名。治所在今山西應縣。

[2]“末帝劉皇后”至“遂立爲皇后”：《新五代史》卷一六《皇后劉氏傳》：“父茂威，應州渾元人也。”《輯本舊史》卷四六《唐末帝紀上》清泰元年（934）七月丁巳條：“制立沛國夫人劉氏爲皇后。”同年八月丙申條：“御文明殿册皇后，命使攝太尉、宰臣盧文紀，使副攝司徒、右諫議大夫盧損詣皇后宫，行禮畢，恩賜有差。”亦見《新五代史》卷七《唐本紀》清泰元年七月丁巳條。

[3]延皓：人名。即劉延皓。應州渾元（今山西渾源縣）人。五代將領。傳見本書卷六九、《新五代史》卷一六。　鳳翔：方鎮名。治所在鳳翔府（今陝西鳳翔縣）。　牙校：低級武官。　故其弟延皓自鳳翔牙校環歲之間歷樞密使：《輯本舊史》卷四七《唐末帝紀》中清泰二年四月辛卯條：“以宣徽南院使劉延皓爲刑部尚書，充樞密使。”關於此句，《舊五代史考異》云：“《歐陽史》作夏五月辛卯，《通鑑》從《薛史》作四月。”見《新五代史》卷七《唐本紀》、《通鑑》卷二七九清泰二年四月辛卯條。清泰二年四月乙丑朔，五月甲午朔，五月無辛卯日，辛卯日爲四月二十七日。

[4]出爲鄴都留守：《輯本舊史》卷四七《唐末帝紀中》清泰

二年七月丁酉條："以樞密使劉延皓爲天雄軍節度使。"

[5]張令昭：人名。籍貫不詳。五代後唐將領。事見本書本卷、卷六九、卷九七、卷一〇七。　及延皓爲張令昭所逐："張令昭"，《輯本舊史》之影庫本粘籤："原本脫'張'字，今據《通鑑》增入。"見《通鑑》卷二八〇天福元年五月癸丑條。《輯本舊史》卷四八《唐末帝紀下》清泰三年五月壬子條："鄴都屯駐捧聖都虞候張令昭逐節度使劉延皓，據城叛。翌日，令昭召副使邊仁嗣已下逼令奏請節旄。"

[6]止從罷免而已：《輯本舊史》卷四八《唐末帝紀下》清泰三年六月辛酉條："天雄軍節度使劉延皓削奪官爵，勒歸私第。"《通鑑》卷二八〇天福元年（即清泰三年）六月庚申條："止削延皓官爵，歸私第。"《新五代史》卷一六《皇后劉氏傳》："其弟延皓，少事廢帝爲牙將，廢帝即位，拜宮苑使、宣徽南院使。清泰二年，爲樞密使、天雄軍節度使。延皓爲人素謹厚，及貴而改節，以后故用事，受賕，掠人園宅，在鄴下不恤軍士，軍士皆怨。捧聖都虞候張令昭以其屯駐兵逐延皓，延皓走相州。是時，石敬瑭已反，方用兵，而令昭之亂作。令昭乃閉城，遣其副使邊仁嗣請己爲節度使。廢帝以令昭爲右千牛衛將軍，權知天雄軍府事。已而遣范延光討之，令昭敗走邢州，追至沙河，斬之，屯駐諸軍亂者三千餘人皆死。有司請以延皓行軍法，廢帝以后故，削其官爵而已。"

[7]晉高祖入洛，后與末帝俱就燔焉：《輯本舊史》卷四八《唐末帝紀下》清泰三年閏十一月庚辰條："晉高祖至河陽。"同月辛巳條："辰時，帝舉族與皇太后曹氏自燔於玄武樓。"《新五代史》卷七《唐本紀》、《通鑑》卷二八〇天福元年閏十一月辛巳條同。

[8]《大典》卷一九三〇四"后"字韻"五代后"事目。

史臣曰：昔三代之興亡，雖由於帝王，亦繫於妃后。故夏之興也以塗山，[1]及其亡也以妹嬉；[2]商之興也以簡狄，[3]及其亡也以妲己；[4]周之興也以文母，[5]及其亡也以褒姒。[6]觀夫貞簡之爲人也，雖未偕於前代，亦無虧於懿範。而劉后以牝雞之晨，皇業斯墜，則與夫三代之興亡同矣。餘無進賢輔佐之德，又何足以道哉！

《永樂大典》卷一萬九千三百四。[7]

[1]塗山：古有塗山國，禹娶塗山氏之女。事見《史記》卷二《夏本紀》。

[2]妹嬉：人名。又作妹喜、末喜、末嬉。有施氏之女，夏桀攻有施氏，有施人以妹嬉進桀，爲桀妃，後助湯亡夏。事見《國語·晋語一》。

[3]簡狄：人名。一作"簡逷"。傳説中商代祖先契之母。有娥氏之女，爲帝嚳妻。神話傳説她與女伴三人行浴，見玄鳥（燕子）墜卵，取而吞之，因而懷孕生契。事見《史記》卷三《殷本紀》。

[4]妲己：人名。姓己，字妲。有蘇氏女。商紂王妃，極受寵愛。周武王滅商時被殺。一説自縊死。事見《史記·殷本紀》。

[5]文母：指周文王之妃大姒。《詩經·周頌·雍》："既右烈考，亦右文母。"毛氏傳："烈考，武王也。文母，大姒也。"鄭玄箋："子孫所以得考壽與多福者，乃以見右助於光明之考與文德之母，歸美焉。"

[6]褒姒：幽王寵妃。褒國人，姒姓。周幽王三年，褒人將她進獻給周。幽王立爲后。爲博她一笑，幽王曾點烽火以戲諸侯，致使失信於諸侯而招至亡國。幽王被申侯聯合犬戎等攻殺，她也被俘。事見《史記》卷四《周本紀》。

[7]《大典》卷一九〇四"后"字韻"五代后"事目。《輯本舊史》之原輯者案語："《五代史》無《外戚傳》。據《五代會要》，武皇長女瓊華長公主，降孟知祥，同光三年十二月封。第二

女瑶英長公主，降張延釗，同光三年十二月封。明宗長女永寧公主，降晉高祖，第十三女興平公主，降趙延壽，天成三年四月封，至長興四年九月改封齊國公主，至清泰二年三月進封燕國長公主。第十四女壽安公主，長興四年六月封。第十五女永樂公主，長興四年六月封。今考《會要》所載，亦多舛互。如瓊華公主，《十國春秋》諸書作太祖弟克讓之女，《會要》以爲武皇長女，此傳聞之異辭也。莊宗女義寧公主，降宋廷浩。廷浩仕至房州刺史，晉初爲汜水關使，張從賓之叛，戰死。見《東都事略》及《宋史》。又，王禹偁《小畜集》有《宋渥神道碑》云：母義寧公主，天福中，晉祖以嘗事莊宗，有舊君之禮，每貴主入見，聽其不拜。時兵戎方熾，經費不充，惟公主之家，賜予甚厚，盡而復取，亦無倦色。一日，晉祖從容謂貴主曰：‘朕于主家無所愛惜，但朝廷多事，府庫甚虛，主所知矣。今輦轂之下，桂玉爲憂，可命渥分司西京，以豐就養。’因厚遣之，且敕留使具晨昏伏臘之用，至于醮醑，率有備焉。《會要》不載莊宗女，是其闕略也。《歐陽史》云：‘延壽所尚公主已死，耶律德光乃爲延壽娶從益妹，是爲永安公主。’《薛史‧趙延壽傳》亦言其娶明宗小女爲繼室，而《五代會要》不載，疑有闕文。”此段案語，中華書局本據《會要》校改，今從之，不錄校勘記內容。《新輯會證》本傳：“本書卷二六《武皇紀》云王珂妻邠國公主爲武皇愛女，《舊唐書》卷一八二《王處存傳》云克用以女妻王鄩。本書《末帝紀》載末帝長女尼惠明大師幼澄，《資治通鑑》卷二七八云潞王有女惠明爲尼，在洛陽，閔帝應順元年正月召入禁中。同書卷二七九云其於潞王起兵後被殺。《五代會要》未敘及。”

舊五代史　卷五〇

唐書二十六

宗室列傳第二

克讓

克讓，武皇之仲弟也。[1]少善騎射，以勇悍聞。咸通中，[2]從討龐勛，[3]以功爲振武都校。[4]乾符中，[5]王仙芝陷荆、襄，[6]朝廷徵兵，克讓率師奉詔，[7]賊平，以功授金吾將軍，[8]留宿衛。

[1]武皇：即李克用。沙陀部人，生於神武川新城（一説是今山西朔州市朔城區之梵王寺村，一説是今山西應縣縣城，一説在今山西懷仁縣之日中城）。唐末軍閥，受封晉王。五代後唐太祖。紀見本書卷二五至卷二六、《新五代史》卷四。　克讓，武皇之仲弟也：《北夢瑣言》卷一七朱邪先代條：“李國昌，其姪克讓爲羽林將軍。”

[2]咸通：唐懿宗李漼年號（860—874）。唐僖宗即位後沿用一年。

　　[3]龐勛：人名。籍貫不詳。唐末桂州（今廣西桂林市）戍卒起義軍首領。唐懿宗咸通九年（868）、十年，率久戍不歸的桂州戍卒起義北歸，兵敗死。事見《舊唐書》卷一九上、《新唐書》卷九。　從討龐勛：中華書局本有校勘記：“《册府》卷二九一作‘從獻祖討龐勛’。”見《宋本册府》卷二九一《宗室部·立功門二》。

　　[4]振武都校：官名。禁軍統兵官。“振武”爲軍隊番號。

　　[5]乾符：唐僖宗李儇年號（874—879）。

　　[6]王仙芝：人名。濮州（今山東鄄城縣）人。唐末農民軍領袖。事見《舊唐書》卷一九下、《新唐書》卷九、卷二二五下。荆：州名。治所在今湖北荆州市。　襄：州名。治所在今湖北襄陽市。

　　[7]“乾符中”至“克讓率師奉詔”：《舊唐書》卷一九上《懿宗紀》咸通十四年（873）正月辛未條：“賜盧簡方詔曰：‘李國昌久懷忠赤，顯著功勞，朝廷亦三授土疆，兩移旄節。其爲寵遇，實寡比倫。昨者徵發兵師，又令克讓將領，惟嘉節義，同絕嫌疑。近知大同軍不安，殺害段文楚，推國昌小男克用主領兵權。’”卷一九下《僖宗紀》乾符四年（877）十二月條：“賊陷江陵之郛，（楊）知溫窮蹙，求援於襄陽，山南東道節度使李福悉其師援之。時沙陀軍五百騎在襄陽，軍次荆門，騎軍擊賊，敗之。賊盡焚荆南郛郭而去。”亦見《通鑑》卷二五三乾符五年正月丁酉條。

　　[8]金吾將軍：官名。即金吾衛將軍。唐置，掌宮禁宿衛。唐代置十六衛，即左右衛、左右驍衛、左右武衛、左右威衛、左右領軍衛、左右金吾衛、左右監門衛、左右千牛衛。各置上將軍，從二品；大將軍，正三品；將軍，從三品。

　　初，懿祖歸朝，[1]憲宗賜宅於親仁坊，[2]自長慶以來，[3]相次一人典衛兵。武皇之起雲中，[4]殺段文楚，[5]朝議罪之，命加兵于我，懼，將逃歸，天子詔巡使王處存夜圍親仁坊捕克讓。[6]詰旦兵合，克讓與紀綱何相温、安文寬、石的歷十餘騎彎弧躍馬，[7]突圍而出，官軍數千人追之，[8]比至渭橋，[9]死者數百。[10]克讓自夏陽掠船而濟，[11]歸於雁門。[12]明年，武皇昭雪，克讓復入宿衛。黃巢犯闕，[13]僖宗幸蜀，[14]克讓時守潼關，[15]爲賊所敗，以部下六七騎伏於南山佛寺，[16]夜爲山僧所害。[17]

　　[1]懿祖：即朱邪執宜。沙陀部首領。朱邪赤心之父。事見《新唐書》卷二一八《沙陀傳》、《新五代史》卷四《唐本紀四》。

　　[2]憲宗：即唐憲宗李純，805年至820年在位。紀見《舊唐書》卷一四至卷一五、《新唐書》卷七。　親仁坊：長安外郭城里坊之一。參見宋人宋敏求《長安志》，國家圖書館出版社2012年版。

　　[3]長慶：唐穆宗李恒年號（821—824）。

　　[4]雲中：縣名。治所在今山西大同市。

　　[5]段文楚：人名。汧陽（今陝西千陽縣）人。唐末將領。事見《舊唐書》卷一九上《懿宗紀》。　武皇之起雲中，殺段文楚：《通鑑》卷二五三乾符五年（878）二月甲戌條《考異》："按《莊宗列傳》舊紀，克用殺文楚在咸通十三年十二月，歐陽修《五代史記》取之；《太祖紀年録》在乾符三年，薛居正五代史《新沙陀傳》取之；《見聞録》在乾符五年二月，《新紀》取之；惟《實録》在乾符元年，不知其所據何書也。"見《舊唐書》卷一九上《懿宗紀》、卷一九下《僖宗紀》，《新唐書》卷九《僖宗紀》、卷二一八《沙陀傳》，《輯本舊史》卷二五《唐武皇紀上》，《新五代史》卷四《唐本紀》。

　　[6]巡使：官名。唐宋置。御史臺官員。唐以殿中侍御史爲之，分爲左、右。左巡使掌糾察京城百官違失，右巡使掌糾察京城外官員違失。　王處存：人名。京兆萬年（今陝西西安市長安區）人。

唐末軍閥。傳見《舊唐書》卷一八二、《新唐書》卷一八六。

[7]紀綱：泛指僕從。中華書局本有校勘記："原作'紀網'，據殿本、劉本改。影庫本批校：'綱'訛'網'。"　何相溫、安文寬、石的歷：皆人名。籍貫不詳。本書僅此一見。

[8]數千人：《新五代史》卷一四《李克讓傳》作"千餘人"。

[9]比至渭橋：《舊五代史考異》："《歐陽史》作滑橋，疑傳刻之訛。據《通鑑考異》引《薛史》亦作渭橋，今仍其舊。"《新五代史》卷一四《李克讓傳》本作"渭橋"，《通鑑》卷二五五中和二年（882）十二月條《考異》同。

[10]數百：《新五代史》卷一四《李克讓傳》作"百餘人"。

[11]夏陽：縣名。治所在今陝西合陽縣。

[12]雁門：方鎮名。治所在代州（今山西代縣）。

[13]黃巢：人名。曹州冤句（今山東菏澤市）人。唐末農民起義領袖。傳見《舊唐書》卷二〇〇下、《新唐書》卷二二五下。

[14]僖宗：即唐僖宗李儇。873年至888年在位。黃巢起義後，於廣明元年（880）占據長安，唐僖宗被迫奔蜀。紀見《舊唐書》卷一九下、《新唐書》卷九。

[15]潼關：地名。關隘重地。位於今陝西潼關縣東北。

[16]南山：山名。即終南山。位於今陝西西安市。

[17]"明年"至"夜爲山僧所害"：《輯本舊史》之原輯者案語："僖宗幸蜀以前，武皇未嘗昭雪，克讓無由復入宿衛，出守潼關。《通鑑考異》嘗辨其誤。今考《新唐書·黃巢傳》，巢攻潼關，齊克讓以其軍戰關外，時士飢甚，潛燒克讓營，克讓走入關，疑當時因齊克讓之名與李克讓同，遂致傳聞輾轉失實耳。《歐陽史》祇據《薛史》原文，不爲辨正，今無可復考，姑附識于此。"見《通鑑》卷二五五中和二年十二月條《考異》、《新唐書》卷二二五下《黃巢傳》、《新五代史》卷一四《李克讓傳》。

　　克讓既死，紀綱渾進通冒刃獲免，[1]歸於黃巢。中和二年冬，[2]武皇入關討賊，[3]屯沙苑。[4]黃巢遣使米重威齎賂修好，[5]因送渾進通至，兼擒送害克讓僧十人。武皇燔僞詔，還其使，盡誅諸僧，爲克讓發哀行服，悲慟久之。[6]《永樂大典》卷一萬三百八十八。[7]

　　[1]渾進通：人名。籍貫不詳。李克讓僕從。事見《通鑑》卷二五五。

　　[2]中和：唐僖宗李儇年號（881—885）。

　　[3]武皇入關討賊：《輯本舊史》卷二五《唐武皇紀上》繫此事於中和二年（882）十月。

　　[4]沙苑：地名。位於今陝西大荔縣東南。

　　[5]米重威：人名。籍貫不詳。唐末黃巢部將。事見《通鑑》卷二五五。

　　[6]“黃巢遣使米重威齎賂修好”至“悲慟久之”：《通鑑》卷二五五中和二年（882）十二月條《考異》：“《太祖紀年録》：‘初，克讓於潼關戰敗，避賊南山，隱於佛寺，夜，爲山僧所害，紀綱渾進通冒刃獲免，歸黃巢。賊素憚太祖，聞其至也，將託情脩好，捕害克讓之僧十餘人，殺之。巢令其將米重威齎重賂、僞詔，因渾進通見太祖。乃召諸將，領其賂，燔其僞詔以徇。’《薛史·克讓傳》曰：‘乾符中，以功授金吾將軍，留宿衛。初，懿祖歸朝，憲宗賜宅於親仁坊。武皇之起雲中殺段文楚也，天子詔巡使王處存夜圍親仁坊，捕克讓。詰旦，兵合，克讓與十餘騎彎弧躍馬，突圍而出，官軍數千人追之，比至渭橋，死者數百。克讓自夏陽掠船而濟，歸於雁門。’按克讓於時猶在雲州……云雁門，誤也。《後唐懿祖紀年録》曰：‘其兄克恭、克儉皆伏誅。’按是時國昌猶自請討克用，朝廷必未誅其子。蓋國昌振武不受代後，克恭、克儉始被誅也。《薛史》又曰：‘明年，武皇昭雪，克讓復入宿衛。黃巢犯闕，僖宗幸

蜀，克讓時守潼關，爲賊所敗。'按國昌以乾符五年不受代，朝廷發兵討之。六年，克用未嘗昭雪，克讓何從得入宿衛！廣明元年，國昌父子兵敗，逃入達靼。其年冬，黃巢陷長安，克讓何嘗守潼關、戰敗而死於佛寺！或者爲朝廷所圍捕時，逃入南山佛寺，爲僧所殺，則不可知也。今事既難明，故但云爲寺僧所殺而已。"

[7]《大典》卷一〇三八八"李"字韻"姓氏"事目。

克修　子嗣弼　嗣肱

克修，字崇遠，[1]武皇從父弟也。父德成，[2]初爲天寧軍使，[3]從獻祖討龐勛，[4]以功授朔州刺史。[5]克修少便弓馬，從父征討，所至立功。武皇節制雁門，[6]以克修爲奉誠軍使，[7]從入關爲前鋒，[8]破黃揆於華陰，[9]敗尚讓於梁田坡，[10]蹙黃巢於光泰門，[11]每戰皆捷，勇懾諸軍。賊平，以功檢校刑部尚書、左營軍使。[12]其年十月，潞州牙將安居受來乞師，[13]請復昭義軍，[14]武皇遣大將賀公雅、李筠、安金俊等以兵從。[15]與孟方立戰於銅鞮，[16]不利，武皇乃令克修將兵繼進。[17]是月，平潞州，斬其刺史李殷銳，[18]乃表克修爲昭義節度使。[19]

[1]克修，字崇遠：按古人名與字相關，"脩"與"遠"義通，故疑其名爲"克脩"。《新五代史》卷一四《克脩傳》、《宋本册府》卷二九一《宗室部·立功門》、《通鑑》卷二五五中和二年（882）十二月條均作"克脩"。今仍從《輯本舊史》原文，不改動，但校勘記引諸書時則各從原文。

[2]德成：人名。即李德成。本書僅此一見。《輯本舊史》之原輯者案語："案《歐陽史·家人傳》云：'太祖四弟，曰克讓、克

修、克恭、克寧，皆不知其父母名號．'據《薛史》，則克修父名德成，未嘗無名號也。"見《新五代史》卷一四《唐太祖家人傳》。

[3]天寧軍使：官名。所部統兵將領，位次於都指揮使。天寧爲部隊番號。

[4]獻祖：即李國昌，又名朱邪赤心。沙陀部首領。唐末軍閥。李克用之父。其孫後唐莊宗李存勗即帝位後，追諡其爲文皇，廟號獻祖。事見《舊唐書》卷一九上《懿宗本紀》、卷一九下《僖宗本紀》。 從獻祖討龐勛：《舊唐書》卷一九上《懿宗紀》咸通九年（868）十二月庚辰條："將軍戴可師率沙陀、吐渾部落二萬人，於淮南與賊轉戰，賊黨屢敗，盡棄淮南之守。"

[5]朔州：州名。治所在今山西朔州市朔城區。 刺史：官名。漢武帝時始置。州一級行政長官，總掌考核官吏、勸課農桑、地方教化等事。唐中期以後，節度使、觀察使轄州而設，刺史爲其屬官，職任漸輕。從三品至正四品下。

[6]武皇節制雁門：《輯本舊史》卷二五《唐武皇紀上》中和元年四月條："天子乃以武皇爲雁門節度使。"此句《輯本舊史》有原輯者案語："《新唐書》表：中和二年，以河東忻、代二州隸雁門節度。更大同節度爲雁門節度，治代州。是中和二年以前，雁門非鎮名也。據《舊唐書》：初，敕克用，拜代州刺史、忻代兵馬留後。二年，擢雁門節度、神策天寧軍鎮遏、忻代觀察使。是克用爲雁門節度實在二年，《薛史》疑誤。"

[7]奉誠軍使：官名。所部統兵將領，位次於都指揮使。奉誠爲部隊番號。

[8]從入關爲前鋒：《輯本舊史》卷二五《唐武皇紀上》繫此事於中和二年十月。

[9]黃揆：人名。曹州冤句（今山東菏澤市）人。黃巢堂弟、部將。事見《通鑑》卷二五三、卷二五五、卷二五六。 華陰：縣名。治所在今陝西華陰市。 破黃揆於華陰：《舊唐書》卷二〇〇下《黃巢傳》繫此事於中和三年正月。《輯本舊史》卷二五《唐武

皇紀上》中和三年正月條："武皇令其弟克修領前鋒五百騎渡河視賊。"《新五代史》卷四《唐莊宗紀上》中和三年："十一月，遣其弟克脩攻昭義孟方立，取其澤、潞二州。"同卷中和四年七月："遣弟克脩將兵萬人屯于河中以待。"

[10]尚讓：人名。黃巢部將，後被時溥所殺。事見《舊唐書》卷二〇〇下、《新唐書》卷二二五下。　梁田坡：地名。位於今陜西渭南市臨渭區。　敗尚讓於梁田坡：《輯本舊史》卷二五《唐武皇紀上》均繫此事於中和三年二月，"梁田坡"作"梁田陂"。

[11]光泰門：宮門名。唐長安城禁苑二東門之一。位於今陜西西安市東北。"光泰門"原作"光順門"，《舊唐書》卷二〇〇下中和三年四月條、《新唐書》卷二二五下《黃巢傳》中和三年四月條、《新五代史》卷四《唐莊宗紀上》中和三年三月條、《通鑑》卷二五五中和三年四月甲辰條皆作"光泰門"。《通鑑》卷二五五中和三年四月甲辰條《考異》："《實錄》：'甲辰，李克用與忠武將龐從、河中將白志遷、橫野將滿存、朝邑將康師貞三敗賊於渭橋，大破之。義成、義武等軍繼進。乙巳，巢賊燔長安宮室，收餘衆自光泰門東走，由藍田關以遁。諸軍進收京師。'"亦作"光泰門"。據改。　蹙黃巢於光泰門：《舊唐書》卷二〇〇下《黃巢傳》與《輯本舊史》卷二五《唐武皇紀上》均繫此事於中和三年四月。

[12]檢校刑部尚書：官名。爲散官或加官，以示恩寵加此官，無實際執掌。　左營軍使：官名。所部統兵將領，位次於都指揮使。左營爲部隊番號。

[13]潞州：州名。治所在今山西長治市。　牙將：官名。古代軍隊中的中低級軍官。　安居受：人名。籍貫不詳。唐末方鎮將領。事見本書本卷、《新五代史》卷一四。

[14]昭義軍：方鎮名。治所在潞州（今山西長治市）。

[15]賀公雅：人名。籍貫不詳。李克用部將。事見本書本卷、本書卷六二、《通鑑》卷二五三、卷二五五。　李筠：人名。籍貫不詳。五代後唐將領。事見本書卷七一。　安金俊：人名。籍貫不

詳。唐末李克用部將。事見《舊唐書》卷二〇上、《新唐書》卷一八七及本書卷二五。《輯本舊史》之影庫本粘籤："安金俊，原本作'全俊'，今據《通鑑》改正。"見《通鑑》卷二五六光啓二年（886）九月甲午條。

[16]孟方立：人名。邢州平鄉（今河北平鄉縣）人。唐末將領。傳見《新唐書》卷一八七、本書卷六二、《新五代史》卷四二。 銅鞮：縣名。治所在今山西沁縣。

[17]武皇乃令克修將兵繼進：《輯本舊史》卷二五《唐武皇紀上》光啓二年九月條："武皇遣昭義節度使李克修討孟方立於邢州，大敗方立之衆於焦崗，斬首數千級。"

[18]李殷銳：人名。籍貫不詳。唐末、五代將領。事見本書本卷、卷六二，《通鑑》卷二五五。 是月，平潞州，斬其刺史李殷銳：《輯本舊史》之原輯者案語："《新唐書·僖宗紀》：中和三年十月，李克用陷潞州，刺史李殷銳死之。與《薛史·李克修傳》同。《薛史·武皇紀》又作十一月平潞州，紀、傳自相矛盾。《通鑑》從《克修傳》作十月，《歐陽史》從《武皇紀》作十一月。"見《新唐書》卷九《僖宗紀》、《輯本舊史》卷二五《唐武皇紀上》《通鑑》卷二五五中和三年十月辛亥條、《新五代史》卷四《唐莊宗紀上》。

[19]節度使：官名。唐時在重要地區所設掌握一州或數州軍、民、財政的長官。 乃表克修爲昭義節度使：《輯本舊史》卷二五《唐武皇紀上》繫此事於中和三年十一月，《通鑑》卷二五六繫此事於中和四年八月。

光啓二年九月，[1]克修出師山東，[2]收復邢、洺。[3]十一月，拔故鎮。[4]孟方立遣將呂臻來援，[5]戰於焦崗，[6]大敗之，擒呂臻，俘斬萬計，進拔武安、臨洺諸屬縣。[7]乘勝進圍邢州。方立求援於鎮州，[8]王鎔出師三萬援之，[9]克修軍退。[10]及李罕之來歸，[11]武皇授以澤州刺史，[12]與克修合勢進攻河陽，[13]連歲出師，以苦懷、孟。[14]文德元年十月，[15]孟方立遣將奚忠信將兵三萬襲我遼州，[16]克修設伏於遼之東山，大敗賊軍，擒忠信以獻。龍紀元年，[17]武皇大舉以伐邢、洺，及班師，因撫封於上黨。[18]克修性儉嗇，不事華靡，供帳饔膳，品數簡陋。武皇怒其菲薄，笞而詬之，克修慚憤發疾，明年三月，卒於潞之府第，時年三十一。[19]莊宗即位，[20]追贈太師。[21]

[1]光啟：唐僖宗李儇年號（885—888）。

[2]山東：太行山以東。

[3]邢：州名。治所在今河北邢臺市。　洺：州名。治所在今河北邯鄲市永年區。

[4]故鎮：地名。又作“固鎮”。位於今河北武安市西南。

[5]吕臻：人名。事見本書本卷、卷六二。

[6]焦崗：地名。又作“焦岡”。位於今河北武安市西六十里。

[7]武安：縣名。治所在今河北武安市。　臨洺：縣名。治所在今河北邯鄲市永年區。　“十一月”至“臨洺諸屬縣”：據《輯本舊史》卷二五《唐武皇紀上》與《通鑑》卷二五六，“拔故鎮”至“進拔武安、臨洺諸屬縣”諸事繫於光啟二年（886）九月。“拔故鎮”，《新唐書》卷一八七《孟方立傳》、《新五代史》卷一四《李克脩傳》及《通鑑》卷二五六光啟二年九月條皆置此事於吕臻被擒之後。

[8]鎮州：州名。治所在今河北正定縣。

[9]王鎔：人名。回鶻人。唐末、五代軍閥，朱温後封趙王。傳見本書卷五四、《新五代史》卷三九。

［10］“乘勝進圍邢州”至“克修軍退”：《輯本舊史》卷二五《唐武皇紀上》繫此事於光啓二年十月條。

［11］李罕之：人名。陳州項城（今河南沈丘縣）人。唐末五代軍閥。傳見《新唐書》卷一八七、本書卷一五、《新五代史》卷四二。

［12］澤州：州名。治所在今山西晉城市。　及李罕之來歸，武皇授以澤州刺史：《輯本舊史》卷二五《唐武皇紀上》、卷一五《李罕之傳》及《通鑑》卷二五七皆繫此事於文德元年（888）。

［13］河陽：方鎮名。全稱“河陽三城”。治所在孟州（今河南孟州市）。

［14］懷：州名。治所在今河南沁陽市。　孟：州名。治所在今河南孟州市。

［15］文德：唐僖宗李儇年號（888）。　文德元年十月：《輯本舊史》原無“文德元年”四字，蒙上文則仍爲光啓二年，中華書局本有校勘記：“本書卷二五《唐武皇紀一》、《通鑑》卷二五七、《新五代史》卷四二《孟方立傳》、《新唐書》卷一八七《孟方立傳》皆繫其事於文德元年。”但未補，今據上述諸書補。

［16］奚忠信：人名。孟方立部將。籍貫不詳。事見本書卷二五、《通鑑》卷二五七、卷二五八。《輯本舊史》之影庫本粘籤：“奚忠信，原本作‘思信’，今從《通鑑》改正。”見《通鑑》卷二五七文德元年十月條。　遼州：州名。治所在今山西左權縣。

［17］龍紀：唐昭宗李曄年號（889）。

［18］上黨：即潞州，治所在今山西長治市。

［19］“克修性儉嗇”至“時年三十一”：《輯本舊史》卷二五《唐武皇紀上》大順元年三月條：“昭義軍節度使李克修卒。”《通鑑》卷二五八大順元年三月條：“李克用巡潞州，以供具不厚，怒昭義節度使李克脩，詬而笞之；克脩慚憤成疾，三月，薨。”《考異》曰：“《太祖紀年録》：‘太祖遣李罕之、李存孝攻邢州。十月，且命班師，由上黨而歸。克脩性吝嗇，太祖左右徵賂於克脩，旬日

間，費數十萬，尚以爲供張不豐，掎其事，笞克脩而歸太原。俄而克脩憤恥寢疾。’《薛史·克脩傳》曰：‘龍紀元年，武皇大舉以伐邢洺，及班師，因撫封於上黨。’按《太祖紀》但遣罕之、存孝攻邢州，不云親行。蓋罕之、存孝圍邢州，克用但以大軍屯境上爲之聲援，去十月先還，罕之、存孝猶圍邢州，故正月孟遷降也。”

[20]莊宗：即李存勗，小字亞子，沙陀部人，太原（今山西太原市）人。晋王李克用之子，五代後唐開國皇帝。923年至926年在位。紀見本書卷二七至卷三四、《新五代史》卷四至卷五。

[21]太師：官名。與太保、太傅並爲三師。唐後期、五代多爲大臣、勳貴加官。正一品。

　　克脩子二人，長曰嗣弼，次曰嗣肱。

　　嗣弼初授澤州刺史，歷昭義、橫海節度副使，[1]改涿州刺史。[2]天祐十八年，[3]契丹犯燕、趙，[4]陷涿郡，[5]嗣弼舉家被俘，遷于幕庭。《永樂大典》卷一萬三百八十八。[6]

[1]橫海：方鎮名。治所在滄州（今河北滄縣舊州鎮）。　節度副使：官名。唐、五代方鎮屬官。位於行軍司馬之下、判官之上。

[2]涿州：州名。治所在今河北涿州市。原作“海州”。中華書局本有校勘記：“‘海州’，《新五代史》卷一四《唐太祖家人傳》作‘涿州’。按《通鑑》卷二七一：‘契丹長驅而南，圍涿州，旬日拔之，擒刺史李嗣弼。’”但未改，今據《新五代史》卷一四《李克脩傳》、《通鑑》卷二七一龍德元年（921）條改。

[3]天祐：唐昭宗李曄開始使用的年號（904）。唐哀帝李柷即位後沿用（904—907）。唐亡後，河東李克用、李存勗仍稱天祐，沿用至天祐二十年（923）。五代其他政權亦有行此年號者，如南

吳、吳越等，使用時間長短不等。

[4]燕：即五代十國劉守光大燕政權。　趙：封國名。此處代指唐末河北方鎮成德軍。時王鎔爲成德軍節度使、趙王。

[5]涿郡：地名。位於今河北涿州市。　“天祐十八年”至“陷涿郡”：“天祐十八年”，《輯本舊史》原作“天祐十九年”。《舊五代史考異》：“《歐陽史》作十一年。”見《新五代史》卷一四《李克讓傳》。《輯本舊史》卷二九《唐莊宗紀三》天祐十八年（921）十二月條：“王郁誘契丹阿保機寇幽州，遂引軍涿州，陷之。”卷一三七《契丹傳》繫此事於十八年，《通鑑》卷二七一繫此事於龍德元年（即天祐十八年），據改。“陷涿郡”，《輯本舊史》之原輯者案語：“案《遼史·太祖紀》：‘十二月癸亥，圍涿州，有白兔緣壘而上，是日破其郛。’”見《遼史》卷二《太祖紀下》神册六年（即龍德元年，天祐十八年）條。

[6]《大典》卷一〇三八八“李”字韻“姓氏”事目。

嗣肱，少有膽略，屢立戰功。夾城之役，從周德威爲前鋒。[1]時兄嗣弼爲昭義副使，與嗣昭守城，[2]兄弟內外奮戰，忠力威壯，感動三軍。潞圍既解，以功授檢校左僕射，[3]入爲三城巡檢，[4]知衙內事。[5]天祐七年，周德威援靈、夏，[6]党項阻道，音驛不通。嗣肱奉命自麟州渡河，[7]應接德威，與党項轉戰數十里，合德威軍。[8]柏鄉之戰，[9]嗣肱爲馬步都虞候。[10]明年，從莊宗會朱友謙於猗氏，[11]改教練使，[12]與存審援河中，[13]敗汴軍於胡壁堡，[14]獲將龐讓。[15]十年，與存審屯趙州，[16]擊汴人於觀津。[17]時梁祖新屠棗強，[18]其將賀德倫急攻蓚縣，[19]梁祖率師五萬合勢營於蓚之西。嗣肱自下博率騎三百，[20]薄晚與梁之樵芻者相雜，日既晡，入梁軍營門，諸騎相合，大譟，弧矢星發，虢閫馳突。汴人不知所爲，營中大擾，既暝，斂騎而退。是夜，梁祖燒營而遁，解蓨縣之圍。[21]以功特授蔚州刺史、雁門以北都知兵馬使。[22]從平劉守光。[23]十二年，改應州刺史，[24]累遷澤、代二州刺史、石嶺以北都知兵馬使。[25]十九年，新州刺史王郁叛入契丹，[26]嗣肱進兵定媯、儒、武等三州，[27]授山北都團練使。[28]二十年春，卒於新州，[29]時年四十五。《永樂大典》卷一萬八千一百二十八。[30]

[1]周德威：人名。朔州馬邑（今山西朔州市朔城區東北）人。唐末、五代河東將領。傳見本書五六、《新五代史》卷二五。

[2]嗣昭：人名。即李嗣昭。汾州（今山西汾陽市）人。唐末、五代李克用義子、部將。傳見本書卷五二、《新五代史》卷三六。

[3]檢校左僕射：官名。左僕射爲隋唐宰相名號。檢校左僕射爲散官或加官，以示恩寵，無實際執掌。

[4]巡檢：官名。五代始設巡檢於京師、陪都、重要的州及邊防重鎮，設於都城的稱京城巡檢使、都巡檢、都巡檢使。掌地方治安。

[5]知衙內事：官名。衙內親軍之統兵官。　“夾城之役”至“知衙內事”：據《輯本舊史》卷二六《唐武皇紀下》與卷二七《唐莊宗紀一》，此役自天祐四年（907）五月至天祐五年五月。“潞圍既解”，《宋本册府》卷二九一《宗室部·立功門二》作“潞圍乃解”；“以功授檢校左僕射”，《宋本册府》卷二九一《宗室部·立功門二》作“以功加檢校僕射”。

[6]靈：州名。治所在今寧夏吳忠市。　夏：州名。治所在今陝西靖邊縣。

[7]麟州：州名。治所在今陝西神木市。

[8]"天祐七年"至"合德威軍"：據《輯本舊史》卷二七《唐莊宗紀一》，此役自天祐七年七月至九月。明本《册府》卷二一六《閏位部·征伐門》梁太祖條開平四年（即天祐七年）七月："劉知俊攻逼夏州。"此條《輯本舊史》收入卷五《梁太祖紀五》，有《舊五代史考異》："案《通鑑》：七月，岐王與邠、涇二帥各遣使告晉，請合兵攻定難節度使李仁福，晉王遣振武節度使周德威將兵會之，合五萬衆，圍夏州。案《五代春秋》：八月，晉人、秦人侵夏州，與《薛史》及《通鑑》異。"

[9]柏鄉：縣名。治所在今河北柏鄉縣。　柏鄉之戰：據《輯本舊史》卷二七《唐莊宗紀一》，此役自天祐七年十二月至天祐八年正月。

[10]馬步都虞候：官名。五代侍衛親軍馬步軍統兵官，僅次於馬步軍都指揮使、副都指揮使。

[11]朱友謙：人名。許州（今河南許昌市）人。唐末、五代軍閥。傳見本書卷六三、《新五代史》卷四五。　猗氏：縣名。治所在今山西臨猗縣。

[12]教練使：官名。唐末、五代方鎮軍將。分左、右兩員，多選善兵法武藝者，掌軍事訓練。

[13]存審：人名。即李存審。陳州宛丘（今河南淮陽縣）人。原姓符名存。五代後唐將領。傳見本書卷五六、《新五代史》卷二五。　河中：方鎮名。治所在河中府（今山西永濟市）。

[14]胡壁堡：地名。位於今山西萬榮縣。

[15]龐讓：人名。籍貫不詳。本書僅此一見。

[16]趙州：州名。治所在今河北趙縣。

[17]觀津：地名。位於今河北武邑縣。

[18]梁祖：即五代後梁太祖朱溫。　棗强：縣名。治所在今河北棗强縣。

[19]賀德倫：人名。先世爲河西部落人，後居滑州（今河南

滑縣）。五代後梁、後唐將領。傳見本書卷二一、《新五代史》卷四四。　蓚縣：縣名。治所在今河北景縣。

[20]下博：縣名。治所在今河北深州市。

[21]“明年”至“解蓚縣之圍”：“獲將龐讓”，明本《册府》卷二九一作“獲汴將龐讓”。“蓚縣”，《輯本舊史》之影庫本粘籤：“原本作‘蓨縣’，今據《五代春秋》改正。”見《五代春秋》卷上梁太祖條。“梁祖率師五萬合勢營於蓚之西”，中華書局本有校勘記：“‘梁祖’二字原闕，據《册府》卷二九一、卷三九六補。按《御覽》卷二五五引《五代史·後唐書》：‘朱温率師五萬合勢營于蓚之西。’”見《宋本册府》卷二九一《宗室部·立功門二》、卷三九六《將帥部·勇敢門三》。“嗣肱自下博率騎三百”，“三百”，《通鑑》卷二六八乾化二年（912）三月條及明本《册府》卷二九一同，卷三九六作“二百”。“營中大擾”，中華書局本有校勘記：“‘大’字原闕，據《御覽》卷二五五引《五代史·後唐書》，《册府》卷二九一、卷三九六，《通鑑》卷二六八補。”明本《册府》卷二九一無“中”字，作“營大擾”。“解蓚縣之圍”，明本《册府》卷二九一作“解蓚之圍”。此段諸事，《輯本舊史》卷二八《唐莊宗紀二》、卷五五《史建瑭傳》及卷五六《符存審傳》皆繫於天祐九年。“莊宗會朱友謙於猗氏”一事，《輯本舊史》卷二八《唐莊宗紀二》繫於天祐九年十月。“與存審援河中，敗汴軍於胡壁堡，獲將龐讓”一事，《輯本舊史》卷二八《唐莊宗紀二》繫於天祐九年八月，《通鑑》卷二六八繫於乾化二年九月。“梁祖新屠棗强”，《通鑑》卷二六八繫於乾化二年三月丙戌條。且據《通曆》卷一二，梁太祖於乾化二年六月爲朱友珪所殺。乾化二年爲天祐九年，則本段所云“十年”時間誤。

[22]蔚州：州名。治所在今河北蔚縣。　都知兵馬使：官名。唐、五代方鎮自置之部隊統率官，稱兵馬使，其權尤重者稱兵馬大使或都知兵馬使。掌兵馬訓練、指揮。

[23]劉守光：人名。深州樂壽（今河北獻縣）人。幽州節度

使劉仁恭之子。唐末、五代軍閥。後自稱大燕皇帝，年號應天。被後唐莊宗擊敗，俘後被斬。傳見本書卷一三五、《新五代史》卷三九。　從平劉守光：據《輯本舊史》卷二七《唐莊宗紀一》與卷二八《唐莊宗紀二》，此役自天祐八年十二月甲子至天祐十年十二月己卯。

[24]應州：州名。治所在今山西應縣。

[25]代：州名。治所在今山西代縣。　石嶺：古代關名。即石嶺關。唐置，爲代、忻二州和太原間交通要衝，勢甚險固。位於今山西陽曲縣東北關城。

[26]新州：州名。治所在今河北涿鹿縣。　王郁：人名。京兆萬年（今陝西西安市長安區）人。唐義武軍節度使王處直之子，李克用之婿。五代、遼將領。傳見《遼史》卷七五。

[27]媯：州名。治所在今河北懷來縣。　儒：州名。治所在今北京市延慶區。　武：州名。治所在今河北張家口市宣化區。

[28]山北：指今太行山北端、軍都山以北地區，包括儒、媯、武、新、蔚、雲、應、寰、朔等九州。　都團練使：官名。亦稱都團練守捉使，大者領州十餘，小者領二三州，以保境、安民、懲奸爲務。　授山北都團練使：《新五代史》卷一四《李嗣肱傳》：“拜新州刺史、山北都團練使。”

[29]二十年春，卒於新州：《輯本舊史》卷二九《唐莊宗紀三》繫此事於同光元年（即天祐二十年，923）二月。

[30]《大典》卷一八一二八“將”字韻“後唐將”事目。

克恭

克恭，武皇之諸弟也。[1]龍紀中，爲決勝軍使。[2]大順初，[3]潞帥李克修卒，[4]克恭代爲昭義節度使。[5]性驕橫不法，未閑軍政。潞人素便克修之簡正，惡克恭之恣縱，又以克修非罪暴卒，人士離心。時武皇初定邢、洺、磁三州，[6]將有事於河朔，大蒐軍實。潞州有後院軍，兵之雄勁者，克恭選其五百人獻於武皇，軍使安居受惜其兵，[7]不悅。克恭令裨校李元審、安建、紀綱馮霸部送太原，[8]行次銅鞮縣，馮霸劫衆謀叛，殺都將劉杲、縣令戴勞謙，[9]循山而南，比及沁水，[10]有衆三千。武皇令李元審將兵擊之，與霸戰於沁水，不利，元審戰傷，收軍於潞。五月十五日，克恭視元審於孔目吏劉崇之第。[11]是日，州縣將安居受引兵攻克恭，因風縱火，克恭、元審並遇害，州民推居受爲留後。[12]初，孟方立之亂，居受以澤、潞歸於武皇，至是孟遷以邢、洺納降，[13]復任爲牙將，居受懼其圖己，乃叛，殺克恭以結汴人。居受遣人召馮霸於沁水，霸不受命。居受懼，將奔歸朝廷，至長子，[14]爲野人所殺，傳首馮霸軍。霸乃引衆據潞州，自稱留後，求援於汴。武皇令康君立討之，[15]汴將葛從周來援霸。[16]九月，李存孝急攻潞州，[17]汴軍夜遁，獲霸等誅之，武皇乃以康君立爲昭義節度使。《永樂大典》卷一萬三百八十八。[18]

[1]武皇之諸弟也：《輯本舊史》之原輯者案語：“《薛史》不言克恭父爲何人，然明著其爲諸弟，所以別於母弟也。《歐陽史》與克讓、克寧牽連而書，疑未詳考。”見《新五代史》卷一四《李克恭傳》。

[2]決勝軍使：官名。所部統兵將領，位次於都指揮使。決勝爲部隊番號。

[3]大順：唐昭宗李曄年號（890—891）。

[4]李克修：人名。沙陀部人。李克用族弟。唐末將領。傳見本書本卷、《新五代史》卷一一四。

[5]"大順初"至"克恭代爲昭義節度使"：《舊唐書》卷二〇上《昭宗紀》與《輯本舊史》卷二五《唐武皇紀上》均繫此事於大順元年（890）三月。

[6]磁：州名。治所在今河北磁縣。 時武皇初定邢、洺、磁三州：《輯本舊史》原無"磁"字。《輯本舊史》卷二五《唐武皇紀上》大順元年："孟遷以邢、洺、磁三州降。"據補。

[7]軍使安居受惜其兵：《輯本舊史》之影庫本粘籤："安居受，原本作'安建受'，今據《通鑑》改正。"見《通鑑》卷二五五中和三年（883）十月辛亥條追述。

[8]裨校：即低職武官。 李元審：人名。籍貫不詳。唐末李克恭牙將。事見本書本卷、《新五代史》卷一一四。 安建：人名。籍貫不詳。本書僅此一見。 馮霸：人名。籍貫不詳。唐末軍閥。事見本書本卷、卷二五、卷五三。

[9]都將：官名。唐、五代時節度使屬將。 劉杲：人名。籍貫不詳。本書僅此一見。中華書局本有校勘記："《册府》卷四三七作'劉果'。"見明本《册府》卷四三七《將帥部·失士心門》。縣令：官名。爲縣的行政長官，掌治本縣。唐代之縣，分赤（京）、次赤、畿、次畿、望、緊、上、中、中下、下十等。縣令分六等，正五品上至從七品下。 戴勞謙：人名。籍貫不詳。本書僅此一見。

[10]沁水：河流名。一名少水，即今山西東南部之沁河。源出今山西沁源縣北，南流經今安澤、沁水、陽城諸縣，入今河南濟源市境，東流至今武陟縣南入黃河。 比及沁水：中華書局本有校勘記："'比'原作'北'，據殿本、邵本校改。"

[11]孔目吏：吏職名。即孔目官。唐置，爲各府州及方鎮孔目院屬員，掌文書簿籍或財計出納事務，隸都孔目。因軍府細事皆經其手，一孔一目無不綜理，故名。 劉崇：人名。籍貫不詳。本書

僅此一見。

〔12〕留後：官名。原非正式命官，唐朝節度使入朝或宰相、親王遥領節度使不臨鎮則置。安史之亂後，節度使多以子弟或親信爲留後，以代行節度使職務，亦有軍士、叛將自立爲留後者。掌一州或數州軍政。北宋始爲朝廷正式命官。

〔13〕孟遷：人名。邢州（今河北平鄉縣）人。唐末將領。傳見《新唐書》卷一八七。

〔14〕長子：縣名。治所在今山西長子縣。

〔15〕康君立：人名。蔚州興唐（今河北蔚縣）人。唐末將領。傳見本書卷五五。

〔16〕葛從周：人名。濮州鄄城（今山東鄄城縣）人。唐末、五代將領。傳見本書卷一六、《新五代史》卷二一。　“五月十五日”至“汴將葛從周來援霸”：“州縣將安居受引兵攻克恭”，中華書局本有校勘記：“‘兵’下原有‘仗’字，據《通鑑》卷二五八《考異》引薛居正《五代史·克恭傳》刪。”“縣”字中華書局本原無，據該校勘記所言《通鑑考異》補。“霸乃引衆據潞州”，“衆”中華書局本作“軍”，據《通鑑考異》改。《通鑑》卷二五八大順元年五月庚子條：“安居受帥其黨作亂，攻而焚之，克恭、元審皆死。衆推居受爲留後，附于朱全忠。居受使召馮霸，不至。居受懼，出走，爲野人所殺。霸引兵入潞，自爲留後。”《考異》曰：“《編遺録》：‘八月，甲寅，馮霸殺李克恭來降，上請河陽帥朱崇節領兵入潞，兼充留後。戊辰，李克用圍之，上遣葛從周率驍勇夜銜枚研營突入上黨，以壯潞人之心。’薛居正《五代史·梁太祖紀》亦同。按克用未嘗自圍潞也。《克恭傳》：‘李元審戰傷，收軍於潞，五月十五日，克恭視元審於孔目吏劉崇之第，是日，州縣將安居受引兵攻克恭，克恭、元審並遇害，州民推居受爲留後。居受遣人召馮霸於沁水，霸不受命；居受懼，將奔歸朝廷，至長子，爲野人所殺，傳首馮霸軍。霸乃引衆據潞州，自稱留後，求援於汴。武皇令康君立討之，汴將葛從周來援霸。’《唐末見聞録》曰：‘五月十七

日，昭義狀申軍變，殺節使，當日點汾州五縣土團將士赴昭義。二十三日，昭義僕射家累入府。’《新紀》：‘五月，壬寅，安居受殺李克恭。’按壬寅，十七日，乃報到太原日也。今從《太祖紀年録》。《薛史·克恭傳》《舊紀》，‘五月丙午，潞州軍亂，殺李克恭。監軍使薛績本函克恭首獻之于朝，濬方起兵，朝廷稱賀。’此蓋克恭首到日也。《舊紀》又曰：‘七月，全忠遣從周帥千騎入潞州。’《唐太祖紀年録》《薛史·唐紀》，五月葛從周入潞，太早。蓋因克恭死終言之。《編遺録》《薛史·梁紀》，八月克恭死，太晚。蓋因從周入潞推本之。又從周入潞，全忠始請孫揆赴鎮，當在揆被執前也。今克恭死從《紀年録》。從周入潞從《舊紀》。”見《輯本舊史》卷二五《唐武皇紀上》、《舊唐書》卷二〇上《昭宗紀》、《新唐書》卷一〇《昭宗紀》。《宋本册府》卷一八七《帝王部·勳業門五》大順元年八月甲寅條：“昭義都將馮霸殺沙陀所署節度使李克恭來降。”此條《輯本舊史》輯入卷一《梁太祖紀一》，有原輯者案語：“案《舊唐書》：五月，潞州軍亂，殺其帥李克恭。七月，朱全忠遣大將葛從周率千騎入潞州。《薛史》統作八月，蓋據入潞之月而追言之也。”見《舊唐書》卷二〇上《昭宗紀》。《新五代史》卷一《梁本紀》亦繫此事於五月。

　　[17]李存孝：人名。本名安敬思。代州飛狐（今河北淶源縣）人。唐末李克用養子、部將。傳見本書卷五三、《新五代史》卷三六。

　　[18]《大典》卷一〇三八八“李”字韻“姓氏（三三）”事目。

　　克寧

　　克寧，武皇之季弟也。初從起雲中，[1]爲奉誠軍使。赫連鐸之攻黃花城也，[2]克寧奉武皇及諸弟登城，血戰三日，力盡備竭，[3]殺賊萬計。燕軍之攻蔚州，克寧昆仲嬰城拒敵，晝夜輟寢食者旬餘。[4]後從依達靼部，及入關逐黃寇。[5]凡征行無不衛從，於昆弟之間，最推仁孝，小心恭謹，武皇尤友愛之。及鎮太原，[6]授遼州刺史，累至雲州防禦使。[7]乾寧初，[8]改忻州刺史，[9]從入關討王行瑜，[10]充馬步軍都將，[11]以功授檢校司徒。[12]天祐初，授内外都制置、管内蕃漢都知兵馬使、檢校太保，[13]充振武節度使，凡軍政皆決於克寧。

[1]初從起雲中：《輯本舊史》卷二五《唐武皇紀上》繫此事於乾符三年（876）。此句《輯本舊史》之原輯者案語：“《舊唐書·懿宗紀》：‘咸通十三年十二月，李國昌小男克用殺雲中防禦使段文楚，據雲州，自稱防禦留後。’《新唐書·僖宗紀》：‘乾符五年二月癸酉，雲中守捉使李克用殺大同防禦使段文楚。’《歐陽史》從《舊唐書》，《通鑑》從《新唐書》。《薛史》作乾符三年，與諸書異。據《通鑑考異》引趙鳳《後唐太祖紀年録》正作乾符三年。趙鳳爲唐宰相，去武皇時不遠，見聞較確，宜可徵信云。”見《舊唐書》卷一九上《懿宗紀》、《新唐書》卷九《懿宗紀》、《通鑑》卷二五三乾符五年二月甲戌條《考異》。

[2]赫連鐸：人名。唐末代北吐谷渾首領。咸通九年（868）隨唐軍鎮壓龐勛起義。與李國昌父子争奪代北，官至雲州刺史、大同軍防禦使，守雲州十餘年。後爲李克用擒殺。事見《舊唐書》卷一九下、卷二〇上。　黃花城：地名。位於今陝西鳳縣東北。

[3]力盡備竭：“力”，中華書局本有校勘記：“《册府》卷二九一、卷四〇〇作‘矢’。”見《宋本册府》卷二九一《宗室部·立功門二》、卷四〇〇《將帥部·固守門二》。

[4]晝夜輟寢食者旬餘：“餘”，中華書局本有校勘記：“《册府》

卷二九一、卷四〇〇作‘日’。”見《宋本册府》卷二九一《宗室部·立功門二》、卷四〇〇《將帥部·固守門二》。

[5]黄寇：即黄巢。　後從依達靼部，及入關逐黄寇：中華書局本有校勘記：“‘依’‘部及’三字原闕，據《册府》卷二九一補。”據《舊唐書》卷一九下《僖宗紀》與《輯本舊史》卷二五《唐武皇紀上》，此事自中和二年（882）十月至中和四年五月。

[6]及鎮太原：《輯本舊史》卷二五《唐武皇紀上》繫此事於中和三年七月。同卷中和三年八月條後有原輯者案語：“《舊唐書》：八月，李克用赴鎮太原，制以前振武節度、檢校司空兼單于都護、御史大夫李國昌爲檢校司徒、代州刺史、雁門以北行營節度、蔚朔等州觀察使。《薛史》作七月仗節赴鎮，八月赴鎮河東。蓋七月始離京師，八月乃歸河東也。《通鑑》統繫於七月，似未詳考。”見《舊唐書》卷一九下《僖宗紀》，《通鑑》卷二五五中和三年七月條。

[7]雲州：州名。治所在今山西大同市。　防禦使：官名。唐代始置，設有都防禦使、州防禦使兩種。常由刺史或觀察使兼任，實際上爲唐代後期州或方鎮的軍政長官。

[8]乾寧：唐昭宗李曄年號（894—898）。

[9]忻州：州名。治所在今山西忻州市。《輯本舊史》之影庫本粘籤：“忻州，原本作‘惟州’，今據《歐陽史》改正。”見《新五代史》卷二五《符存審傳》《元行欽傳》、卷四七《相里金傳》。五代無惟州，忻州則多見。

[10]王行瑜：人名。邠州（今陝西彬縣）人。唐末軍閥。傳見《舊唐書》卷一七五、《新唐書》卷二二四下。　從入關討王行瑜：據《輯本舊史》卷二六《唐武皇紀下》，此役自乾寧二年（895）六月至十二月。《通鑑》卷二六三天復二年（902）三月辛酉條：“克用弟克寧爲忻州刺史，聞汴寇至，中塗復還晋陽，曰：‘此城吾死所也，去將何之！’衆心乃定。”

[11]都將：官名。唐五代時節度使屬將。

[12]檢校司徒：官名。爲散官或加官，以示恩寵加此官，無實際執掌。

[13]都制置：官名。唐末、五代臨時軍事長官，鎮撫地方。都知兵馬使：官名。唐、五代方鎮使府軍將。掌兵權。　檢校太保：官名。爲散官或加官，以示恩寵，無實際執掌。太保，與太師、太傅合稱三師。

五年正月，武皇疾篤，克寧等侍疾，垂泣辭訣，克寧曰："王萬一不諱，後事何屬?"因召莊宗侍側，謂克寧、張承業曰：[1]"亞子累公等。"[2]言終棄代。將發哀，克寧紀綱軍府，中外無譁。

[1]張承業：人名。同州（今陝西大荔縣）人。唐末、五代宦官，河東監軍。傳見本書卷七二、《新五代史》卷三八。

[2]亞子：人名。即李存勗。代北沙陀部人，五代後唐開國皇帝。紀見本書卷二七至卷三四、《新五代史》卷四至卷五。

初，武皇獎勵軍戎，多畜庶孽，衣服禮秩如嫡者六七輩，比之嗣王，年齒又長，各有部曲，朝夕聚謀，皆欲爲亂。莊宗英察，懼及於禍，將嗣位，讓克寧曰："兒年孤稚，未通庶政，雖承遺命，恐未能彈壓大事。季父勳德俱高，衆情推伏，且請制置軍府，候兒有立，[1]聽季父處分。"克寧曰："亡兄遺命，屬在我兒，孰敢異議者！兒但嗣世，中外之事，何憂不辦。"視事之日，率先拜賀。

[1]候兒有立：《輯本舊史》之影庫本粘籤："有立，原本作

'有位'，今從《通鑑》改正。"查《通鑑》，未見此記載。但《新五代史》卷一四《李克寧傳》作"有立"。

　　莊宗嗣位，軍民政事，一切委之，權柄既重，趣向者多附之。李存顥者，[1]以陰計干克寧曰："兄亡弟及，古今舊事，季父拜姪，理所未安。富貴功名，當宜自立，天與不取，後悔無及。"克寧曰："公毋得不祥之言！我家世立功三代，父慈子孝，天下知名，苟吾兄山河有託，我亦何求！公無復言，必斬爾首以徇。"克寧雖慈愛因心，而日爲凶徒惑亂。群凶之妻復以此言干克寧妻孟夫人，[2]説激百端，夫人懼事泄及禍，屢讓克寧，由是愈惑。

　　[1]李存顥：人名。籍貫不詳。唐末李克用義子。事見本書本卷、《新五代史》卷一四。　李存顥者：《輯本舊史》之原輯者案語："《歐陽史》作養子存顥、存實。"見《新五代史》卷一四《李克寧傳》。

　　[2]孟夫人：李克寧妻孟氏。素剛狠。事見本書卷二七。

　　會克寧因事殺都虞候李存質，[1]又請兼領大同節度，[2]以蔚、朔爲屬郡，[3]又數怒監軍張承業、李存璋，[4]繇是知其有貳。近臣史敬鎔素與存顥善，[5]盡知其事，敬鎔告貞簡太后曰：[6]"存顥與管内太保陰圖叛亂，俟嗣王過其第即擒之，并太后子母，欲送於汴州，竊發有日矣。"莊宗召張承業、李存璋謂曰："季父所爲如此，無猶子之情，骨肉不可自相魚肉，吾即避路，則禍亂不作矣。"承業曰："老夫親承遺託，言猶在耳。存顥輩欲以太原降賊，王乃何路求生？不即討除，亡無日矣。"因令吳琪、存璋爲之備。[7]二月二十日，[8]會諸將於府第，擒存顥、克寧於坐，莊宗垂泣數之曰："兒初以軍府讓季父，季父不忍棄先人遺命。今已事定，復欲以兒子母投畀豺虎，季父何忍此心！"克寧泣對曰："蓋讒夫交構，吾復何言！"是日，與存顥俱伏法。克寧仁而無斷，故及於禍。《永樂大典》卷一萬三百八十八。[9]

[1]都虞候：官名。唐、五代方鎮高級軍官。　李存質：人名。回鶻人。唐末晋王李克用部將。初爲李國昌親信，後從李克用入關征戰，始補軍職，賜姓名，收爲義子。事見本書卷二七、《舊唐書》卷一四二、《通鑑》卷二七一貞明六年（920）七月條。

[2]大同：方鎮名。治所在雲州（今山西大同市）。

[3]以蔚、朔爲屬郡："蔚朔"，中華書局本有校勘記："本書卷二七《唐莊宗紀一》、《通鑑》卷二六六敘其事作‘蔚朔應’。"見《輯本舊史》卷二七《唐莊宗紀一》天祐五年（908）正月條，《通鑑》卷二六六開平二年（908）二月壬戌條追述。

[4]監軍：官名。爲臨時差遣，代表朝廷協理軍務，督察將帥。五代時常以宦官爲監軍。　李存璋：人名。雲中（今山西大同市）人。唐末、五代後唐將領。傳見本書卷五三、《新五代史》卷三六。

[5]史敬鎔：人名。五代後唐將領。傳見本書卷五五。

[6]貞簡太后：即後唐莊宗生母曹太后。貞簡，謚號。傳見本書卷四九、《新五代史》卷一四。

[7]吳琪：人名。籍貫不詳。五代後唐將領。事見本書卷二七。

因令吳琪、存璋爲之備：《輯本舊史》之影庫本粘籤："吳琪，原本作‘吳璘’，今從《通鑑》及《歐陽史》改正。"見《通鑑》卷二六六開平二年二月壬戌條、《新五代史》卷二四《郭崇韜傳》。

[8]二月二十日：中華書局本有校勘記：“本書卷二七《唐莊宗紀一》、《通鑑》卷二六六繫其事於壬戌。按是月壬寅朔，壬戌爲二十一日。”《輯本舊史》卷二七《唐莊宗紀一》天祐五年二月壬戌條：“命存璋伏甲以誅克寧，遂靖其難。”此條有《舊五代史考異》：“壬戌，原作丙戌，今據《通鑑》改正。”見《通鑑》卷二六六開平二年二月壬戌條。亦見《新五代史》卷五《唐本紀》。

[9]《大典》卷一〇三八八“李”字韻“姓氏（三三）”事目。此後有《輯本舊史》之原輯者案語：“《新唐書·宰相世系表》：國昌有子四人：克恭、克儉、克用、克柔。《薛史·李嗣昭傳》云：武皇母弟代州刺史克柔之假子也。是克柔爲武皇母弟。《新唐書·沙陀傳》：武皇有弟克勤，《通鑑》注引《紀年録》又有兄克儉，而《薛史》俱無傳，疑有闕文。”對此案語，中華書局本有校勘記：“‘《新唐書·宰相世系表》：國昌有子四人：克恭、克儉、克用、克柔’，以上二十二字原闕，據殿本補。”又：“‘《通鑑》注引紀年録又有兄克儉’，‘注’字原闕，據《舊五代史考異》卷二補。”《新輯會證》：“克寧死後，其妻孟氏依兄孟知祥。其子存瓌，明宗時爲供奉官，長興三年九月，奉使西川，見《册府元龜》卷一七八已附見本書卷四《明宗紀》。存瓌後仕北漢，《十國春秋》卷一〇九有傳。”見《宋本册府》卷一七八《帝王部·姑息門三》唐明宗長興三年（932）九月條注。

　　史臣曰：昔武皇發迹於陰山，莊宗肇基於河朔，雖奄有天下，而享國日淺，眷言枝屬，空秀棣華，固未及推帝堯敦敘之恩，[1]廣成王封建之義。[2]自克讓而下，不獲就魯、衛之封，懋間、平之德也，[3]況夭橫相繼，亦良可悲哉！《永樂大典》卷一萬三百八十八。[4]

[1]帝堯：人名。上古五帝之一。紀見《史記》卷一。

[2]成王：即周成王。姬姓，名誦，武王子。其父武王死時，年幼，由叔父周公旦攝政。後年長親政，營建洛邑，東伐淮夷，繼續分封諸侯。傳見《史記》卷四。

[3]間：即河間獻王劉德。漢景帝子。修學好古，篤信儒術。傳見《史記》卷五九。　平：即東平憲王劉蒼。自幼喜好經書，儒雅有智，深受明帝愛重。傳見《後漢書》卷七二。　懋間、平之德也：《舊五代史考異》："原本作'開平'，繹其文義，當時用漢時河間獻王、東平憲王，今改正。"

[4]《大典》卷一〇三八八"李"字韻"姓氏（三三）"事目。

舊五代史　卷五一

唐書二十七

宗室列傳第三^[1]

[1]《輯本舊史》之原輯者案語：“《薛史·唐宗室傳》，武皇諸子、莊宗諸子、末帝諸子，《永樂大典》中僅存數語，其全篇已佚。明宗子唯許王從益有全傳，秦王從榮傳尚存一百一十二字。蓋《永樂大典》割截以歸各韻，其全篇當即在失去諸卷之中，今無可復考，謹據《册府元龜》所載以補其闕。復考《五代會要》《通鑑》諸書分注于下，用備後唐諸王之始末焉。”

武皇諸子

永王存霸，武皇子，^[1]莊宗第二弟，^[2]同光三年封。^[3]莊宗敗，爲軍卒所殺。^[4]存霸歷昭義、天平、河中三軍節度使，^[5]居京師，^[6]食其俸禄而已。趙在禮作亂，^[7]乃遣存霸於河中。李嗣源兵反，^[8]嚮京師，莊宗再幸汜水，^[9]徙存霸北京留守。^[10]宣麻未訖，^[11]郭從謙反，^[12]攻興教門。^[13]莊宗中流矢，崩。存霸聞京師亂，自河中奔太原，[14]比至，麾下皆散走，惟使下康從弁不去。[15]存霸乃剪髮、衣僧衣，謁符彥超曰：[16]'願爲山僧，冀公庇護。'彥超欲留之，爲軍衆所殺。[17]

[1]武皇：即李克用。沙陀部人，生於神武川新城（一說是今山西朔州市朔城區之梵王寺村，一說是今山西應縣縣城，一說在今山西懷仁縣之日中城）。唐末軍閥，受封晉王。五代後唐太祖。紀見本書卷二五至卷二六、《新五代史》卷四。

[2]莊宗：即五代後唐莊宗李存勗。沙陀部人。後唐王朝的建立者。923年至926年在位。紀見本書卷二七至卷三四、《新五代史》卷四至卷五。

[3]同光：五代後唐莊宗李存勗年號（923—926）。

[4]"永王存霸"至"爲軍卒所殺"：《大典》卷一六六二八"建"字韻"封建（一一）唐五代"事目。《新五代史》卷一四《太祖子傳》："太祖子八人：莊宗長子也，次曰存美、存霸、存禮、存渥、存乂、存確、存紀。"據本傳所錄《大典》及《輯本舊史》卷三三《唐莊宗紀七》同光三年（925）閏十二月辛亥條，存霸爲莊宗第二弟，與《新五代史》所言不同。《會要》卷二諸王條與《新五代史》同。

[5]昭義：方鎮名。治所在潞州（今山西長治市）。　天平：方鎮名。治所在鄆州（今山東東平縣）。　河中：方鎮名。治所在河中府（今山西永濟市西南蒲州鎮）。　節度使：官名。唐時在重要地區所設掌握一州或數州軍事、民事、財政的長官。

[6]京師：指洛陽。治所在今河南洛陽市。

[7]趙在禮：人名。涿州（今河北涿州市）人。五代後唐、後晉將領。傳見本書卷九〇、《新五代史》卷四六。

[8]李嗣源：人名。沙陀部人。原名邈佶烈，李克用養子。五代後唐明宗，926年至933年在位。紀見本書卷三五至卷四四、《新

五代史》卷六。

[9]汜水：縣名。治所在今河南滎陽市汜水鎮。

[10]北京：即太原府。治所在今山西太原市。　留守：官名。古代皇帝出巡或親征時指定親王或大臣留守京城，綜理國家軍事、行政、民事、財政，稱京城留守。在陪都或軍事重鎮也常設留守，以地方長官兼任。

[11]宣麻：唐、宋任命宰相等高級大臣的詔令，用黃白麻紙書寫，在朝堂或正殿宣讀，是爲宣麻。

[12]郭從謙：人名。籍貫不詳。五代後唐將領、伶人。傳見本書附録、《新五代史》卷三七。

[13]興教門：唐、五代洛陽城皇宮南面三門之一。

[14]太原：府名。治所在今山西太原市。

[15]康從弇：人名。籍貫不詳。五代後唐李存霸僕從。事見本書本卷、《新五代史》卷一四《太祖子傳》。

[16]符彦超：人名。陳州宛丘（今河南淮陽縣）人。五代後唐將領，符存審之子。傳見本書卷五六、《新五代史》卷二五。

[17]“存霸歷昭義、天平、河中三軍節度使”至“爲軍衆所殺”：《新五代史》卷一四《太祖子傳》。此傳爲存霸、存渥合傳，今録之，有删節。《輯本舊史》卷二八《唐莊宗紀二》天祐十一年（914）正月壬子條：“是日，誅（劉）守光，遣大將李存霸拘送（劉）仁恭于代州，刺其心血奠告于武皇陵，然後斬之。”卷三一《唐莊宗紀五》同光二年（924）正月戊申條：“以振武軍節度使、檢校太傅、同平章事李存霸權知潞州留後。”同年二月己丑條：“以振武軍節度使、權安義留後、檢校太傅、平章事李存霸爲潞州節度使。”卷三二《唐莊宗紀六》同光二年七月丙午條：“以……李存霸爲鄆州節度使。”卷三三《唐莊宗紀七》同光三年十一月庚戌條：“皇弟鄆州節度使存霸授起復雲麾將軍、右金吾大將軍同正。”同年閏十二月辛亥條：“制皇第二弟存霸可封永王。”卷三四《唐莊宗紀八》同光四年正月甲申條：“以鄆州節度使、永王存霸爲河中節度

使。”同年二月戊申條：“詔河中節度使、永王存霸歸藩。”同年四月丁丑條：“以永王存霸爲北都留守。”《通鑑》卷二七三同光二年十月辛未條：“天平節度使李存霸、平盧節度使符習言：‘屬州多稱直奉租庸使帖指揮公事，使司殊不知，有紊規程。’租庸使奏，近例皆直下。敕：‘朝廷故事，制敕不下支郡，牧守不專奏陳。今兩道所奏，乃本朝舊規；租庸所陳，是僞廷近事。自今支郡自非進奉，皆須本道騰奏，租庸徵催亦須牒觀察使。’雖有此敕，竟不行。”卷二七五天成元年（926）四月壬辰條：“有李存沼者，莊宗之近屬，自洛陽奔晉陽，矯傳莊宗之命，陰與二内養謀殺憲及彦超，據晉陽拒守。彦超知之，密告憲，欲先圖之。憲曰：‘僕受先帝厚恩，不忍爲此。徇義而不免於禍，乃天也。’彦超謀未決，壬辰夜，軍士共殺二内養及存沼於牙城，因大掠達旦。憲聞變，出奔忻州。會嗣源移書至，彦超號令士卒，城中始安，遂權知太原軍府。”《通鑑考異》：“《唐愍帝實録·符彦超傳》云‘皇弟存沼’，《薛史》《歐陽史》‘彦超傳’作‘存霸’；《莊宗列傳》《薛史·張憲傳》但云‘李存沼’。按莊宗弟無名存沼者；存霸自河中衣僧服而往，非今日傳莊宗之命者也。或者武皇之姪、莊宗之弟。別無所據，不敢決定，故但云近屬。按莊宗謚光聖神閔皇帝，《唐愍帝實録》即《莊宗實録》也，‘愍’‘閔’字通。”《符彦超傳》見《輯本舊史》卷五六、《新五代史》卷二五，《張憲傳》見《輯本舊史》卷六九。亦見《宋本册府》卷一三三《帝王部·褒功門二》符彦超條。今從《通鑑》，以此爲存沼事。同月庚寅條：“李紹榮欲奔河中就永王存霸，從兵稍散；庚寅，至平陸，止餘數騎，爲人所執，折足送洛陽。存霸亦帥衆千人棄鎮奔晉陽。”同月乙未條：“明日（即丙申），永王存霸亦至晉陽，從兵逃散俱盡，存霸削髮、僧服謁李彦超，‘願爲山僧，幸垂庇護’。軍士爭欲殺之，彦超曰：‘六相公來，當奏取進止。’軍士不聽，殺之於府門之碑下。”《宋本册府》卷一四〇《帝王部·旌表門四》後唐莊宗同光二年三月條：“安義李存霸奏：‘屯留縣坊市百姓韓德兄弟，累世同居，母死，割乳以祭，廬於墓側，累年種瓜，合歡同蒂.'旌表之。"明本《册府》卷一一一《帝王部·宴享門三》唐莊宗同光三年三月條："帝在鄴。戊戌，宴于内殿。丙午，帝擊毱於行宫之鞠場，皇弟存霸、皇子繼岌、河中偏將王景、高行安等預焉。毱罷，宴於迎春殿。"

邕王存美，武皇子，莊宗第三弟，同光三年封。莊宗敗，不知所終。[1]

[1]"邕王存美"至"不知所終"：《大典》卷一六六二八"建"字韻"封建（一一）唐五代"事目。《輯本舊史》卷三三《唐莊宗紀七》同光三年（925）閏十二月辛亥條："制皇……第三弟存美可封邕王。"《新五代史》卷一四《太祖子傳》："太祖子八人：莊宗長子也，次曰存美、存霸、存禮、存渥、存乂、存確、存紀。"又云："存美素病風，居太原，與存禮皆不知其所終。"據《輯本舊史》，存美爲莊宗第三弟，與《新五代史》所言不同。《會要》卷二諸王條與《新五代史》同。《通鑑》卷二七五天成元年（926）四月乙未條："惟邕王存美以病風偏枯得免，居於晉陽。"

薛王存禮，武皇子，同光三年封。莊宗敗，不知所終。[1]

[1]"薛王存禮"至"不知所終"：《大典》卷一六六二八"建"字韻"封建（一一）唐五代"事目。《輯本舊史》之原輯者案語："《薛史》不言存禮爲武皇第幾子，據《五代會要》，太祖第二子存美，第三子存霸，第四子存禮，第五子存渥，第六子存乂，第七子存確，第八子存紀。與《薛史》所敘微有異同。"見《會要》卷二諸王條。《新五代史》與《會要》同。《新五代史》卷五《唐本紀》同光三年（925）閏十二月辛亥條："封弟存禮薛王。"

《輯本舊史》不言存禮封王事。

　　申王存渥，莊宗第四弟，同光三年封，莊宗敗，與劉皇后同奔太原，[1]爲部下所殺。[2]

　　[1]劉皇后：指五代後唐莊宗劉皇后。魏州成安（今河北成安縣）人。傳見本書卷四九、《新五代史》卷一四。

　　[2]“申王存渥”至“爲部下所殺”：《大典》卷一六六二八“建”字韻“封建（一一）唐五代”事目。《輯本舊史》之原輯者案語：“《歐陽史》，存渥與存霸、存紀皆莊宗同母弟。”《新五代史》卷一四《太祖子傳》：“太祖子八人：莊宗長子也，次曰存美、存霸、存禮、存渥、存乂、存確、存紀。”《輯本舊史》卷五二《李繼韜傳》：“嗣昭既卒，莊宗詔諸子扶喪歸太原襄事，諸子違詔，以父牙兵數千擁喪歸潞。莊宗令李存渥馳騎追諭，兄弟俱忿，欲害存渥，存渥遁而獲免。”卷三〇《唐莊宗紀四》同光元年（923）十一月辛丑條：“以光禄大夫、檢校太傅、左金吾上將軍、兼領左龍武軍事、汾州刺史李存渥爲滑州節度使，加特進、同平章事。”卷三三《唐莊宗紀七》同光三年十一月庚戌條：“皇弟……滑州節度使存渥……授起復雲麾將軍、右金吾大將軍同正。”同年閏十二月辛亥條：“制皇……第四弟存渥可封申王。”卷三四《唐莊宗紀八》同光四年正月甲申條：“以滑州節度使、申王存渥爲鄆州節度使。”同年四月丁丑條：“以申王存渥爲河中節度使。”《通鑑》卷二七三同光二年正月條：“上遣皇弟存渥、皇子繼岌迎太后、太妃於晋陽，太妃曰：‘陵廟在此，若相與俱行，歲時何人奉祀！’遂留不來。”卷二七五天成元年（926）四月乙未條：“劉皇后與申王存渥奔晋陽，在道與存渥私通。存渥至晋陽，李彦超不納，走至風谷，爲其下所殺。”

睦王存乂，莊宗第五弟，同光三年封，歷鄜州刺
史。後以郭崇韜壻爲莊宗所殺。[1]

[1]郭崇韜：人名。代州雁門（今山西代縣）人。五代後唐大
臣。傳見本書卷五七、《新五代史》卷二四。　　"睦王存乂"至
"後以郭崇韜壻爲莊宗所殺"：《大典》卷一六六二八"建"字韻
"封建（一一）唐五代"事目。《輯本舊史》卷三一《唐莊宗紀五》
同光二年（924）二月丁亥條："以前安國軍節度副使、檢校太保、
左衛上將軍李存乂爲晉州節度使、檢校太傅。"卷三三《唐莊宗紀
七》同光三年十一月庚戌條："左金吾大將軍晉州節度使存乂……
授起復雲麾將軍、右金吾大將軍同正。"同年閏十二月乙巳條："以
晉州節度使李存乂爲鄜州節度使。"同月辛亥條："制皇……第五弟
存乂可封睦王。"《新五代史》卷一四《太祖子傳》："太祖子八人：
莊宗長子也，次曰存美、存霸、存禮、存渥、存乂、存確、存紀。"
又云："存乂歷建雄、保大二軍節度使。娶郭崇韜女。是時，魏州
妖人楊千郎用事，自言有墨子術，能役使鬼神，化丹砂、水銀。莊
宗頗神之，拜千郎檢校尚書郎，賜紫，其妻出入宮禁，承恩寵，而
士或因之以求官爵，存乂及存渥等往往朋淫于其家。及崇韜被族，
莊宗遣宦官陰察外議以爲如何，而宦官因欲盡誅崇韜親黨以絶後
患，乃誣言：'存乂過千郎，酒酣，攘臂號泣，爲婦翁稱冤，言甚
怨望。'莊宗大怒，以兵圍其第而誅之，并誅千郎。"明本《冊府》
卷二八一《宗室部・領鎮門四》："後唐睦王存乂，莊宗異母弟也。
同光中，歷鄜州節度使。"《宋本冊府》卷六七〇《内臣部・誣詬
門》："李存乂爲鄜州節度使。同光四年，伏誅於邸。崇韜既誅其
後，朝野駭惋，群居州處，議論紛然。帝令閽豎綱紀，察訪外事，
言存乂於諸將坐上嘗訴郭氏無罪，言詞怨望。又於妖術人楊千郎所
居飲酒聚會，凶豪攘臂垂泣。楊千郎者，魏州賤民，自言傳墨子術
於婦翁，能役使陰物，帽下召食物果實之類。又蒱博必勝，人有拳

握之物，以法必取。又説練丹乾水，易人形，破扃鐍，或云可驗。初在鄴都，貴要間皆神奇之，白於帝，甚蒙待遇，官至檢校尚書郎，賜紫。其妻出入宫掖，頗承恩寵，人士有憑之而仕宦者。及在洛陽，輕薄少年畢與之遊。皇弟存义、存渥、元行欽常朋淫於其家，至是姦閹欲盡去郭氏之黨，故誣告之，千郎亦被其禍。"此段文字參見《北夢瑣言》卷一八楊千郎條。

通王存確，莊宗第六弟，雅王存紀，莊宗第七弟，同光三年封。莊宗敗，並爲霍彥威所殺。[1]

[1]霍彥威：人名。洺州曲周（今河北曲周縣）人。五代後梁將領霍存之養子。後梁、後唐將領。傳見本書卷六四、《新五代史》卷四六。 "通王存確"至"並爲霍彥威所殺"：《大典》卷一六六二八所錄《舊五代史》。《輯本舊史》之原輯者案語："《薛史》及《五代會要》皆止言莊宗有六弟。考《梁紀》，太祖有子廷鸞、落落；《盧文進傳》莊宗又有弟存矩。《薛史·宗室傳》皆不載。" "廷鸞""落落"，均録自明本《册府》卷一八七《閏位部·勳業門五》，收入《輯本舊史》之《梁太祖本紀》中。"廷鸞"見《輯本舊史》卷二天復二年（902）三月條，"落落"見《輯本舊史》卷一乾寧三年（896）六月條。《盧文進傳》見《輯本舊史》卷九七。《輯本舊史》卷三〇《唐莊宗紀四》同光元年（923）十一月壬戌條："以右金吾衛大將軍李存確爲右街使。" 卷三一《唐莊宗紀五》同光二年正月乙丑條："有司上言：'南郊朝享太廟，舊例親王充亞獻、終獻行事。'乃以皇子繼岌爲亞獻，皇弟存紀爲終獻。"同年二月丁亥條："以北京皇城留守、檢校太保、左威衛上將軍存紀爲邢州節度使，加檢校太傅。" 卷三三《唐莊宗紀七》同光三年十一月庚戌條："皇弟……邢州節度使存紀授起復雲麾將軍、右金吾大將軍同正。"同年閏十二月乙巳條："以相州刺史李存確爲晉州節度

使。”同月辛亥條：“制皇……第六弟存確可封通王，第七弟存紀可封雅王。”卷六三《張全義傳》：“莊宗平梁，全義自洛赴覲，泥首待罪。莊宗撫慰久之，以其年老，令人掖而昇殿，宴賜盡歡，詔皇子繼岌、皇弟存紀等皆兄事之。”亦見《通鑑》卷二七二同光元年十月乙酉條。明本《册府》卷三一《帝王部·奉先門四》同光二年正月：“丁巳，所司奏：‘懿祖昭烈皇帝，八月十四日忌；昭烈皇后，十一月八日忌；獻祖文皇帝，十月十三日忌；文景皇后，九月六日忌；太祖武皇帝，正月二十日忌。’勑：‘敬依典禮。’甲子，西都留守張筠奏：‘重修高祖、太宗十聖宮殿。’戊辰，饗太廟，以皇子繼岌爲亞獻，皇弟存紀爲終獻。”《新五代史》卷一四《太祖子傳》：“太祖子八人：莊宗長子也，次曰存美、存霸、存禮、存渥、存乂、存確、存紀。”又云：“存紀、存確聞郭從謙反，奔于南山，匿民家。明宗詔河南府及諸道：‘諸王出奔，所至送赴闕；如不幸物故，收瘞以聞。’存紀等所匿民家以告安重誨，重誨謂霍彥威曰：‘二王逃難，主上尋求，恐其失所。今上既監國典喪，此禮如何？’彥威曰：‘上性仁慈，不可聞奏。宜密爲之所，以安人情。’乃即民家殺之。”亦見《通鑑》卷二七五天成元年（926）四月乙未條。

莊宗諸子

魏王繼岌，莊宗子也。[1] 小字和哥。[2] 母曰劉皇后。[3]

[1]魏王繼岌，莊宗子也：明本《册府》卷二八一《宗室部·領鎮門》四。《輯本舊史》之原輯者案語：“《莊宗紀》稱繼岌爲第三子，然莊宗長子、次子之名，《薛史》與《五代會要》皆不載。”見《輯本舊史》卷三三《唐莊宗紀七》同光三年（925）九月乙未

條，但《會要》卷二諸王條明言繼岌爲莊宗長子。兩者記載有異。

[2]小字和哥：《宋本册府》卷六六六《内臣部·忠直門》張承業條。

[3]母曰劉皇后：《新五代史》卷一四《莊宗五子傳》。

莊宗即位，繼岌爲北都留守、判六軍諸衛事。[1]遷檢校太尉、同中書門下平章事。[2]豆盧革爲相，[3]建言：唐故事，皇子皆爲宫使。因以鄴宫爲興聖宫，[4]以繼岌爲使。[5]同光三年九月二十三日，封爲魏王。[6]

[1]北都：地名。後唐莊宗同光元年（923）四月以鎮州爲真定府，建號北都。位於今河北正定縣。　判六軍諸衛事：官名。後梁沿唐代舊制，置六軍諸衛，以判六軍諸衛事爲禁軍六軍與諸衛的最高統帥。

[2]檢校太尉：官名。爲散官或加官，以示恩寵加此官，無實際執掌。太尉，與司徒、司空並爲三公。　同中書門下平章事：官名。簡稱“同平章事”。唐代高宗以後，凡實際任宰相之職者，常在其本官後加同平章事的職銜，後成爲宰相專稱。後晋天福五年（940），升中書門下平章事爲正二品。

[3]豆盧革：人名。先世爲鮮卑慕容氏，後改豆盧氏。唐同州刺史豆盧籍之孫、舒州刺史豆盧瓚之子。五代後唐宰相。傳見本書卷六七、《新五代史》卷二八。

[4]鄴宫：宫殿名。位於今河南洛陽市。

[5]“莊宗即位”至“以繼岌爲使”：《新五代史》卷一四《莊宗五子傳》。《輯本舊史》卷三〇《唐莊宗紀四》同光元年十月戊戌條：“以開府儀同三司、檢校太傅、北都留守、興聖宫使、判六軍諸衛事李繼岌爲檢校太尉、同平章事，充東京留守。”十一月乙巳條：“賜（朱）友謙姓，改名繼麟，帝令皇子繼岌兄事之。”卷

三一《唐莊宗紀五》同光二年正月乙丑條：“有司上言：‘南郊朝享太廟，舊例親王充亞獻、終獻行事。’乃以皇子繼岌爲亞獻，皇弟存紀爲終獻。”卷六三《張全義傳》：“莊宗平梁，全義自洛赴覲，泥首待罪。莊宗撫慰久之，以其年老，令人掖而昇殿，宴賜盡歡，詔皇子繼岌，皇弟存紀等皆兄事之。”明本《册府》卷二八一《宗室部·領鎮門四》：“莊宗即位於魏州，以繼岌充北都留守。及以鎮州爲北都，又命爲留守。”“以鎮州爲北都”爲同光元年四月事。卷二七七《宗室部·褒寵門三》：“後唐開府儀同三司、檢校大（太）尉、充北都留守、興聖宮使、判六軍諸軍事、兼御史大夫、上柱國、隴西縣開國伯、食邑七百户繼岌，同光元年授檢校大（太）尉、同中書門下平章事，仍進封開國侯，加食邑三百户，充東京留守，餘如故。繼岌，皇子也。魏州興建時，宰相豆盧革奏曰：‘皇子之職，故事合帶宮使。’革因進擬以興聖爲名。”卷三一《帝王部·奉先門四》同光二年正月戊辰條：“饗太廟，以皇子繼岌爲亞獻，皇弟存紀爲終獻。”卷二六九《宗室部·將兵門》：“同光二年三月，詔充諸道行營都統，鄴都留守，興聖宮使，判六軍諸衞事。”卷一一一《帝王部·宴享門三》唐莊宗同光二年十一月甲午：“命皇子興慶宮使繼岌於會節園，宴蜀使許確、吳越國使錢珣，各賜分物。”同卷同光三年三月丙午：“帝擊毬於行宮之鞠場。皇弟存霸、皇子繼岌、河中偏將王景、高行安等預焉。毬罷，宴於迎春殿。”

[6]同光三年九月二十三日，封爲魏王：《會要》卷二諸王條。《輯本舊史》卷三三《唐莊宗紀七》同光三年九月乙未條：“制封第三子鄴都留守、興聖宮使、檢校太尉、同平章事、判六軍諸衞事繼岌爲魏王。”

同光三年伐蜀，以繼岌爲都統，[1]郭崇韜爲招討使。[2]十月戊寅，至鳳州，[3]武興軍節度使王承捷以鳳、興、文、扶四州降。[4]甲申，至故鎮，[5]康延孝收興州。[6]時僞蜀主王衍率親軍五萬在利州，[7]令步騎之師三萬，逆戰於三泉。[8]康延孝、李嚴以勁騎三千犯之，[9]蜀軍大敗，斬首五千級，餘各奔潰。王衍聞其敗也，棄利州，奔歸西川，[10]斷吉柏津浮梁而去。[11]己丑，繼岌至興州。僞蜀東川節度使宋光葆以梓、綿、劍、龍、普等州來降，[12]武定軍節度使王承肇以洋、蓬、壁三州符印降，[13]興元節度使王宗威以梁、開、通、渠、麟等五州符印送降；[14]階州王承岳納符印；[15]秦州節度使王承休棄城而遁。[16]十一月辛丑，繼岌過利州；甲辰，至劍州。己酉，至綿州，王衍遣使上牋乞降。丁巳，並入成都。[17]自興師出洛至定蜀，[18]計七十五日。走丸之勢，前代所無。[19]

[1]都統：官名。此處指諸道行營都統。唐末設此職，作爲各道出征兵士的統帥。

[2]招討使：官名。唐始置。戰時任命，兵罷則省。常以大臣、將帥或地方軍政長官兼任。掌招撫、討伐等事務。

[3]鳳州：州名。治所在今陝西鳳縣。

[4]武興軍：方鎮名。治所在鳳州（今陝西鳳縣）。　王承捷：人名。籍貫不詳。五代十國前蜀將領。事見本書本卷、卷五七。興：州名。治所在今陝西略陽縣。　文：州名。治所在今甘肅文縣。　扶：州名。治所在今四川九寨溝縣東北。

[5]故鎮：地名。又作“固鎮”。位於今甘肅徽縣。

[6]康延孝：人名。代北（今山西代縣）人。五代後唐將領。傳見本書卷七四、《新五代史》卷四四。

[7]王衍：人名。許州舞陽（今河南舞陽縣）人。王建幼子，

五代十國前蜀皇帝，918年至925年在位。傳見本書卷一三六、《新五代史》卷六三。　利州：州名。治所在今四川廣元市。

[8]三泉：地名。位於今重慶市南川區。

[9]李嚴：人名。幽州（今北京市）人。五代後唐官員。傳見本書卷七〇、《新五代史》卷二六。

[10]西川：方鎮名。治所在成都府（今四川成都市）。

[11]吉柏津：渡口。在吉柏江上。位於今四川廣元市西南昭化鎮北。

[12]東川：方鎮名。治所在梓州（今四川三臺縣）。　宋光葆：人名。籍貫不詳。五代十國前蜀官員。事見本書本卷。　梓：州名。治所在今四川三臺縣。　綿：州名。治所在今四川綿陽市。　劍：州名。治所在今四川劍閣縣。　龍：州名。治所在今四川平武縣。　普：州名。治所在今四川安岳縣。

[13]武定軍：方鎮名。治所在洋州（今陝西洋縣）。　王承肇：人名。雅州（今四川雅安市）人。五代十國前蜀將領。傳見《十國春秋》卷三九。　洋：州名。治所在今陝西洋縣。　蓬：州名。治所在今四川儀隴縣。　壁：州名。治所在今四川通江縣。

[14]興元：府名。治所在今陝西漢中市。　王宗威：人名。籍貫不詳。五代十國前蜀將領。傳見《十國春秋》卷三九。　梁：州名。治所在今陝西漢中市。　開：州名。治所在今重慶市開州區。　通：州名。治所在今四川達州市。　渠：州名。治所在今四川渠縣。　麟：州名。治所在今陝西神木市。

[15]階州：州名。治所在今甘肅隴南市武都區。　王承岳：人名。籍貫不詳。事見本書卷三三。

[16]秦州：州名。治所在今甘肅天水市。　王承休：人名。籍貫不詳。五代十國前蜀官員。傳見《十國春秋》卷四六。

[17]成都：府名。治所在今四川成都市。

[18]洛：地名。即洛陽。位於今河南洛陽市。

[19]"同光三年伐蜀"至"前代所無"：《宋本冊府》卷二九

一《宗室部·立功門二》。辛丑前之"十一月"，《宋本册府》原無。但同光三年（925）十月庚申朔，戊寅十九日，甲申二五日，己丑三十日，無辛丑。十一月庚寅朔，辛丑爲十二日，甲辰十五日，己酉二十日，丁巳二八日，故補。明本《册府》卷四二七《將帥部·受降門》記其牋文甚詳，表稱乙酉年十一月二十日。同光三年爲乙酉年，十月二十日正爲乙酉，更可證"辛丑"前應補"十一月"。明本《册府》卷一二〇《帝王部·選將門二》："（同光）三年秋，客省使李嚴使西州回，言王衍可圖之狀。莊宗與郭崇韜議討伐之謀，方擇大將，時明宗爲諸道兵馬總管，當行。崇韜自以官相傾，欲立大功以制之，乃奏曰：'契丹犯邊，北面須藉大臣，全倚總管鎮禦。臣伏念興聖宮使繼岌德望日隆，大功未著，宜依故事，以親王爲元帥，付以討伐之權，俾成其威望。'莊宗方授繼岌，即曰：'小兒幼稚，安能獨行？卿當擇其副。'崇韜未答。帝曰：'無逾於卿者。'乃以繼岌爲都統，崇韜爲招討使。"《輯本舊史》卷三三《唐莊宗紀七》同光三年九月庚子條："是日，命大舉伐蜀，詔曰：'朕夙荷丕基，乍平偽室，非不欲寵綏四海，協和萬邦，庶正朔以遐同，俾人倫之有序。其或地居陬裔，位極驕奢，殊乖事大之規，但蘊偷安之計，則必徵諸典訓，振以皇威，爰興伐罪之師，冀遏亂常之黨。蠢茲蜀主，世負唐恩，間者父總藩宣，任居統制，屬朱溫東離汴水，致昭皇西幸岐陽，不務扶持，反懷顧望，盜據劍南之土宇，全虧閫外之忱誠。先皇帝早在并門，將興霸業，彼既曾馳書幣，此亦復展謝儀。後又特發使人，專持聘禮，彼則更不迴一介之使，答咫尺之書，星歲俄移，歡盟頓阻。朕頃遵崇遺訓，嗣統列藩，追昔日之來誠，繼先皇之舊好，累馳信幣，皆絕酬還，背惠食言，棄同即異。今觀孽豎，紹據山河，委閹宦以持權，憑阻修而借號。早者，曾上秦王緘札，張皇蜀地聲塵，形侮黷之言辭，謗親賢之勳德。昨朕風驅銳旅，電掃兇渠，復已墜之宗祧，纘中興之曆數。捷音旋報，復命仍稽，使來而尚抗書題，情動而先誇險固。加以宋光葆輒陳狂計，別啟奸謀，將欲北顧秦川，東窺荆渚，人而無禮，罪莫大焉。昨客省使李嚴奉使銅梁，近歸金闕，凡於奏對，備述端由。其宋光嗣相見之時，於坐上便有言說，先問契丹強弱，次數秦王是非，度此苞藏，可見情狀。加以疏遠忠直，朋比奸雄。内則縱恣輕華，競貪寵位；外則滋彰法令，蠱耗生靈。既德力以不量，在神祇之共憤。今命興聖宮使、魏王繼岌充西川四面行營都統，命侍中、樞密使郭崇韜充西川東北面行營都招討制置等使，荆南節度使高季興充西川東南面行營都招討使，鳳翔節度使李曮充供軍轉運應接等使，同州節度使李令德充行營招討副使，陝府節度使李紹琛充行營蕃漢馬步軍都排陣斬斫使，西京留守張筠充西川管内安撫應接使，華州節度使毛璋充行營左厢馬步都虞候，邠州節度使董璋充行營右厢馬步都虞候，客省使李嚴充西川管内招撫使。總領關下諸軍，兼西面諸道馬步兵事，取九月十八日進發。凡爾中外，宜體朕懷。'"同月辛丑條："授魏王繼岌諸道行營都統，餘如故。繼岌既受都統之命，以梁漢顒充中軍馬步都虞候兼馬步軍都指揮使，張廷蘊爲中軍步軍都指揮使，牛景章充中軍左厢馬軍都指揮使，沈斌充中軍右厢馬軍都指揮使，卓璦充中軍左厢步軍都指揮使，王贇充中軍右厢步軍都指揮使，供奉官李從襲充中軍馬步軍都監，高品李廷安、吕知柔充魏王衙通謁。詔工部尚書任圜、翰林學士李愚參魏王軍事。"明本《册府》卷一一一《帝王部·宴享門三》："（同光三年）九月丙午，帝於嘉慶殿宴西征都統魏王繼岌、招討使郭崇韜、客省使李儼、諸偏裨將校。"《輯本舊史》卷三三同光三年九月戊申條："魏王繼岌、樞密使侍中郭崇韜進發西征。"同年十月壬戌條："魏王繼岌率師至鳳翔，先遣使馳檄以諭蜀部。"明本《册府》卷四一六《將帥部·傳檄門》："後唐魏王繼岌，莊宗同光三年爲都統，西討西川。軍至鳳翔，馳檄喻蜀郡曰：'捨過論功，王者示好生之道；轉禍爲福，聖人垂善變之文。矧彼蜀民，代承唐德。玄宗朝以兵興河塞，久駐金鑾。僖宗時以盜起中原，曾停玉輅。蜀之乃祖乃父，或士或民，而皆内禀忠貞，外資驍果。武負關張之氣，文傳楊、馬之風。迎大駕以涉岷峨，合諸軍而定關輔，忠義冠乎日月，勳業著乎山河。凡在幽遐，皆所傅達。不幸龜龍忽去，蛇豕尋生。遇此匪人，據斯重地。蜀主先父，出身陳許，擁衆巴庸。接王室之頻遷，保邊隅而自大。蓋屬昭宗皇帝方茲播越，正切撫綏，洗彼瑕疵，潤之雨露，縮紅斾碧幢之貴，兼鳳池鷄樹之榮。狂兒逢山，漸展橫行之志。鳴梟出穴，曾無返哺之聲。拔本塞源，見利忘義。加以結連同惡，聚集群凶。當天步多艱，莫展扶持之節。及坤維暫絶，却爲僭僞之謀。烈士聞之撫膺，懦夫見之攘臂。洎兹餘裔，益奮殘妖。闇豎擅權，而勳賢結舌。不稼不穡，奢侈者何啻千門；内淫外荒，塗炭者已餘萬室。而更納其短見，侮我大朝。輒橫拒轍之臂，擬舉投羅之翼。我皇帝仰膺玄讖，再造皇圖。四時順而玉燭明，萬彙安而金繩正。惟兹蜀土，敢隔朝風。連營虧恤養之恩，比屋困煩苛之政。每聞殘酷，深所憫傷。是命車徒，以申弔伐。步卒則矗如山列，騎車則迅若雷奔，振雄聲而肸動乾坤，騰鋭氣而動搖河嶽。彼若率兵赴死，我則無陣不摧；彼若據壘偷生，我則無城不拔。却慮高低士庶，遠近封巡。不早迴翔，中同覆滅。故今曉示，貴在保全。應三川管内，有以藩鎮降者，即授之節度；有以州郡降者，即授之刺史；有以鎮縣降者，即付之主守；有能見機知變、誅斬僞命將帥，以其藩鎮城池降者，亦以其官授之。如列陣交鋒之際，有以萬人已上降者，授之節度；五千人已上，授之大郡；三千人已上，授之次郡；一千人已上，授之主將。有蜀城將校誅斬僞主守領降者，授以方鎮。如蜀主王衍首過自新，以三川歸國，即授之方面。其同謀將校，當加列爵。有舊在本朝文武官或負罪流落在蜀者，苟能率衆歸朝，一切不問。大軍所行之處，不得焚燒廬舍，剽掠馬牛，所有降人，倍加安撫。所罪者一人僭僞，所救者萬姓瘡痍。況蜀主宗枝，成都父老，較其罪狀，良可矜寬。只如僞梁，挾我皇威，窺吾大寶，爲四十年之巨寇，覆十九葉之丕基。昨國家平定中原，只誅元惡。列藩牧伯，咸不替移。闔境生靈，一無騷擾。雖蜀中遐僻，亦合傅聞。各宜審計變通，速謀歸向。據兹事件，得以旌酬。勿謂無言，竟貽後悔。故兹示諭，各宜知悉。'時排陣斬斫，使康延孝將勁騎三千、步兵萬人爲前鋒，招撫使李嚴與延孝同行，散人齎檄以喻蜀部。"卷四二七《將帥部‧受降門》："後唐魏王繼岌，同光三年九月爲西征都統，伐蜀。繼岌至鳳州，僞武興軍節度使王承捷以鳳、興、文、扶四州降，大軍食其芻粟，得糧四十萬，兵士八千。魏王給牒，令攝武興軍節度使。前一日，康延孝、李嚴至故鎮威武城。僞指揮使唐景思、吳鐸、王權思部下兵四百降于延孝。其軍史鄒彥諲、都指揮使李璠見城危，方出，歸投郭崇韜以初無降意，皆伏誅。以唐景思攝興州刺史。城中除已殺戮，得兵四千，米麥一十七萬，粟三萬。威武城，蜀道咽喉，險固之地。其城倚嘉陵江，三面山險，延孝既拔故鎮，殺其守將，其衆萬餘縱其逸去。至興州，僞蜀東川節度使宋光葆以梓、綿、劍、龍、普等五州來降。武定軍節度使王承肇以洋、蓬、璧三州符印降；其監軍使周永謙爲衆所殺。興元節度使王宗威以梁、開、通、渠、麟等五州符印送降；階州王承岳納符印來降。康延孝、李嚴至漢州，僞蜀主王衍遣人送牛酒請降魏王。至綿州，王衍遣使上箋曰：'衍叩頭言：伏以五帝三王，竟歸於代謝；有家垂國，孰免其廢興。苟大命之革新，願轉禍而爲福。衍誠惶誠恐叩頭。伏以衍先人頃以受唐封冊，列土坤維，自霸一方，于茲三紀。乃者因夷門之構逆，偶中國以喪君，勉副推崇，遂開興崇。衍謬爲世子，獲紹舊基，而以幼沖，不得負荷。尋遇大唐皇帝中興聖運，再造鴻圖，輝赫大明，照臨下土，薦修嘉好。仰恃恩盟，感覆燾於堯天，將驅馳於禹貢。忽審王師討伐，部內震驚，靡敢當鋒，幸思歸命。伏惟殿下，位尊上嗣，德寶元良，騰少海之波瀾，動前星之秀彩。親乘象輅，勞履劍關；已得萬民之歡心，望恕斯人之死罪。今則完全府庫，守遏邑居；率文武以陳誠，輿棺襯而納款。伏惟殿下，特弘哀鑒，保證奏聞，亦存諸典刑，貯在肺腑。庶幾先人之靈，尤享血食之祀，免支離於眷屬，得敬養於庭闈。惟聖君之明慈，係殿下之玄造。衍無任危迫，殆越戰懼，激切之至。謹差私署檢校司空行尚書兵部侍郎歐陽彬、軍使韓知權等奉箋以聞。'十一月，辛亥，魏王軍到德陽。僞蜀六軍使王宗弼遣使顏守倫上箋云：'蜀主王衍已出府第，舉家遷於西宅。王宗弼權稱西川兵馬留後，安撫軍城，以候王師。'又言：'宗弼欲至漢州迎奉天軍。'其僞六軍印沿發遣公事，且留未納。翌日，宗弼又遣人奉箋言：'昨蜀主與將校同議款，其僞樞密使宋光嗣、景淵澄，南院宣徽使周輅，北院宣徽使歐陽晃等四人，同出異謀，惑亂蜀主。臣當時梟首以徇，謹令送納。'僞中書令夔王宗範上箋曰：'臣生居潁許。因先父建光啓中討陳敬瑄在蜀。'僞司空平章事王諧上箋曰：'臣因天復三年奉使西川，遇車駕劫遷洛陽，因留蜀部。'王子王衍遣使上表曰：'臣衍言：臣先人建，久在坤維，受先朝寵澤，一開土宇。衍四十年，頃以梁孽興災，鴻圖板蕩，不可助逆，遂乃從權，勉循衆人，止王三蜀，固非獲已，未有所歸。臣輒紹鴻基，且安生聚。臣衍誠憂誠懼，頓首頓首。伏惟皇帝陛下，嗣堯舜之業，揚湯武之師，廓定寰區，削平凶逆，梯航聚集，文軌會同。臣方議改圖，便期納款。遽聞王師致討，實抱驚危。今則將千里之封疆，盡爲王土；冀萬家之臣妾，皆沐皇恩。必當輿櫬乞降，負荊請命。伏惟皇帝陛下，回照臨之造，施覆燾之私。別示哀矜，以安反側。儻墳寢而獲祀，實存没以知歸。臣無任望恩，虔禱之至。'表稱乙酉年十一月二十日，不稱僞年號。甲寅，魏王繼岌至漢州，僞蜀六軍使王宗弼至。乙卯，魏王統大軍至蜀城北，舍於王宗弼之別墅。丙辰，招撫使李嚴自蜀城引王衍及僞文武百官儀仗法物至蜀城北昇仙橋下。王衍初乘竹輿，自城中出至降所，素衣牽羊，草索繫首，肉袒、銜璧、輿襯，後從宰臣百官，衰絰、徒跣足以俟命。魏王降車取其璧。郭崇韜解縛燔襯。王衍率僞百官東北再拜謝恩訖，又率衆拜魏王；復拜崇韜，韜答拜；復拜李嚴，嚴亦答拜。丁巳，大軍入西川城，戒諸軍剽掠，法令嚴峻。軍士强括民錢，必論之以法。市不改肆，兵無血刃。"《宋本册府》卷三九七《將帥部·懷撫門》："後唐魏王繼岌，以莊宗同光三年冬平蜀，遣使齎書詔諭南詔蠻。"

然繼岌雖爲都統，而軍政號令一出崇韜。初，莊宗遣宦者供奉官李從襲監中軍，[1]高品李廷安、呂知柔爲典謁。[2]從襲等素惡崇韜，又見崇韜專任軍事，益不平之。及破蜀，蜀之貴臣大將，自王宗弼已下，[3]皆爭以蜀寶貨、妓樂奉崇韜父子，而魏王所得，匹馬、束帛、唾壺、麈柄而已；崇韜日決軍事，將吏賓客趨走盈庭，而都統府惟大將晨謁，牙門闃然。由是從襲等不勝其憤。已而宗弼率蜀人見繼岌，請留崇韜鎮蜀，從襲等因言崇韜有異志，勸繼岌爲備。繼岌謂崇韜曰：「陛下倚侍中如衡、華，[4]尊之廟堂之上，期以一天下而制四方，必不棄元老於蠻夷之地。此事非予敢知也。」莊宗聞崇韜欲留蜀，亦不悅，遣宦者向延嗣趣繼岌班師。[5]延嗣至成都，崇韜不出迎，及見，禮益慢，延嗣怒，從襲等因告延嗣崇韜有異志，恐危魏王。延嗣還，具言之。劉皇后涕泣請保全繼岌，莊宗遣宦官馬彥珪往視崇韜去就。[6]是時，兩川新定，孟知祥未至，[7]所在盜賊亡聚山林，崇韜方遣任圜等分出招集，[8]恐後生變，故師未即還。而彥珪將行，見劉皇后曰：「臣見延嗣言蜀中事勢已不可，禍機之作，間不容髮，安能三千里往覆稟命乎！」劉皇后以彥珪語告莊宗，莊宗曰：「傳言未審，豈可便令果決？」皇后以不得請，因自爲教與繼岌，使殺崇韜。明年正月，崇韜留任圜守蜀，以待知祥之至，崇韜期班師有日。彥珪至蜀，出皇后教示繼岌，繼岌曰：「今大軍將發，未有釁端，豈可作此負心事！」從襲等泣曰：「今有密敕，王苟不行，使崇韜知之，則吾屬無類矣!"繼岌曰:"上無詔書,但皇后手教,安能殺招討使?"從襲等力爭,繼岌不得已而從之。詰旦,從襲以都統命召崇韜,繼岌登樓以避之。崇韜入,昇階,繼岌從者李環撾碎其首。[9]

[1]供奉官:泛指侍奉皇帝左右的臣僚,亦爲東、西頭供奉官通稱。　李從襲:人名。籍貫不詳。五代後唐宦官。事見《通鑑》卷二七四莊宗同光三年(925)條、明宗天成元年(926)條。

[2]高品:官名。即"内侍高品"。宦官,位次於供奉官。李廷安:人名。籍貫不詳。五代後唐宦官。事見本書卷七四。　吕知柔:人名。籍貫不詳。後唐宦官。事見本書本卷、《新五代史》卷一四。　典謁:官名。東宮屬官。掌引見賓客。從九品下。

[3]王宗弼:人名。籍貫不詳。五代十國前蜀宗室、大臣,王建養子。事見《新五代史》卷六三。

[4]侍中:官名。秦始置。隋、唐前期爲門下省長官。唐後期多爲大臣加銜,不參與政務,實際職務由門下侍郎執行。正二品。衡:山名。五嶽之南嶽,位於今湖南衡陽市南嶽區。　華:山名。五嶽之西嶽,位於今陝西華陰市。

[5]向延嗣:人名。籍貫不詳。五代後唐宦官。事見《通鑑》卷二七四莊宗同光三年條、明宗天成元年條。

[6]馬彦珪:人名。籍貫不詳。五代後唐宦官。事見《通鑑》卷二七四莊宗同光三年條、明宗天成元年條。

[7]孟知祥:人名。邢州龍岡(今河北邢臺市)人。李克用女婿,五代十國後蜀開國皇帝。傳見本書卷一三六、《新五代史》卷六四。

[8]任圜:人名。京兆三原(今陝西三原縣)人。五代後唐將領、大臣。傳見本書卷六七、《新五代史》卷二八。

[9]李環:人名。籍貫不詳。五代後唐魏王繼岌從者。事見

《新五代史》卷一四。　　"然繼岌雖爲都統"至"繼岌從者李環摋碎其首"：《新五代史》卷一四《莊宗五子傳》。《宋本册府》卷六七〇《内臣部・誣構門》："後唐李廷安、李從襲、呂知柔，皆供奉中官也。莊宗同光三年伐蜀，魏王繼岌爲都統，郭崇韜爲副。十月十九日，下鳳州，拔固鎮，敗賊三泉，收劍利興元梓州，望風納款，勢如破竹。其招懷制置、官吏補署、師行籌畫、軍書告喻，皆出招討府，繼岌承命而已。時莊宗令廷安、從襲、知柔爲都統府綱紀，見崇韜行府職事殷繁，將吏請謁輻湊，降人爭爲賂遺。其都統府惟大將省謁，牙門索然，繇是大爲訴耻。及軍至偪蜀，六軍使王宗弼歸款，行賂先招討府。泪王衍以成都降，崇韜居王宗弼之府。先是，宗弼徙王衍於西宫。衍之珍玩妓妾，宗弼擇其善者，邀留以奉崇韜，求爲蜀帥。宗弼崇韜子廷誨令蜀人列狀見魏王，請奏崇韜爲蜀帥。繼岌覽狀，召崇韜，謂曰：'主上倚恃中如衡華，尊於廟堂之上，以制四夷，必不置元老於蠻夷之地。況予不敢議此，請諸公詣闕自陳。'李從襲等謂繼岌曰：'郭公收蜀部人情，意在難測，王宜自備。繇是陰相猜察。'帝令中官向延嗣齎詔喻蜀，促命班師。詔使至，崇韜不郊迎，於禮稍倨。延嗣情憤，告從襲曰：'乃公何者？魏王，貴太子也，主上萬福。郭公專弄威柄，旁若無人。昨令蜀賊，請己爲帥，令郭廷誨擁徒出入，貴擬王者。所與遊狎，無非軍中驍果。蜀士兇豪，晝夜妓樂相歡，指天畫地。近聞廷誨白父，請表以爲蜀帥。'又曰：'兩川數百萬户。珍玩貨泉，靡所不有。地形阻固，自是一秦。大人何不善自爲謀？此語流聞遠近。父子如此，可見其心。今諸軍將校，無非郭氏之黨。魏王懸軍孤弱，一朝班師，事恐紛擾，吾屬莫知暴骨之所矣！'因相向垂涕。向延嗣迴，具以事奏。劉皇后泣告於帝，請保全繼岌。帝復閱蜀簿，且曰：'人言蜀中珠玉金銀，不知其數，何如是之微也？'延嗣奏曰：'臣聞到西川，見招討府吏，言蜀川珍貨，皆積崇韜之門；言崇韜自入蜀所得金萬兩，銀四十萬兩，錢百萬，名馬千匹，王衍愛妓六十，樂工百，犀玉奇帶百；郭廷誨有金銀十萬兩，犀玉帶五十，藝色絶妓七十，樂工七十，佗財物稱是。臣見魏王所居，除公府外，蜀人賂遺，不過匹馬束帶、唾壺塵柄而已。蜀府空竭，無足爲怪。’帝初聞蜀人留崇韜，已不平之，又聞所得妓樂寶馬，怒見顏色。即日，命中官馬彥珪馳往蜀川，視崇韜去就。如恭命，班師則已；若別有遲留跋扈之狀，則與繼岌圖之。彥珪請見劉皇后，遽曰：‘臣見向延嗣説蜀中事勢，今已不可。主上遣臣偵視，凡禍機之發，間不容髮，何能於三千里外緩急資決？’皇后再言之，帝曰：‘傳言未知事實，吾以關外兵柄付之，無故行事，否則患生，詎可便令果決？’皇后不得請，因自爲教與繼岌，令殺崇韜。是時，成都雖定，諸州山林，群盜結聚，崇韜令任圜、張筠分道招撫。孟知祥未至，慮發軍之後，別生變故，稍緩班師之期。正月六日，馬彥珪至。時大軍定取十二日發離成都，令任圜權知蜀事，以俟知祥。諸軍部署已定，彥珪出皇后教示繼岌曰：‘大軍將發，佗無釁端，安得爲此負心之事？公輩勿復言。’從襲等泣白曰：‘聖上既有密勑，王若不行，使彼沿路訪知，則中途有變，爲患轉深。’繼岌曰：‘帝無詔書，徒以皇后文字，安得殺招討使？’從襲巧造事端以間，繼岌既無英斷，即傀儡從之。詰旦，從襲傳繼岌命，召崇韜計事，繼岌登樓以避之。崇韜方昇階，魏王爪牙奮摑其首碎之。小子廷信從父請死，即殺之。李從襲率兵圍招討府以攻廷誨，擒而殺之，收其妓樂寶馬。崇韜有子五人：廷誨、廷信從父死於蜀。第二子廷説爲尚書郎，在洛陽，及馬彥珪報殺崇韜，令楊彥珞誅於其家。第三子廷讓，誅於鄴。第四子廷議，誅於太原，家產籍没。明宗即位，詔令歸葬。所有郭氏田宅，皆賜崇韜妻周氏。廷誨有男奴哥，廷讓有男行奴，皆稚齒，姻族保之獲免，令周氏鞠養於晉陽之故第。崇韜服勤盡節，佐佑王家，草昧艱難，功無與比。西平巴蜀，宣暢皇威。誣構而誅，其禍已酷。身死之日，夷夏冤之。”

繼岌遂班師。二月，軍至泥溪，[1]先鋒康延孝叛，據漢州，[2]繼岌遣任圜討平之。四月辛卯，至興平，[3]聞明宗反，[4]兵入京師，繼岌欲退保鳳翔。[5]至武功，[6]李從襲勸繼岌馳趣京師，以救內難。行至渭河，[7]西都留守張籛斷浮橋，[8]繼岌不得度，乃循河而東，至渭南，[9]左右皆潰。從襲謂繼岌曰："大事已去，福不可再，王宜自圖。"繼岌徘徊泣下，謂李環曰："吾道盡途窮，子當殺我。"環遲疑久之，謂繼岌乳母曰："吾不忍見王，王若無路求生，當踣面以俟。"繼岌面榻而臥，環縊殺之。任圜從後至，葬繼岌華州之西南。[10]繼岌少病閹，無子。明宗已即位，圜率征蜀之師二萬至京師，明宗撫慰久之，問圜繼岌何在，圜具言繼岌死狀。[11]

[1]泥溪：地名。當指泥溪河（白龍江支流）。位於今四川廣元市昭化鎮西。

[2]漢州：州名。治所在今四川廣漢市。

[3]興平：縣名。治所在今陝西興平市。

[4]明宗：即五代後唐明宗李嗣源。沙陀部人。原名邈佶烈，李克用養子。926年至933年在位。紀見本書卷三五至卷四四、《新五代史》卷六。

[5]鳳翔：方鎮名。治所在鳳翔府（今陝西鳳翔縣）。

[6]武功：縣名。治所在今陝西武功縣。

[7]渭河：河流名。即今渭河。

[8]張籛：人名。海州（今江蘇連雲港市海州區）人。五代後唐官員。事見本書卷三六，傳見《新五代史》卷四七。

[9]渭南：縣名。治所在今陝西渭南市。

[10]華州：州名。治所在今陝西渭南市華州區。

[11]"繼岌遂班師"至"圜具言繼岌死狀"：《新五代史》卷

一四《莊宗五子傳》。《輯本舊史》卷七四《康延孝傳》："四年正月甲申，大軍發成都，繼岌令延孝以一萬二千人爲後軍。二月癸巳，中軍次武連，中使詔至，諭以西平王朱友謙有罪伏誅，命繼岌殺其子遂州節度使令德。"《太平廣記》卷八〇引《王氏見聞錄》："後唐莊宗世子魏王繼岌伐蜀，迴軍在道，而有鄴都之變。莊宗與劉后命内臣張漢賓齎急詔，所在催魏王歸闕。張漢賓乘驛倍道急行，至興元西縣逢魏王，宣傳詔旨。王以本軍方討漢州康延孝，相次繼來，欲候之出山，以陳凱歌，漢賓督之。有軍謀陳峴，比事梁，與漢賓熟，密問張曰：'天子改換，且是何人?'張色莊曰：'我嘗面奉宣詔魏王，況大軍在行，談何容易。'陳峴曰：'久忝知聞，故敢諮問，兩日來有一信風，新人已即位矣，復何形迹。'張乃説：'來時聞李嗣元過河，未知近事。'峴曰：'魏王且請盤桓，以觀其勢，未可前邁。'張以莊宗命嚴，不敢遷延，督令進發，魏王至渭南遇害。"《通鑑》卷二七五天成元年（926）四月辛卯條："魏王繼岌至興平，聞洛陽亂，復引兵而西，謀保據鳳翔。"同月庚子條："魏王繼岌自興平退至武功，宦者李從襲曰：'禍福未可知，退不如進，請王亟東行以救内難。'繼岌從之。還，至渭水，權西都留守張籛已斷浮梁；循水浮渡，是日至渭南，腹心吕知柔等皆已竄匿。從襲謂繼岌曰：'時事已去，王宜自圖。'繼岌徘徊流涕，乃自伏於床，命僕夫李環縊殺之。任圜代將其衆而東。監國命石敬瑭慰撫之，軍士皆無異言。"《輯本舊史》本傳末尚有一句："師回，至渭南，聞莊宗敗，師徒潰散，自縊死。"此句未注出處，姑附於此。

繼潼、繼嵩、繼蟾、繼嶢，並莊宗子，同光三年拜光禄大夫、檢校司徒，[1]未封。莊宗敗，並不知所終。[2]

[1]光禄大夫：官名。漢武帝時改中大夫爲光禄大夫，爲掌議

論之官。無職掌，隋唐以後爲散官。從二品。　檢校司徒：官名。爲散官或加官，以示恩寵加此官，無實際執掌。

[2]"繼潼、繼嵩、繼蟾、繼嶢"至"並不知所終"：《大典》卷一六六二八"建"字韻"封建（一一）唐五代"事目。"繼潼"，中華書局本有校勘記："原作'繼渾'，據殿本、《五代會要》卷二、《通鑑》卷二七五、《新五代史》卷一四《唐太祖家人傳》改。"《會要》卷二諸王條："繼潼、繼蟾、繼嵩、繼嶢皆皇子也，同光三年二月敕：'並可光禄大夫、檢校司徒。'"《通鑑》卷二七五天成元年（926）四月乙未條："（明日，即丙申日）薛王存禮及莊宗幼子繼嵩、繼潼、繼蟾、繼嶢，遭亂皆不知所終。"《新五代史》卷一四《莊宗五子傳》："莊宗五子：長曰繼岌，其次繼潼、繼嵩、繼蟾、繼嶢。繼岌母曰劉皇后，其四皆不著其母名號。"又："同光三年，詔以皇子繼嵩、繼潼、繼蟾、繼嶢皆爲光禄大夫，檢校司徒。蓋其皆幼，故不封。當莊宗遇弑時，太祖子孫在者十有一人，明宗入立，其四人見殺，其餘皆不知所終，太祖之後遂絕。"《輯本舊史》卷三二《唐莊宗紀六》同光三年（925）二月辛巳條："以皇子繼潼、繼嵩、繼蟾、繼嶢並檢校司徒，皆沖幼，未出閤。"《舊五代史考異》："《清異録》：唐福慶公主下降孟知祥。長興四年，明宗晏駕，唐室亂，莊宗諸兒削髮爲苾芻，間道走蜀。時知祥新稱帝，爲公主厚待猶子，賜予千計。考《清異録》記載多舛，惟莊宗諸子入蜀宜可信云。"中華書局本對此條《考異》有校勘記："'考《清異録》記載多舛惟莊宗諸子入蜀宜可信云'十九字原闕，據孔本補。"見《清異録》卷下《薰燎門》之四奇家具條，文字微有異。

明宗諸子

從璟，明宗長子，性忠勇沉厚，摧堅陷陣，人罕偕焉。[1]從莊宗於河上，累有戰功。莊宗器賞之，用爲金槍指揮使。[2]明宗在魏府,[3]爲軍士所逼。莊宗召從璟謂曰:"爾父於國有大功,忠孝之心,朕自明信。今爲亂兵所劫,爾宜自去宣朕旨,無令有疑。"從璟行至中途,爲元行欽所制,[4]復與歸洛下。[5]莊宗改其名爲繼璟,以爲己子,命再往,從璟固執不行,願死於御前,以明丹赤。從莊宗赴汴州,[6]明宗之親舊多策馬而去,左右或勸從璟,令自脫,終無行意。尋爲元行欽所殺。天成初,[7]贈太保。[8]

[1]"從璟"至"人罕偕焉":《宋本册府》卷二七一《宗室部·武勇門》。《新五代史》卷一五《從璟傳》:"從璟初名從審,爲人驍勇善戰,而謙退謹敕。"

[2]金鎗指揮使:官名。所部統兵將領。金鎗爲五代禁軍番號。"從莊宗於河上"至"用爲金槍指揮使":《宋本册府》卷二九一《宗室部·立功門二》。

[3]魏府:地名。即魏州,唐、五代方鎮魏博軍的治所。位於今河北大名縣。

[4]元行欽:人名。幽州(今北京市)人。五代後唐將領。傳見本書卷七〇、《新五代史》卷二五。

[5]洛下:即洛陽。

[6]汴州:州名。治所在今河南開封市。

[7]天成:五代後唐明宗李嗣源年號(926—930)。

[8]太保:官名。與太師、太傅並爲三師。唐後期、五代多爲大臣、勳貴加官。正一品。　"明宗在魏府"至"贈太保":《宋本册府》卷二八六《宗室部·忠門二》。《新五代史》卷一五:"從璟馳至衛州,爲元行欽所執,將殺之,從璟呼曰:'我父爲亂軍所逼,公等不亮其心,我亦不能至魏,願歸衛天子。'行欽釋之。"

又：“莊宗聞明宗已渡黎陽，復欲遣從璟通問。行欽以爲不可，遂殺之。明宗即位，贈太保。”《會要》卷二諸王條：“明宗第二子從璟，爲元行欽所殺。天成三年六月追贈太保，未封王。”天成共四年，三年不得言“初”。

　　秦王從榮，明宗第二子也，[1]昭懿皇后夏氏，[2]生秦王從榮及閔帝。[3]明宗踐祚，天成初授鄴都留守、天雄軍節度使。[4]三年移北京留守，充河東節度使。[5]四年，入爲河南尹。[6]

　　[1]秦王從榮，明宗第二子也：明本《册府》卷二八一《宗室部·領鎮門四》。

　　[2]昭懿皇后夏氏：五代後唐明宗之妻，閔帝之母。明宗天成元年（926），追封夏氏晋國夫人。長興元年（930），乃追册爲皇后，謚曰昭懿。傳見本書卷四九、《新五代史》卷一五。

　　[3]閔帝：五代後唐閔帝李從厚。明宗李嗣源第三子。933年至934年在位。紀見本書卷四五、《新五代史》卷七。

　　[4]鄴都：都城名。治所在今河北大名縣。五代後唐同光元年（923），改魏州爲興唐府，建號東京，三年改東京爲鄴都。　天雄軍：方鎮名。治所在魏州（今河北大名縣）。

　　[5]河東：方鎮名。治所在太原府（今山西太原市）。

　　[6]河南尹：官名。唐開元元年（713）改洛州爲河南府，治所在今河南洛陽市，河南府尹總其政務。從三品。　“明宗踐祚”至“入爲河南尹”：明本《册府》卷二八一。《輯本舊史》卷三二《唐莊宗紀六》同光二年十月甲午條：“以宣武軍節度押牙李從溫、李從璋、李從榮、李從厚、李從璨並銀青光禄大夫、檢校右散騎常侍兼御史大夫。”卷三七《唐明宗紀三》天成元年十二月庚子條：“皇第二子、金紫光禄大夫、檢校司徒從榮可檢校太保、同平章事、

天雄軍節度使、鄴都留守。"卷三八《唐明宗紀四》天成二年八月
癸巳條："幸皇子從榮第，宣禁中伎樂觀宴，從榮進馬及器幣，帝
因以伎樂賜之。"同月甲辰條："皇子從榮娶鄜州節度使劉仲殷女，
是夕禮會，百僚表賀。"同年十一月庚申條："皇子……鄴都留守、
檢校太保、同平章事從榮……加檢校太傅，進爵邑。"卷四〇《唐
明宗紀六》天成四年四月壬子條："以皇子北京留守、河東節度使
從榮爲河南尹，判六軍諸衛事。"同年八月甲辰條："以……河南尹
從榮爲橋道頓遞使。"《新五代史》卷一五《秦王從榮傳》："天成
元年，以檢校司徒兼御史大夫，拜天雄軍節度使、同中書門下平章
事。三年，徙鎮河東。長興元年，拜河南尹，兼判六軍諸衛事。"
明本《冊府》卷二七七《宗室部·褒寵門》："秦王從榮，明宗長子
也。天成二年，自鄴中至，泊於至德宮。帝幸其第，宣禁中女伎及
教坊樂，歡宴至晚。"

　　一日，明宗謂安重誨曰：[1]"近聞從榮左右有詐宣
朕旨，令勿接儒生，儒生多懦，恐鈍志相染。朕方知
之，頗駭其事。余比以從榮方幼，出臨大藩，故選儒
雅，賴其裨佐。今聞此姦慝之言，豈朕之所望也。"鞠
其言者將戮之，重誨曰："若遽行刑，又慮賓從難處，
且望嚴誡。"遂止。[2]《永樂大典》卷六千七百六十。

　　[1]安重誨：人名。應州（今山西應縣）人。五代後唐大臣。
傳見本書卷六六、《新五代史》卷二四。
　　[2]"一日"至"遂止"：《大典》卷六七六〇"王"字韻
"宗室封王（二四）五代"事目。參見《北夢瑣言》卷一八明宗睿
相條，文字微有異。

（長興元年）十一月庚申朔,[1]秦王從榮受册, 謁于太廟。[2]

[1]長興: 五代後唐明宗李嗣源年號（930—933）。

[2]"十一月庚申朔"至"謁于太廟": 《新五代史》卷六《唐本紀》。《輯本舊史》卷四一《唐明宗紀七》長興元年（930）八月壬寅條: "皇子河南尹、判六軍諸衛事從榮封秦王, 仍令所司擇日册命。"同年十一月庚申條: "帝御文明殿, 册皇子秦王, 仗衛樂懸如儀。"卷四三《唐明宗紀九》長興三年正月辛丑條: "秦王從榮加開府儀同三司、兼中書令。"

從榮爲詩, 與從事高輦等更相唱和,[1]自謂章句獨步於一時, 有詩千餘首, 號曰《紫府集》。[2]乃請以嚴衛、捧聖步騎兩指揮爲秦府衙兵,[3]自每入朝, 以數百騎從行, 出則張弓挾矢, 馳騁盈巷。既受元帥之命, 即令其府屬僚佐及四方遊士, 各試《檄淮南書》一道, 陳己將廓清宇内之意。初, 言事者請爲親王置師傅, 明宗顧問近臣, 執政以從榮名勢既隆, 不敢忤旨, 即奏云: "王官宜委從榮。"乃奏刑部侍郎劉贊爲王傅,[4]又奏翰林學士崔税（梲）爲元帥府判官。[5]明宗曰: "學士代予詔令, 不可擬議。"從榮不悦, 退謂左右曰: "既付以元帥之任, 而阻予請僚佐, 又未諭制旨也。"復奏刑部侍郎任贊,[6]從之。[7]長興中, 以本官充天下兵馬大元帥。[8]

[1]從事: 泛指一般屬官。　高輦: 人名。籍貫不詳。五代後

唐官員。事見本書本卷、《新五代史》卷一五。

[2]"從榮爲詩"至"號曰《紫府集》":明本《册府》卷二七○《宗室部·文學門》。《新五代史》卷一五《秦王從榮傳》:"從璟死,從榮於諸皇子次最長,又握兵柄。然其爲人輕儁而鷹視,頗喜儒,學爲歌詩,多招文學之士,賦詩飲酒,故後生浮薄之徒,日進諛佞以驕其心。自將相大臣皆患之,明宗頗知其非而不能裁制。從榮嘗侍側,明宗問曰:'爾軍政之餘,習何事業?'對曰:'有暇讀書,與諸儒講論經義爾。'明宗曰:'經有君臣父子之道,然須碩儒端士,乃可親之。吾見先帝好作歌詩,甚無謂也。汝將家子文章非素習,必不能工,傳於人口,徒取笑也。吾老矣,於經義雖不能曉,然尚喜屢聞之,其餘不足學也。'"《北夢瑣言》卷一九明宗戒秦王條:"明宗戒秦王從榮曰:'吾少鍾喪亂,馬上取功名,不暇留心經籍。在藩邸時,見判官論説經義,雖不深達其旨,大約令人開悟。今朝廷有正人端士,可親附之,庶幾有益。吾見先皇在藩時,愛自作歌詩。將家子,文非素習,未能盡妙,諷於人口,恐被諸儒竊笑。吾老矣,不能勉强於此,唯書義尚欲耳裏頻聞。'時從榮方聚雜進士浮薄之子,以歌詩吟詠爲事,上道此言規諷之。或一日,秦王進時,上説於俳優敬新磨。敬新磨贊美而曰:'勿訝秦王詩好,他阿爺平生愛作詩。'上大笑。"亦見《宋本册府》卷一五八《帝王部·誡勵門三》長興三年(932)十月壬子條。

[3]嚴衛捧聖步騎兩指揮:唐末、五代時期的一種軍事編制單位,五百人爲一"指揮"。"嚴衛""捧聖"皆爲部隊番號。

[4]刑部侍郎:官名。尚書省刑部次官。協助刑部尚書掌天下刑法及徒隸、勾覆、關禁之政令。正四品下。 劉贊:人名。魏州(今河北大名縣)人。五代後唐官員。傳見本書卷四四、《新五代史》卷六八。

[5]翰林學士:官名。由南北朝始設之學士發展而來,唐玄宗改翰林供奉爲翰林學士,備顧問,代王言,掌拜免將相、號令征伐等詔令的起草。 崔梲(zhuō):人名。博陵安平(今河北安平

縣）人。五代後梁進士，歷仕五代後梁至後晉。傳見本書卷九三、
《新五代史》卷五五。　元帥府：即統軍元帥開設的府署。　判官：
官名。爲長官的佐吏，協理政事，或備差遣。

[6]任贊：人名。籍貫不詳。五代後唐官員。事見本書卷四四。

[7]“乃請以嚴衛、捧聖步騎兩指揮爲秦府衙兵”至“從之”：
明本《册府》卷二九九《宗室部·專恣門》。《舊五代史考異》：
“《宋史·趙上交傳》：秦王從榮開府兼判軍衛，以上交爲虞部員外
郎，充六軍諸衛推官。李澣、張沆、魚崇遠皆白衣在秦府，悉與上
交友善。累遷司封郎中，充判官。從榮素豪邁，不遵禮法，好昵群
小，上交從容言曰：‘王位尊嚴，當修令德以慰民望，王忍爲此，
獨不見恭世子、戾太子之事乎？’從榮怒，出之。歷涇、秦二鎮節
度判官。從榮及禍，僚屬皆坐斥。上交由是知名。”見《宋史》卷
二六二。明本《册府》卷九九四《外臣部·備禦門七》唐明宗長
興三年十月戊午條：“帝御廣壽殿，謂范延光、秦王從榮等曰：‘契
丹欲謀犯塞，邊上宜得嚴重帥臣。卿等商量，誰爲可者以聞。’”
同月甲戌條：“秦王從榮奏曰：‘伏見北面奏報，契丹族帳近塞，吐
渾突厥已侵邊地。北面戍卒雖多，未有統率，早宜命大將。’帝曰：
‘卿等商量定未？’俱奏曰：‘將校之中，唯石諱、康義誠二人可
行。’諱素不欲爲禁軍之副，即奏曰：‘臣願北行。’帝曰：‘卿爲吾
行事無不濟。’即令宣旨施行。”石諱即石敬瑭。《輯本舊史》卷四
四《唐明宗紀十》長興四年正月戊子條：“秦王從榮加守尚書令、
兼侍中，依前河南尹，判六軍諸衛事。”同年六月丙辰條：“秦王從
榮加食邑至萬户，實封二千户。”同年八月辛未條：“秦王從榮以本
官充天下兵馬大元帥，加食邑萬户、實封三千户。”同年九月辛丑
條：“詔天下兵馬大元帥、秦王從榮班宜在宰臣之上。”《會要》卷
六《親王與朝臣行立位》條：“後唐長興三年正月，中書門下奏：
‘見任宰臣四外，其餘諸使兼侍中、中書令、平章事，並是使相，
向來班序皆在見任宰臣之下。今緣秦王從榮是親王，新加兼中書
令，與諸使相不同，每遇排班及到中書，位次未定。今後望諸親王

官至兼侍中、中書令，則與見任宰臣分班定位。宰臣居左，親王兼侍中、中書令居右。如親王及諸使守侍中、中書令亦並是使相，既不知印，不署敕，亦分行居右。其餘使相依舊規.'從之。四年九月敕：'天下兵馬大元帥秦王從榮，位隆將相，望重磐維，委任既崇，等威合異，班位宜在宰相之上."《新五代史》卷一五《秦王從榮傳》："故事，諸王受封不朝廟，而有司希旨，欲重其禮，乃建議曰：'古者因禘、嘗而發爵禄，所以示不敢專。今受大封而不告廟，非敬順之道也.'於是從榮朝服，乘輅車，具鹵簿，至朝堂受册，出，載册以車，朝于太廟，京師之人皆以爲榮。三年，加兼中書令。有司又言：'故事，親王班宰相下，今秦王位高而班下，不稱.'於是與宰相分班而居右。四年，加尚書令，食邑萬户。太僕少卿何澤上書，請立從榮爲皇太子。是時明宗已病，得澤書不悦，顧左右曰：'群臣欲立太子，吾當養老於河東.'乃召大臣議立太子事，大臣皆莫敢可否。從榮入白曰：'臣聞姦人言，欲立臣爲太子，臣實不願也.'明宗曰：'此群臣之欲爾.'從榮出，見范延光、趙延壽等曰：'諸公議欲立吾爲太子，是欲奪吾兵柄而幽之東宮耳.'延光等患之，乃加從榮天下兵馬大元帥。有司又言：'元帥或統諸道，或專一面，自前世無天下大元帥之名，其禮無所考按。請自節度使以下，凡領兵職者，皆具橐鞬以軍禮庭參；其兼同中書門下平章事者，初見亦如之，其後許如客禮。凡元帥府文符行天下，皆用帖。又升班在宰相上.'從榮大宴元帥府，諸將皆有頒給：控鶴、奉聖、嚴衛指揮使，人馬一匹、絹十匹；其諸軍指揮使，人絹十匹；都頭已下，七匹至三匹。又請嚴衛、捧聖千人爲牙兵，每入朝，以數百騎先後，張弓挾矢，馳走道上，見者皆震慴。從榮又命其寮屬及四方游士試作《征淮檄》，陳己所以平一天下之意。言事者請爲諸王擇師傅，以加訓導。宰相難其事，因請從榮自擇。從榮乃請翰林學士崔棁、刑部侍郎任贊爲元帥判官。明宗曰：'學士代予言，不可也.'從榮出而恚曰：'任以元帥而不得請屬寮，非吾所諭也.'將相大臣見從榮權位益隆，而輕脱如此，皆知其禍而莫敢言者。惟延光、延壽陰有避禍意，數見明宗，涕泣求解樞密，二人皆引去，而從榮之難作。"

[8]天下兵馬大元帥：官名。總掌天下兵馬。爲特設超品之官職。　長興中，以本官充天下兵馬大元帥：明本《册府》卷二六九《宗室部·將兵門》。《會要》卷二四諸王條："長興四年，以秦王從榮爲天下兵馬大元帥。"

後舉兵犯宫室，敗死，廢爲庶人。[1]

[1]《大典》卷一六六二八"建"字韻"封建（一一）五代"事目。　廢爲庶人：亦見《通鑑》卷二七八長興四年（933）十一月丙申條。《新五代史》卷一五《秦王從榮傳》："（四年）十一月戊子，雪。明宗幸宫西士和亭，得傷寒疾。己丑，從榮與樞密使朱弘昭、馮贇入問起居於廣壽殿，帝不能知人。王淑妃告曰：'從榮在此。'又曰：'弘昭等在此。'皆不應。從榮等去，乃遷於雍和殿，宫中皆慟哭。至夜半後，帝蹶然自興於榻，而侍疾者皆去，顧殿上守漏宫女曰：'夜漏幾何？'對曰：'四更矣！'帝即唾肉如肺者數片，溺涎液斗餘。守漏者曰：'大家省事乎？'曰：'吾不知也。'有頃，六宫皆至，曰：'大家還魂矣！'因進粥一器。至旦，疾少愈，而從榮稱疾不朝。初，從榮常忌宋王從厚賢於己，而懼不爲嗣。其平居驕矜自得，及聞人道宋王之善，則愀然有不足之色。其入問疾也，見帝已不知人，既去，而聞宫中哭聲，以謂帝已崩矣，乃謀以兵入宫。使其押衙馬處鈞告弘昭等，欲以牙兵入宿衛，問何所可居者。弘昭等對曰：'宫中皆王所可居，王自擇之。'因私謂處鈞曰：'聖上萬福，王宜竭力忠孝，不可草草。'處鈞具以告從榮，從榮還遣處鈞語弘昭等曰：'爾輩不念家族乎？'弘昭、贇及宣徽使孟漢瓊等入告王淑妃以謀之，曰：'此事須得侍衛兵爲助。'乃召侍衛指揮使康義誠，謀於竹林之下。義誠有子在秦王府，不敢決其謀，

謂弘昭曰：‘僕爲將校，惟公所使爾！’弘昭大懼。明日，從榮遣馬處鈞告馮贇曰：‘吾今日入居興聖宮。’又告義誠，義誠許諾。贇即馳入內，見義誠及弘昭、漢瓊等坐中興殿閣議事，贇責義誠曰：‘主上所以畜養吾徒者，爲今日爾！今安危之機，間不容髮，奈何以子故懷顧望，使秦王得至此門，主上安所歸乎？吾輩復有種乎？’漢瓊曰：‘賤命不足惜，吾自率兵拒之。’即入見曰：‘從榮反，兵已攻端門。’宮中相顧號泣。明宗問弘昭等曰：‘實有之乎？’對曰：‘有之。’明宗以手指天泣下，良久，曰：‘義誠自處置，毋令震動京師。’潞王子重吉在側，明宗曰：‘吾與爾父起微賤，至取天下，數救我危窘。從榮得何氣力，而作此惡事！爾亟以兵守諸門。’重吉即以控鶴兵守宮門。是日，從榮自河南府擁兵千人以出。從榮寮屬甚衆，而正直之士多見惡，其尤所惡者劉贇、王居敏，而所昵者劉陟、高輦。從榮兵出，與陟、輦並轡耳語，行至天津橋南，指日景謂輦曰：‘明日而今，誅王居敏矣！’因陣兵橋北，下據胡牀而坐，使人召康義誠。而端門已閉。叩左掖門，亦閉，而於門隙中見捧聖指揮使朱弘實率騎兵從北來，即馳告從榮。從榮驚懼，索鐵厭心，自調弓矢。皇城使安從益率騎兵三百衝之，從榮兵射之，從益稍却。弘實騎兵五百自左掖門出，方渡河，而後軍來者甚衆，從榮乃走歸河南府，其判官任贊已下皆走出定鼎門，牙兵劫嘉善坊而潰。從榮夫妻匿牀下，從益殺之。明宗聞從榮已死，悲咽幾墮于榻，絕而蘇者再。馮道率百寮入見，明宗曰：‘吾家事若此，慚見群臣！’君臣相顧，泣下沾襟。從榮二子尚幼，皆從死。後六日而明宗崩。”參見《通鑑》卷二七八長興四年十一月諸條。《輯本舊史》引《會要》：“清泰元年十二月敕：‘故庶人從榮，獲罪先帝，貽禍厥身，已歷歲時，未營宅兆。雖軫在原之念，宜從有國之規，且令中書門下商量葬禮。’尋據太常禮院狀奏：‘請準唐貞觀中庶人承乾流死黔州，仍葬以公禮。’從之。”見《會要》卷二諸王條。《輯本舊史》引《五代史補》：“秦王從榮，明宗之愛子。好爲詩，判河南府，辟高輦爲推官。輦尤能爲詩，賓主相遇甚歡。自是出入門下者，當時名士有若張杭、高文蔚、何仲舉之徒，莫不分廷抗禮，更唱迭和。時干戈之後，武夫用事，睹從榮所爲，皆不悦。于是康知訓等竊議曰：‘秦王好文，交遊者多詞客，此子若一旦南面，則我等轉死溝壑，不如早圖之。’高輦知其謀，因勸秦王託疾：‘此輩以所就之間，須來問候，請大王伏壯士，出其不意皆斬之，庶幾免禍矣。’從榮曰：‘至尊在上，一旦如此，得無危乎？’輦曰：‘子弄父兵，罪當笞爾，不然則悔無及矣。’從榮猶豫不決，未幾及禍，高輦棄市。初，從榮之敗也，高輦竄于民家，且落髮爲僧。既擒獲，知訓以其毁形難認，復使巾幘著緋，驗其真僞，然後用刑。輦神色自若，厲聲曰：‘朱衣纔脱，白刃難逃。’觀者笑之。”見《五代史補》卷二秦王掇禍條。《太平廣記》卷三五三僧彦儔條：“草書僧文英大師彦儔，始在洛都。明宗世子秦王從榮復厚遇之。後有故，南居江陵西湖曾口寺。一日恍惚，忽見秦王擁二十騎詣寺訪彦儔。彦儔問：‘大王何以此來？’恰未對，倏而不見。彦儔方訪於人，不旬日，秦王遇害。”此條下注“出《北夢瑣言》”，今本《北夢瑣言》未見。《北夢瑣言》卷二〇輕佻致禍條：“秦王從榮之爲元帥，輕佻淺露，狎近浮薄。列坐將帥，而與判官論詩。未躋大位，而許人禍福。由是中外忌憚，竟及誅敗。上聞重榮伏誅，悲駭幾落御榻，氣絶復蘇者再。由是不豫轉增，以至晏駕。自云：‘我今日自作劉窟頭也。’”

從璨，明宗之諸子也。性剛直，好客踈財，意豁如也。天成中，爲右衛大將軍。[1]時安重誨方秉事權，從璨亦不之屈，重誨常以此忌之。明宗幸汴，留從璨爲大內皇城使。[2]一日，召賓友於會節園，[3]酒酣之後，戲登於御榻。安重誨奏請誅之，詔曰：“皇城使李從璨，朕巡幸汴州，俾警大內。乃全乖委任，但恣追遊，於予行從之園，頻恣歌歡之會；仍施峻法，顯辱平人，致彼誼譁，達於聞聽。方當立法，固不黨親，宜貶授房州司戶參軍，[4]仍令盡命。"長興中，重誨之得罪出，詔復舊官，仍贈太保。[5]

[1]右衛大將軍：官名。唐代置十六衛之一。掌宮禁宿衛。正三品。

[2]大内皇城使：官名。唐末始置，爲皇城司長官，一般由君主的親信充任，以拱衛皇城。

[3]會節園：園林名。位於今河南洛陽市。

[4]房州：州名。治所在今湖北房縣。　司戶參軍：官名。簡稱"司戶"。州級政府僚佐。掌本州屬縣之戶籍、賦稅、倉庫受納等事。上州從七品下，中州正八品下，下州從八品下。

[5]"從璨"至"仍贈太保"：《宋本册府》卷二九五《宗室部·復爵門》。《會要》卷二諸王條："明宗第四子從璨，爲安重誨所陷，天成四年三月，責授房州司戶參軍，尋殺之。至長興四年七月，追贈太保，未封王。"又據《宋本册府》卷一七四《帝王部·修廢門》周太祖廣順元年（951）十一月載，從璨有子名重玉。

許王從益，明宗之幼子也。宮嬪所生，明宗命王淑妃母之，[1]嘗謂左右曰："唯此兒生於皇宮，故尤所鍾愛。"長興末，封許王。[2]晉高祖即位，[3]以皇后即其姊也，乃養從益於宮中。晉天福中，[4]以從益爲二王後，改封郇國公，[5]食邑三千户。其後與母歸洛陽守陵。[6]開運末，[7]契丹主至汴，[8]以從益遥領曹州節度使，復封許王，與王妃尋歸西京。會契丹主死，其汴州節度使蕭翰謀歸北地，[9]慮中原無主，軍民大亂，則己亦不能按轡徐歸矣，[10]乃詐稱契丹主命，遣人迎從益於洛陽，令知南朝軍國事。[11]從益與王妃逃於徽陵以避之，[12]使者至，不得已而赴焉。從益於崇元殿見群官，[13]蕭翰率部衆列拜於殿上，群官趨拜於殿下，乃僞署王松爲左丞相，[14]趙上交爲右丞相，[15]李式、翟光鄴爲樞密使，[16]王景崇爲宣徽使，[17]餘官各有署置。又以北來燕將劉祚爲權侍衛使，[18]充在京巡檢。[19]翰北歸，從益餞於北郊。及漢高祖將離太原，[20]從益召高行周、武行德欲拒漢高祖，[21]行周等不從，且奏其事。漢高祖怒，車駕將至闕，從益與王妃俱賜死於私第，[22]時年十七，時人哀之。《永樂大典》卷六千七百六十。[23]

[1]王淑妃：後唐明宗妃嬪。傳見本書卷四九、《新五代史》卷一五。

[2]長興末，封許王：《輯本舊史》卷四四《唐明宗紀十》長興四年（933）五月戊寅條："皇子從益封許王。"亦見《新五代史》卷六《唐本紀》長興四年（933）五月戊寅條。《輯本舊史》卷四五《唐閔帝紀》應順元年（934）三月辛亥條："許王從益加檢校太保。"

[3]晋高祖：即石敬瑭。沙陀部人，太原（今山西太原市）人。五代後晋開國君主，936年至942年在位。在位期間割華北北部幽、雲諸州予契丹。紀見本書卷七五至卷八〇、《新五代史》卷八。

[4]天福：五代後晋高祖石敬瑭年號，出帝石重貴沿用，共九年（936—944）。

[5]"晋天福中"至"改封郇國公"：《輯本舊史》之影庫本粘籤："郇國，原本作'鄒國'，考《歐陽史》及《通鑑》並作郇國，《薛史·晋高祖紀》亦作'郇'，今改正。"見《新五代史》卷八

《晋本紀》天福四年癸未條：“封李從益爲郇國公以奉唐後。”亦見《新五代史》卷一五《淑妃王氏傳》。《通鑑》卷二八二天福四年（939）九月癸未條：“以唐許王從益爲郇國公，奉唐祀。從益尚幼，李后養從益於宫中，奉王淑妃如事母。”《輯本舊史》卷七八《晋高祖紀四》天福四年九月癸未條：“封唐許王李從益爲郇國公，奉唐之祀，服色旌旗，一依舊制。”《會要》卷五“二王三恪”條：“晋天福二年正月敕：‘周以杞、宋封夏、殷之後，爲二王後；兼封舜之後，爲三恪。唐以周、隋之後封公，爲二王後，又封魏之後，爲三恪。宜于唐朝宗屬中取一人封公世襲，兼隋之酅國公，爲二王後；以周後介國公備三恪。其主祀及赴大朝會，委所司具典禮申奏。其唐朝宗屬中，舊在朝及諸道爲官者，各據資歷，考限滿日，從品秩序遷；已有出身，任令參選。’四年九月敕：‘周受龍圖，立夏、殷之祀；唐膺鳳曆，開酅、介之封。乃睠前朝，載稽舊典，宜闢土宇，俾奉宗祧。宜以郇國三千户封唐許王李從益爲郇國公，奉唐之祀，服色旌旗，一依舊制，以西京至德宫爲廟，牲幣器祭服悉從官給。’”

　　[6]洛陽：地名。位於今河南洛陽市。

　　[7]開運：五代後晋出帝石重貴年號（944—946）。

　　[8]開運末，契丹主至汴：《輯本舊史》卷八五《晋少帝紀五》繫此事於開運四年（947）正月。

　　[9]蕭翰：人名。契丹人。遼朝宰相蕭敵魯之子，述律太后之侄，太宗皇后之兄。遼初將領。傳見本書卷九八、《遼史》卷一一三。

　　[10]則已亦不能按轡徐歸矣：中華書局本有校勘記：“‘按轡’，原作‘按彎’，據殿本、劉本、孔本、邵本、彭本改。影庫本批校：‘“彎”訛“轡”。’”《輯本舊史》卷九八《蕭翰傳》亦載此事，亦作“轡”。

　　[11]遣人迎從益於洛陽，令知南朝軍國事：《輯本舊史》卷一〇〇《漢高祖紀下》繫此事於天福十二年（947）五月丁酉。亦見《新五代史》卷一〇《漢高祖紀》開運四年五月丙申條。開運

四年即天福十二年。《通鑑》卷二八六天福十二年二月條："唐王淑妃與郇公從益居洛陽。契丹主以從益爲許王、威信節度使。淑妃以從益幼，辭不赴鎮，復歸於洛。"

[12]徽陵：五代後唐明宗李嗣源陵墓。位於今河南新安縣。後晉石敬瑭將後唐愍帝（閔帝）、李從榮、李重吉皆祔葬於此。

[13]崇元殿：五代後梁開平元年（907）改汴京正殿爲崇元殿。位於今河南開封市。

[14]王松：人名。京兆（今陝西西安市）人。唐僖宗宰相王徽之子。五代後唐至後漢官員。傳見本書附錄、《新五代史》卷五七。 左丞相：官名。秦漢始置，同右丞相皆爲百官之長，輔佐皇帝綜理全國事務。

[15]趙上交：人名。涿州范陽（今河北涿州市）人。五代、宋初大臣。本名遠，字上交，避後漢高祖劉知遠諱，遂以字爲名。傳見《宋史》卷二六二。

[16]李式：人名。籍貫不詳。五代後晉官員。事見本書卷七七。 翟光鄴：人名。濮州甄城（今山東鄄城縣）人，五代將領。傳見本書卷一二九、《新五代史》卷四九。 樞密使：官名。樞密院長官。唐代宗時始以宦官掌機密，至昭宗時借朱温之力盡誅宦官，始改以士人任樞密使。備顧問，參謀議，出納詔奏，權侔宰相。參見李全德《唐宋變革期樞密院研究》，國家圖書館出版社2009年版。

[17]王景崇：人名。邢州（今河北邢臺市）人。五代後漢時升任鳳翔節度使。傳見本書附錄、《新五代史》卷五三。 宣徽使：官名。宣徽南院使、北院使通稱宣徽使。

[18]劉祚：人名。籍貫不詳。遼國將領。事見本書本卷。 侍衛使：官名。侍衛親軍司統兵官。

[19]巡檢：官名。五代始設巡檢，設於京師、陪都、重要的州及邊防重鎮。設於都城的稱京城巡檢使、都巡檢、都巡檢使。掌地方治安。

[20]漢高祖：即五代後漢高祖劉知遠。紀見本書卷九九至卷一〇〇、《新五代史》卷一〇。

[21]高行周：人名。媯州懷戎（今河北懷來縣）人。五代後唐至後周將領。傳見本書卷一二三、《新五代史》卷四八。　武行德：人名。并州榆次（今山西晉中市榆次區）人。五代、宋初將領。傳見《宋史》卷二五二。　從益召高行周、武行德欲拒漢高祖：《舊五代史考異》：“《薛史》但載從益拒漢事，考《宋史·趙上交傳》云：漢祖將至，從益遣上交馳表獻款。蓋獻款乃淑妃、從益本意也。《歐陽史》兩存之，其事始備。”見《宋史》卷二六二《趙上交傳》、《新五代史》卷一五《淑妃王氏傳》。

[22]從益與王妃俱賜死於私第：《輯本舊史》卷一〇〇《漢高祖紀下》繫此事於天福十二年六月丙辰。參見《通鑑》卷二八七天福十二年六月五月條。《輯本舊史》卷一一一《周太祖紀二》廣順元年三月庚寅條：“唐故郇國公李從益追封許王，唐明宗淑妃王氏追贈賢妃。”

[23]《大典》卷六七六〇“王”字韻“宗室封王（二四）五代南唐”事目。《輯本舊史》引《五代史闕文》：“漢高祖自太原起軍建號，至洛陽，命郭從義先入京師，受密旨殺王淑妃與許王從益。淑妃臨刑號泣曰：‘吾家子母何罪？吾兒爲契丹所立，非敢與人爭國，何不且留我兒，每年寒食，使持一盂飯灑明宗陵寢。’聞者無不泣下。臣謹按，隱帝朝，詔史臣修漢祖實録，敘淑妃、從益傳，但云‘臨刑之日，焚香俟命’，蓋諱之耳。”“吾兒爲契丹所立”，中華書局本有校勘記：“‘兒’原作‘既’，據彭校、《五代史闕文》改。”見《五代史闕文·漢史》王淑妃、許王從益條。

末帝諸子

重吉，末帝長子，[1]爲控鶴都指揮使。[2]閔帝嗣位，[3]出爲亳州團練使。[4]末帝兵起，爲閔帝所害。[5]清泰元年昭贈太尉仍令宋州選隙地置廟。

[1]末帝：五代後唐末帝李從珂。又稱廢帝。鎮州平山（今河北平山縣）人。後唐明宗養子。明宗入洛陽，他率兵追隨，以功拜河中節度使，封潞王。紀見本書卷四六至卷四八、《新五代史》卷七。

[2]控鶴都指揮使：官名。所部統兵將領。控鶴爲部隊番號。

[3]閔帝：五代後唐閔帝李從厚。明宗李嗣源第三子。紀見本書卷四五、《新五代史》卷七。

[4]亳州：州名。治所在今安徽亳州市。　團練使：官名。唐代中期以後，於不設節度使的地區設團練使。掌本區各州軍事。

[5]“重吉”至“爲閔帝所害”：《大典》卷一六六二八“建”字韻“封建（一一）唐五代”事目。《輯本舊史》之原輯者案語：“《通鑑》云：詔遣殿直楚匡祚執亳州李重吉，幽于宋州。又云：遣楚匡祚殺李重吉于宋州，匡祚榜捶重吉，責其家財。”見《通鑑》卷二七九清泰元年（934）二月丁酉條及三月庚申條。又：“閔帝有子重哲，授銀青光禄大夫、檢校工部尚書，見《明宗紀》。《歐陽史·家人傳》闕而不載，今附識于此。”《輯本舊史》卷四四《唐明宗紀十》長興四年（933）九月壬戌條：“皇孫重光、重哲並授銀青光禄大夫、檢校工部尚書，秦王、宋王子也。”卷四五《唐閔帝紀》應順元年（934）二月庚子條：“殿直楚匡祚上言，監取亳州團練使李重吉至宋州，繫於軍院。重吉，潞王之長子，及幽於宋州，帝猶以金帛賜之，及聞西師咸叛，方遣使殺之。”卷四六《唐末帝紀上》清泰元年六月甲申條：“帝爲故皇子亳州刺史重吉、皇長女尼惠明大師幼澄舉哀行服，群臣詣閤門奉慰。”同年七月乙巳條：“皇子故亳州團練使重吉贈太尉，仍於宋州置廟。”亦見明本《册府》卷二七七《宗室部·褒寵門》。《新五代史》卷七《唐本

紀》："王子重吉自明宗時典禁兵，爲控鶴指揮使，愍帝即位，朱弘昭、馮贇用事，乃罷重吉兵職，出爲亳州團練使。"卷一五《唐明宗家人傳》："從榮反，潞王子重吉在側，明宗曰：'吾與爾父起微賤，至取天下，數救我於危窘。從榮得何氣力，而作此惡事！爾亟以兵守諸門。'重吉即以控鶴兵守宮門。"卷一六《唐廢帝家人傳》："廢帝二子：曰重吉、重美，一女爲尼，號幼澄，皆不知其所生。廢帝鎮鳳翔，重吉爲控鶴指揮使，與尼俱留京師。控鶴，親兵也。愍帝即位，不欲重吉掌親兵，乃出重吉爲亳州團練使，居幼澄於禁中，又徙廢帝北京。廢帝自疑，乃反。愍帝遣人殺重吉于宋州，幼澄亦死。"

雍王重美，末帝第二子。清泰三年封。[1]晉兵入，與末帝俱自焚死。[2]

[1]清泰：五代後唐末帝李從珂年號（934—936）。

[2]"雍王重美"至"與末帝俱自焚死"：《大典》卷一六六二八"建"字韻"封建（一一）唐五代"事目。《新五代史》卷一六《重美傳》："幼而明敏如成人。廢帝即位，自左衛上將軍領成德軍節度使、兼河南尹、判六軍諸衛事，改領天雄軍節度使，同中書門下平章事，封雍王。石敬瑭反，廢帝欲北征，重美謂宜持重，固請毋行。廢帝心憚敬瑭，初不欲往，聞重美言，以爲然，而劉延皓與劉延朗等迫之不已，廢帝遂如河陽，留重美守京師。"《輯本舊史》卷四二《唐明宗紀八》長興二年（931）六月庚辰條："皇孫太子舍人重美授司勳員外郎。"卷四六《唐末帝紀上》清泰元年（934）五月丁巳條："以皇子銀青光禄大夫、檢校工部尚書重美爲檢校司徒、守左衛上將軍。"同年六月甲戌條："皇子左衛上將軍重美加檢校太保、同平章事，充鎮州節度使、兼河南尹、判六軍諸衛事。"卷四七《唐末帝紀中》清泰二年二月甲戌條："以皇子鎮州節度使、

兼河南尹、判六軍諸衛事、左右街坊使重美加檢校太尉、同平章事，充天雄軍節度使，餘如故。”卷四八《唐末帝紀下》清泰三年正月丁未條：“皇子河南尹、判六軍諸衛事重美封雍王。”同年五月丙申條：“以雍王重美與汴州節度使范延光結婚，詔兗王從溫主之。”《通鑑》卷二八〇天福元年（936）九月丁未條：“唐主下詔親征。雍王重美曰：‘陛下目疾未平，未可遠涉風沙；臣雖童稚，願代陛下北行。’帝意本不欲行，聞之，頗悦。”同年閏十一月己巳條：“洛陽聞北軍敗，衆心大震，居人四出，逃竄山谷。門者請禁之，河南尹雍王重美曰：‘國家多難，未能爲百姓主，又禁其求生，徒增惡名耳；不若聽其自便，事寧自還。’乃出令任從所適，衆心差安。”同月辛巳條：“唐主與曹太后、劉皇后、雍王重美及宋審虔等携傳國寶登玄武樓自焚。皇后積薪欲燒宮室，重美諫曰：‘新天子至，必不露居，他日重勞民力；死而遺怨，將安用之！’乃止。”《宋本册府》卷二九三《宗室部·抑損門》：“後唐末帝清泰元年，皇子、河南尹重美表：‘前壽安令賈譚添民户，希別授官。’中書門下奏：‘親王無薦士例。’帝曰：‘有例亦不可，況無例乎？’”明本《册府》卷二七七《宗室部·褒寵門三》：“隴西郡公重美，末帝子，清泰元年授成德軍節度等使，命樞密使韓昭常送重美領鎮州旌節、官牒于府署，重美迎授，其禮甚盛。”卷一六九《帝王部·納貢獻門》唐廢帝清泰元年十月丙戌條：“皇子河南尹重美、洋王從璋、涇王從敏、宣徽使李專美獻煖帳、羊酒、爐餅、火具。”同月甲寅條：“河南尹重美又獻冬服綿綺綾羅三百匹。”卷六一《帝王部·立制度門二》唐末帝清泰二年三月辛亥條：“兩街功德使雍王重美奏：‘每年誕節，諸道州府奏薦僧尼道士紫衣師號漸多，今欲量立條式，僧講論、講經、表白各三科，文章應制十二科，持念一科，禪聲贊科，並於本伎能中條貫。道士經法科試義十道，講論科試經論，文章應制科試詩，表白科試聲喉，聲贊科試步虛三啓，焚修科試齋醮儀。’詔曰：‘重美學洞儒玄，官居尹正，因三教之議論，希千春之渥恩，特立條流，以防濫進。’從之。”卷一一四《帝王部·巡幸門三》唐末帝清泰二年十月甲戌條："河南尹重美從獻金酒器四十事、繒帛三千匹，供御馬八匹、金綫袍玉帶。"卷七四《帝王部·命相門四》唐末帝清泰三年三月條："初，帝爲潞王鎮河中時，胤孫爲記室，留守西京。節度鳳翔，累轉觀察判官。及即位，用爲翰林學士、戶部郎中、知制誥、賜紫金魚。未滿歲，改中書舍人、禮部侍郎，皆帶禁職。時藩邸舊臣韓昭胤、房暠爲樞密使，劉延節、李專美爲宣徽使。河南尹雍王重美不平之，密奏曰：'馬胤孫者，只令視草，恐未得宜。'帝然之。尋拜中書侍郎、平章事。"

　　史臣曰：繼岌以童騃之歲，當統帥之任，雖成功於劍外，尋求死於渭濱，蓋運盡天亡，非孺子之咎也。從璟感厚遇之恩，無苟免之意，死於君側，得不謂之忠乎！從榮以狂躁之謀，賈覆亡之禍，謂爲大逆，則近厚誣。從璨爲權臣所忌，從益爲强敵所脅，俱不得其死，亦良可傷哉！重美聽洛民之奔亡，止母后之燔爇，身雖燼於紅燄，言則耀乎青編。童年若斯，可謂賢矣！《永樂大典》卷六千七百六十。[1]

　　[1]《大典》卷六七六〇 "王" 字韻 "宗室封王（二四）五代" 事目。

舊五代史　卷五二

唐書二十八

列傳第四

　　李嗣昭　子繼韜　附裴約

　　李嗣昭，字益光，武皇母弟代州刺史克柔之假子也。[1]小字進通，[2]不知族姓所出。[3]少事克柔，[4]頗謹愿，雖形貌眇小，而精悍有膽略，沈毅不群。初嗜酒好樂，[5]武皇微伸儆戒，乃終身不飲。少從征伐，精練軍機。乾寧初，[6]王珂、王珙爭帥河中。[7]珙引陝州之軍攻珂，[8]珂求救於武皇，乃令嗣昭將兵援之，敗珙軍於猗氏，[9]獲賊將李璠等。[10]四年，改衙內都將。[11]復援河中，敗汴軍於胡壁堡，[12]擒汴將滑禮，[13]以功加檢校僕射。[14]及王珂請婚武皇，武皇以女妻之，珂赴禮於太原，[15]以嗣昭權典河中留後事。[16]

　　[1]武皇：即李克用。沙陀部人，生於神武川新城（一說是今

山西朔州市朔城區之梵王寺村，一説是今山西應縣縣城，一説在今山西懷仁縣之日中城）。唐末軍閥，受封晉王。五代後唐追尊爲武皇帝。紀見本書卷二五、卷二六，《新五代史》卷四。 代州：州名。治所在今山西代縣。 刺史：官名。州一級行政長官。漢武帝時始置，總掌考覈官吏、勸課農桑、地方教化等事。唐中期以後，節度使、觀察使轄州而設，刺史爲其屬官，職任漸輕。從三品至正四品下。 克柔：人名。即李克柔。李克用之弟。曾任代州刺史。事見本書本卷、卷五〇。

[2]小字進通：《輯本舊史》之原輯者案語：“原本作‘通進’，今從《歐陽史》改正。”中華書局本有校勘記：“‘進通’，《册府》卷三四七同，《小字録》引《舊五代史·唐傳》作‘通達’。本書各處同。”見《新五代史》卷三六《李嗣昭傳》、明本《册府》卷三四七《將帥部·佐命門八》。《通鑑》卷二六二光化三年（900）七月條《考異》、《宋本册府》卷一八七《閏位部·勳業門五》光化三年八月條亦作“進通”。《四部叢刊》三編《小字録》通達條，李嗣昭誤作“李昭嗣”，且下云“小字‘達通’”。《新輯會證》本傳：“按《寶賓録》卷七引《舊五代史·唐傳》作‘通達’。”

[3]不知族姓所出：《輯本舊史》之原輯者案語：“《歐陽史》作本姓韓氏，汾州大（太）谷縣民家子。”見《新五代史》卷三六《李嗣昭傳》。

[4]少事克柔：《新五代史》卷三六《李嗣昭傳》：“太祖出獵，至其家，見其林中鬱鬱有氣，甚異之，召其父問焉。父言家適生兒，太祖因遺以金帛而取之，命其弟克柔養以爲子。”

[5]初嗜酒好樂：《舊五代史考異》：“《歐陽史》作初喜嗜酒，吳縝《纂誤》云：喜即嗜也，疑賸‘喜’字。”見《新五代史》卷三六《李嗣昭傳》。

[6]乾寧：唐昭宗李曄年號（894—898）。

[7]王珂：人名。王重榮兄王重簡之子，出繼王重榮。唐末、五代軍閥。傳見《舊唐書》卷一八二、《新唐書》卷一八七、《舊

五代史》卷一四、《新五代史》卷四二。 王珙：人名。唐河中節度使王重盈之子。傳見《新唐書》卷一八七。 河中：府名。治所在今山西永濟市蒲州鎮。

[8]陝州：州名。治所在今河南三門峽市陝州區。

[9]猗氏：縣名。治所在今山西臨猗縣。

[10]李璠（fán）：人名。籍貫不詳。唐末將領。事見本書本卷、卷一，《新五代史》卷一、卷四二、卷四五。 “乾寧初”至“獲賊將李璠等”：《新唐書》卷一八七《王珙傳》《王珂傳》：“乾寧二年，重盈死，軍中以其兄重簡子珂出繼重榮，故推爲留後。珙與弟絳州刺史瑶爭河中，上言：‘珂本家蒼頭，請選大臣鎮河中。’又與朱全忠書言之。珂急，乃遣使請婚於李克用。克用薦之天子，許嗣鎮，然猶以崔胤爲河中節度使。珙復構珂於王行瑜、李茂貞，曰：‘珂不受代，且晉親也，將不利於公。’行瑜等約韓建共薦珙。詔曰：‘吾重已授珂矣。重榮有大功，不可廢。’行瑜怒，使其弟行約攻珂，克用遣李嗣昭援之，敗珙於猗氏，獲其將李璠。”《輯本舊史》卷一四《王珂傳》：“乾寧二年五月，三鎮率兵入覲，賊害時政，請以河中授珙、瑶，又連兵以攻河中。克用聞之，出師以討三鎮，瑶、珙兵退，晉師拔絳州，擒瑶斬之。”《通鑑》卷二六〇乾寧二年（895）五月甲子條：“王珂、王珙爭河中，（王）行瑜、（韓）建及李茂貞皆爲珙請，不能得，恥之。珙使人語三帥曰：‘珂不受代而與河東婚姻，必爲諸公不利，請討之。’行瑜使其弟匡國節度使行約攻河中，珂求救於李克用。”

[11]衙内都將：官名。藩鎮親衛統兵官。

[12]汴：州名。治所在今河南開封市。 胡壁堡：地名。位於今山西萬榮縣。

[13]滑禮：人名。本書僅此一見。

[14]檢校僕射：檢校官名。地方使職帶檢校三公、三師及臺省官之類，表示遷轉經歷和尊崇的地位，檢校僕射爲其中之一階，爲虛銜。

［15］太原：府名。治所在今山西太原市。

［16］留後：官名。唐、五代節度使多以子弟或親信爲留後，以代行節度使職務，亦有軍士、叛將自立爲留後者。掌一州或數州軍政。　"四年"至"以嗣昭權典河中留後事"："改衙内都將"，《宋本册府》卷四一四《將帥部・赴援門》同。明本《册府》卷三四七《將帥部・佐命門八》作"爲衙内都將"；《宋本册府》卷四○○《將帥部・固守門二》作"太原内衙都將"，卷四四四《將帥部・陷没門》亦作"内衙都將"。《輯本舊史》卷九○《張朗傳》載朗"補宣武軍内衙都將"。"及王珂請婚武皇"，明本《册府》卷三四七《將帥部・佐命門八》作"及王珂請婚於武皇"；"珂赴禮於太原"，明本《册府》作"珂赴禮會於太原"。《新唐書》卷一八七《王重榮傳》："帝既還，加珂檢校司空，爲節度使。克用以女妻之，珂親迎太原，以李嗣昭助守河中，因攻珙，珙戰數北。"《輯本舊史》卷一四《王珂傳》："及克用駐軍於渭北，昭宗以珂爲河中節度使，正授旄鉞，克用因以女妻珂。珂至太原謝婚成禮，克用令李嗣昭將兵助珂，攻珙於陝焉。"《輯本舊史》卷二六《唐武皇紀下》乾寧四年三月條："陝帥王珙攻河中，王珂來告難，武皇遣李嗣昭率二千騎赴之，破陝軍於猗氏，乃解河中之圍。"亦見《通鑑》卷二六一乾寧四年三月條。《輯本舊史》卷二六《唐武皇紀下》光化元年九月條："武皇遣周德威、李嗣昭率兵三萬出青山口，以迫邢、洺。"同年十月條："河中王珂來告急，言王珙引汴軍來寇，武皇遣李嗣昭將兵三千以援之，屯於胡壁堡。汴軍萬餘人來拒戰，嗣昭擊退之。"

　　李罕之襲我潞州也，[1]嗣昭率師攻潞州，與汴將丁會戰於含口，[2]俘獲三千，執其將蔡延恭，[3]代李君慶爲蕃漢馬步行營都將。[4]進攻潞州，[5]遣李存質、李嗣本以兵扼天井關。[6]汴將澤州刺史劉玘棄城而遁，[7]乃以李存璋爲刺史。[8]梁祖聞嗣昭之師大至,[9]召葛從周謂曰:[10]"并人若在高平,[11]當圍而取之,先須野戰,勿以潞州爲敵。"及聞嗣昭軍韓店,[12]梁祖曰:"進通扼八議路,[13]此賊決與我鬬,公等臨事制機,勿落姦便。"賀德倫閉壁不出,[14]嗣昭日以鐵騎環城,汴人不敢芻牧,援路斷絶。八月,德倫、張歸厚棄城遁去,[15]我復取潞州。[16]

[1]李罕之:人名。陳州項城(今河南沈丘縣)人。唐末、五代軍閥。傳見《新唐書》卷一八七、本書卷一五、《新五代史》卷四二。 潞州:州名。治所在今山西長治市。 李罕之襲我潞州也:《舊唐書》卷二〇上《昭宗紀》及《輯本舊史》卷二六《唐武皇紀下》、卷一五《李罕之傳》皆繫此事於光化元年(898)十二月。

[2]丁會:人名。壽春(今安徽壽縣)人。唐末將領。傳見本書卷五九、《新五代史》卷四四。 含口:地名。又作唅口。在今山西絳縣西南。 與汴將丁會戰於含口:中華書局本有校勘記:"'與'字原闕,據殿本、彭校、《册府》卷三四七補。"見明本《册府》卷三四七《將帥部·佐命門八》。《輯本舊史》之影庫本粘籤:"含口,原本作'合口'。考《通鑑注》云:含口在潞州城東。今改正。"查《通鑑》,未見此記載。但《册府》卷三四七《將帥部·佐命門八》亦作"含口"。

[3]蔡延恭:人名。本書僅此一見。

[4]李君慶:人名。籍貫不詳。後唐將領,曾任都指揮使、蕃漢馬步行營都將。事見本書本卷、卷二六、卷一三二。 蕃漢馬步行營都將:官名。藩鎮統兵將領。

[5]"代李君慶爲蕃漢馬步行營都將"至"進攻潞州":《輯本舊史》卷二六《唐武皇紀下》光化二年(899)五月條:"武皇令

都指揮使李君慶將兵收澤、潞，爲汴軍所敗而還。以李嗣昭爲都指揮使，進攻潞州。"

[6]李存質：人名。回鶻人。本姓張，名汙落。唐末晋王李克用部將。初爲李國昌親信，後從李克用入關征戰，始補軍職，賜姓名，收爲義子。事見《舊唐書》卷一四二、本書卷二七、《通鑑》卷二七一。　李嗣本：人名。雁門（今山西代縣）人。李克用義子，本姓張。五代後唐將領。傳見本書本卷、《新五代史》卷三六。天井關：關隘名。又稱太行關。位於今山西晋城市南太行山頂。

[7]澤州：州名。治所在今山西晋城市。　劉玘：人名。雍丘（今河南杞縣）人。五代將領。傳見本書卷六四、《新五代史》卷四五。

[8]李存璋：人名。雲中（今山西大同市）人。五代後唐將領。傳見本書卷五三、《新五代史》卷三六。

[9]梁祖：即後梁太祖朱温。

[10]葛從周：人名。濮州甄城（今山東鄄城縣）人。唐末將領。傳見本書卷一六、《新五代史》卷二一。

[11]高平：縣名。治所在今山西高平市。

[12]韓店：地名。位於今山西長治市。

[13]八議路：地名。位於今山西長治市。

[14]賀德倫：人名。先世爲河西部落人，後居滑州（今河南滑縣）。五代後梁、後唐將領。傳見本書卷二一、《新五代史》卷四四。

[15]張歸厚：人名。清河（今河北清河縣）人。唐末、五代將領。傳見本書卷一六。

[16]"汴將澤州刺史劉玘棄城而遁"至"我復取潞州"："汴將澤州刺史劉玘棄城而遁"，中華書局本有校勘記："劉玘，原作'劉岊'，據劉本、《册府》卷三四七改。按本書卷六四、《新五代史》卷四五有《劉玘傳》。"見明本《册府》卷三四七《將帥部·佐命門八》。"進通扼八議路"，《輯本舊史》之影庫本粘籤："八議

路，原本作'入義'，今據《通鑑》改正。"查《通鑑》，未見此記載，但《册府》卷三四七《將帥部·佐命門八》亦作"八議路"。"此賊決與我鬪"，中華書局本有校勘記："'與'原作'於'，據彭校、《册府》卷三四七、卷三六九改。"見明本《册府》卷三四七《將帥部·佐命門八》、《宋本册府》卷三六九《將帥部·攻取門二》。"我復取潞州"，明本《册府》卷三四七《將帥部·佐命門八》作"遂復取潞州"，《宋本册府》卷三六九《將帥部·攻取門二》作"遂取潞州"。"取潞州"之時間，諸書記載不一。《輯本舊史》卷一六《葛從周傳》光化二年七月條："并人陷澤州，太祖召從周，令賀德倫守潞州，德倫等尋棄城而歸。"《宋本册府》卷一八七《閏位部·勳業門五》光化二年七月戊戌條："晋人陷澤州，帝遣召葛從周於潞，留賀德倫以守之。未幾，德倫為晋人所逼，遂棄潞而歸，由是潞州復為晋人所有。"《新五代史》卷一《梁本紀》光化二年七月："李克用取澤潞。"《輯本舊史》卷二六《唐武皇紀下》光化二年八月條："是月，德倫等棄城而遁，潞州平。"《新唐書》卷一〇《昭宗紀》光化二年八月條："李克用陷澤、潞、懷三州。"《通鑑》卷二六一光化二年八月丙寅條："李嗣昭引兵至潞州城下，分兵攻澤州。"同月己巳條："汴將劉玘棄澤州走，河東兵進拔天井關，以李孝璋為澤州刺史。賀德倫閉城不出，李嗣昭日以鐵騎環其城，捕芻牧者，附城三十里禾黍皆刈之。"同月乙酉條："德倫等棄城宵遁，趣壺關，河東將李存審伏兵邀擊之，殺獲殆盡。"

　　光化三年，[1]汴人攻滄州，[2]劉仁恭求救，[3]遣嗣昭出師邢洺以應之。[4]嗣昭遇汴軍於沙河，[5]擊敗之，獲其將胡禮。[6]進攻洺州，[7]下之，獲其郡將朱紹宗。[8]九月，梁祖自率軍三萬至臨洺，[9]葛從周設伏於青山口。[10]嗣昭聞梁祖至，斂軍而退，從周伏兵發，為其所敗，偏將王郜郎、楊師悦等被擒。[11]十月，汴人大寇鎮、定，[12]

王郜告急於武皇，[13] 乃遣嗣昭出師，下太行，[14] 擊懷、孟。[15] 汴將侯言守河陽，[16] 不意嗣昭之師至，既無守備，驅市人登城，嗣昭攻其北門，破其外垣，俄而汴將閻寶救軍至，[17] 乃退。

[1] 光化：唐昭宗李曄年號（898—901）。　光化三年：中華書局本沿《輯本舊史》之誤，無"三年"二字，有校勘記："殿本作'光化三年'。按本書卷二《梁太祖紀二》、卷二六《唐武皇紀下》、《舊唐書》卷二〇上《昭宗紀》皆繫其事於光化三年。"但未補。校勘記所言《梁太祖紀二》相關內容錄自《宋本冊府》卷一八七《閏位部·勳業門五》，非《大典》。本傳前文有"乾寧初"等語，如不補"光化"二字，則蒙上文使人誤以爲乾寧時事，故此"光化"當補。今據上述諸書補。

[2] 滄州：州名。治所在今河北滄縣舊州鎮。

[3] 劉仁恭：人名。深州（今河北深州市）人。唐末、五代軍閥。傳見《新唐書》卷二一二。

[4] 邢洺：方鎮名。治所在今河北邢臺市。

[5] 沙河：縣名。治所在今河北沙河市。或指河流名。亦稱大沙河，別名野河。發源於太行山區南段，流經今河北內丘、橋西、沙河、南和、任澤、隆堯、寧晉等市縣（區）。

[6] 胡禮：人名。本書僅此一見。

[7] 洺州：州名。治所在今河北邯鄲市永年區。

[8] 朱紹宗：人名。籍貫不詳。時爲洺州刺史。事見本書卷二。"汴人攻滄州"至"獲其郡將朱紹宗"：《通鑑》卷二六二光化三年（900）七月條："李克用復遣都指揮使李嗣昭將兵五萬攻邢、洺以救仁恭，敗汴軍於內丘。"《通鑑考異》曰："《唐太祖紀年錄》：'七月，嗣昭攻堯山，至內丘，遇汴軍三千，戰敗之，擒其將李瓌。'薛居正《五代史·後唐紀》與《紀年錄》同。惟《唐末見

聞録》：‘八月二十五日，嗣昭領馬步五萬取馬嶺，進軍下山東，某日山東告捷，收得洺州。九月二日，嗣昭兵士失利卻回。’《新紀》：‘八月，庚辰，陷洺州。’《薛史·唐紀》：‘九月，嗣昭棄城歸。’蓋據此也。按《編遺録》，八月中云：‘前月二十五日，上於毬場饗士，忽有大風驟起，占者云賊風。果於是時李進通領蕃寇出攻洺州。’然則嗣昭出兵，乃七月二十五日也。《編遺録》又曰：‘八月，乙丑，出兵救洺州。’乙丑，九日也。又進通敗奔歸太原在八月，《見聞録》誤。今從《編遺録》《紀年録》《梁紀》。”《輯本舊史》卷二六《唐武皇紀下》光化三年七月條：“李嗣昭攻堯山，至内丘，敗汴軍于沙河，進攻洺州，下之。”《通鑑》卷二六二光化三年八月條：“李嗣昭又敗汴軍於沙門河，進攻洺州。乙丑，朱全忠引兵救之，未至，嗣昭拔洺州，擒刺史朱紹宗。全忠命葛從周將兵擊嗣昭。”《胡注》曰：“‘沙門河’，疑當作‘沙河’，即邢州沙河縣也。”《考異》曰：“《編遺録》：‘七月二十五日，李進通領蕃寇出并州來攻洺州。八月乙丑，發大軍救應之。上尋亦自領衙軍相繼北征，翌日，達滑臺。軍前馳報，洺州已陷，刺史朱紹宗因踰堞，墮而傷足，爲賊所擒。’《唐太祖紀年録》：‘八月，李嗣昭又遇汴軍於沙門河，擊而敗之。進攻洺州，刺史朱紹宗挈其族夜遁，我師追及，擒之。’《唐末見聞録》：‘八月二十五日，嗣昭進軍下山東，某日山東告捷，收得洺州，捉得刺史朱温姪男。’《舊紀》：‘八月，庚辰，嗣昭攻洺州，下之。’《薛史·梁紀》：‘八月，河東遣李進通襲陷洺州。’《新紀》亦在庚辰，乃二十五日也。《實録》在九月，約奏到。今從《編遺録》。”《册府》卷一八七光化三年八月條：“河東遣李進通襲陷洺州，執刺史朱紹宗。帝遣葛從周自鄴縣渡漳水，屯于黃龍鎮，親領中軍涉洺而寨。晉人懼而宵遁，洺州復平。”

[9]臨洺：縣名。治所在今河北邯鄲市永年區。

[10]青山口：地名。位於今河北邢臺市西南、内丘縣西南。

[11]王郜郎、楊師悦：人名。籍貫不詳。五代將領。事見本書

卷一六。 "九月"至"楊師悦等被擒"：《通鑑》卷二六二光化三年九月條："葛從周自鄴縣渡漳水，營於黃龍鎮；朱全忠自將中軍三萬涉洺水置營。李嗣昭棄城走，從周設伏於青山口，邀擊，大破之。"《考異》曰："《唐太祖紀年録》：'葛從周攻洺州，嗣昭棄城而歸。是役也，王郜郎、楊師悦陷賊，洺州復爲汴有。'《唐末見聞録》：'九月二日，嗣昭兵士失利卻回，被汴州捉到王郜郎。'《編遺録》、薛居正《五代史·梁紀》：'八月，帝遣葛從周屯黃龍鎮，親領中軍涉洺而寨，晋人懼而宵遁，洺州復平。'《唐紀》：'九月，汴帥自將兵三萬圍洺州，嗣昭棄城而歸，葛從周伏青山口，嗣昭軍不利。'《實録》：'九月，嗣昭棄洺州，敗於青山口。'今從《唐末見聞録》《唐紀》《實録》。"按《考異》所録《唐紀》，蓋《後唐紀》。《册府》卷一八七《閏位部·勳業門五》光化三年九月條："帝以仁恭、進通之入寇也，皆由鎮、定爲其囊橐，即以葛從周爲上將以伐鎮州。遂攻下臨城，渡滹沱以環其城。"《輯本舊史》卷二六《唐武皇紀下》光化三年九月條："汴帥自將兵三萬圍洺州，嗣昭棄城而歸，葛從周設伏於青山口，嗣昭之軍不利。"亦見《舊唐書》卷二〇上《昭宗紀》、《輯本舊史》卷一六《葛從周傳》。

[12]鎮：州名。治所在今河北正定縣。 定：州名。治所在今河北定州市。

[13]王郜：人名。京兆萬年（今陝西西安市長安區）人。唐末軍閥。事見本書本卷、卷二六。

[14]太行：即太行山。

[15]懷：州名。治所在今河南沁陽市。 孟：州名。治所在今河南孟州市。

[16]侯言：人名。籍貫不詳。唐末將領。事見本書本卷、卷二六。 河陽：方鎮名。全稱"河陽三城"。治所在孟州（今河南孟州市）。 汴將侯言守河陽：中華書局本有校勘記："'侯言'，原作'侯信'，據彭校、本書卷二《梁太祖紀二》、《册府》卷三四七、卷四〇〇改。《通鑑》卷二六二記侯言爲河陽留後。"校勘記所言

《梁太祖紀二》並非録自《大典》，乃録自《册府》卷一八七《閏位部・勳業門五》。又見明本《册府》卷三四七《將帥部・佐命門八》、《通鑑》卷二六二光化三年十月條。

[17]閻寶：人名。鄆州（今山東東平縣）人。五代後梁、後唐將領。傳見《舊五代史》卷五九、《新五代史》卷四四。

天復元年，[1]河中王珂爲汴人所擄，河中、晋、絳諸郡皆陷。[2]四月，汾州刺史李瑭謀叛，[3]納款於汴，嗣昭討之，三日而拔，斬瑭。是月，汴人初得蒲、絳，[4]乃大舉諸道之師來逼太原。汴將葛從周陷承天軍，[5]氏叔琮營洞渦驛。[6]太原四面，汴軍雲合，武皇憂迫，計無從出。嗣昭朝夕選精騎分出諸門，掩擊汴營，左俘右斬，或燔或擊，汴軍疲於奔命，又屬霖雨，軍多足腫腹疾，糧運不繼。[7]五月，氏叔琮引退，嗣昭以精騎追之，汴軍委棄輜重兵仗萬計。[8]六月，嗣昭出師陰地，[9]攻慈、隰，[10]降其刺史唐禮、張瓌。[11]是時，天子在鳳翔，[12]汴人攻圍，有密詔徵兵。十一月，嗣昭出師晋絳，屯吉上堡，[13]遇汴將王友通於平陽，[14]一戰擒之。[15]

[1]天復：唐昭宗李曄年號（901—904）。

[2]晋：州名。治所在今山西臨汾市。　絳：州名。治所在今山西新絳縣。　河中王珂爲汴人所擄，河中、晋、絳諸郡皆陷：《舊唐書》卷二〇上《昭宗紀》天復元年（901）正月條：“晋州刺史張漢瑜、絳州刺史陶建不意賊至，城守無備，皆以郡降。存敬移兵圍河中，王珂求救於太原，克用不能救，乃嬰城謂存敬曰：‘吾與汴王有舊，俟王至即降。’”同年二月戊辰條：“朱全忠至河中，

遂移王珂及兄璘、弟瓚舉室徙於汴，以張存敬守河中。”《輯本舊史》卷二六《唐武皇紀下》天復元年正月條：“汴將張存敬攻陷晋、絳二州，以兵二萬屯絳州，以扼援路。”同年二月條：“張存敬迫河中，王珂告急於武皇，使者相望於路。珂妻鄪國夫人，武皇愛女也，亦以書至，懇切求援。武皇報曰：‘賊阻道路，衆寡不敵，救爾即與爾兩亡，可與王郎棄城歸朝。’珂遂送款於張存敬。”同年三月條：“汴帥自大梁至河中，王珂遂出迎，尋徙於汴。”

　　[3]汾州：州名。治所在今山西汾陽市。　李瑭：人名。籍貫不詳。唐末李克用部將，汾州刺史，後投降朱温，爲李嗣昭擒斬。事見本書本卷、《新五代史》卷三六。

　　[4]蒲：州名。即河中府。治所在今山西永濟市。

　　[5]承天軍：軍鎮名。治所在今山西平定縣。

　　[6]氏叔琮：人名。河南尉氏（今河南尉氏縣）人。唐末將領。傳見本書卷一九、《新五代史》卷四三。　洞渦驛：地名。位於今山西清徐縣東同戈站村。

　　[7]“四月”至“糧運不繼”：“軍多足腫腹疾”，《宋本册府》卷四〇〇《將帥部·固守門二》、明本《册府》卷三四七《將帥部·佐命門八》作“軍多腫痢”。《輯本舊史》卷二六《唐武皇紀下》天復元年四月條：“武皇令李嗣昭將三千騎赴澤州援李存璋，而歸。”同月：“時大將李嗣昭、李嗣源每夜率驍騎突營掩殺，敵衆恐懼。”《新五代史》卷三六《李嗣昭傳》：“梁破河中，……圍太原。嗣昭日以精騎出擊梁兵，會大雨，梁軍解去。”

　　[8]“五月”至“汴軍委棄輜重兵仗萬計”：《輯本舊史》卷二六《唐武皇紀下》天復元年五月條：“汴軍皆退。氏叔琮軍出石會，周德威、李嗣昭以精騎五千躡之，殺戮萬計。初，汴軍之將入寇也，汾州刺史李瑭據城叛，以連汴人，至是武皇令李嗣昭、李存審將兵討之。是歲，并、汾饑，粟暴貴，人多附瑭爲亂，嗣昭悉力攻城，三日而拔，擒李瑭等斬於晉陽市。氏叔琮既旋軍，過潞州，擄孟遷以歸。汴帥以丁會爲潞州節度使。”《通鑑》卷二六二天復元

年五月條：“氏叔琮等引兵抵晉陽城下，數挑戰，城中大恐；李克用登城備禦，不遑飲食。時大雨積旬，城多頹壞，隨加完補。河東將李嗣昭、李嗣源鑿暗門，夜出攻汴壘，屢有殺獲；李存進敗汴軍於洞渦。時汴軍既衆，芻糧不給，久雨，士卒癘利，全忠乃召兵還。五月，叔琮等自石會關歸，諸道軍亦退。河東將周德威、李嗣昭以精騎五千躡之，殺獲甚衆。先是，汾州刺史李瑭舉州附於汴軍，克用遣其將李存審攻之，三日而拔，執瑭，斬之。氏叔琮過上黨，孟遷挈族隨之南徙。朱全忠遣丁會代守潞州。”《考異》曰：“《編遺錄》：‘四月，壬戌，上以李克用遣張特齎書請尋懽盟，乃指揮諸軍所在且駐留，見差發專人之太原，許通懽好。兼并州地寒，節候甚晚，戎馬既多，野草不足於芻牧，尋令氏叔琮迴戈。’《後唐太祖紀》：‘五月，氏叔琮及四面賊軍皆退。’《薛史·梁紀》，班師在四月。《後唐紀》，汴軍退在五月。蓋全忠以四月命班師，而叔琮等以五月離晉陽，故國史記之各異也。”

[9]陰地：關隘名。位於今山西靈石縣西南。《輯本舊史》之影庫本粘籤：“陰地，原本作‘陰陀’，考《薛史》前後皆作陰地，胡三省云：陰地關在晉州東北。”查《通鑑》，未見此記載。參見《輯本舊史》卷二六《唐武皇紀下》天復元年六月條。五代陰地、陰地關多見，無“陰陀”之地名。

[10]慈：州名。治所在今山西吉縣。　隰：州名。治所在今山西隰縣。

[11]唐禮：人名。籍貫不詳。唐末將領。事見本書本卷。　張璙：人名。籍貫不詳。唐末將領。事見本書本卷。　降其刺史唐禮、張璙：《宋本册府》卷三六九《將帥部·攻取門二》作：“獲刺史唐禮、小將張唐、向弘干等。”

[12]鳳翔：方鎮名。治所在鳳翔府（今陝西鳳翔縣）。

[13]吉上堡：地名。位於今山西臨汾市。

[14]王友通：人名。本書僅此一見。　平陽：地名。位於今山西臨汾市。

[15]"十一月"至"一戰擒之":"遇汴將王友通於平陽",中華書局本有校勘記:"王友通,本書卷一五《李罕之傳》、《通鑑》卷二五七敘其事作'王友遇'。《唐大詔令集》卷一二〇《削奪李罕之官爵制》云:'始則結王友遇而寇攘。'"《册府》卷三四七《將帥部·佐命門八》作:"與汴將王友遇於平陽。"《輯本舊史》卷二六《唐武皇紀下》天復元年十一月條:"武皇遣李嗣昭率兵三千自沁州趨平陽,遇汴軍於晉州北,斬首五百級。"

　　明年二月,嗣昭進兵蒲縣。[1]十八日,汴將朱友寧、氏叔琮將兵十萬來拒。[2]二十八日,梁祖自率大軍至平陽,嗣昭之師大恐。[3]三月十一日,有白虹貫周德威之營,[4]候者云不利,宜班師。翌日,氏叔琮犯德威之營,汴軍十餘萬,列陣四合,德威、嗣昭血戰解之,乃保軍而退,汴軍因乘之。時諸將潰散,無復部伍,德威引騎軍循西山而遁,朱友寧乘勝陷慈、隰、汾等州。武皇聞其敗也,遣李存信率牙兵至清源應接,[5]復爲汴軍所擊。汴軍營於晉祠,[6]嗣昭、德威收合餘衆,登城拒守,汴人治攻具於西北隅,四面營柵相望。時鎮、定、河中皆爲梁有,[7]孤城無援,師旅敗亡。武皇晝夜登城,憂不遑食,召諸將,[8]欲出保雲州,[9]嗣昭曰:"王勿爲此謀,兒等苟存,必能城守。"李存信曰:"事勢危急,不如且入北蕃,別圖進取。朱溫兵師百萬,[10]天下無敵,關東、河北受他指揮,今獨守危城,兵亡地蹙,儻彼築室反耕,環塹深固,則亡無日矣!"武皇將從之,嗣昭咆爭不可,猶豫未決,賴劉太妃極言於内,[11]武皇且止。數日,亡散之衆復集。嗣昭晝夜分兵四出,斬將搴旗,汴軍保守不暇。二十一日，朱友寧燒營退去，嗣昭追擊，復收汾、慈、隰等州。

[1]蒲縣：縣名。治所在今山西蒲縣。

[2]朱友寧：人名。朱溫之侄，唐末、五代將領。傳見《新五代史》卷一三。

[3]“明年二月”至“嗣昭之師大恐”：“明年二月”，中華書局本沿《輯本舊史》作“明年正月”。但《宋本册府》卷一八七《閏位部·勳業門五》天復二年（902）二月條：“聞晉軍大舉南下，聲言來援鳳翔，帝遣朱友寧帥師會晉州刺史氏叔琮以禦之，帝以大軍繼其後。”《通鑑》卷二六三天復二年正月癸丑條：“朱全忠復屯三原，又移軍武功。河東將李嗣昭、周德威攻慈、隰，以分全忠兵勢。”同年二月己丑、乙未諸條：“李嗣昭等攻慈、隰，下之，進逼晉、絳。己丑，全忠遣兄子友寧將兵會晉州刺史氏叔琮擊之。李嗣昭襲取絳州，汴將康懷英復取之。嗣昭等屯蒲縣；乙未，汴軍十萬營于蒲南，叔琮夜帥衆斷其歸路而攻其壘，破之，殺獲萬餘人。”此條所敘之事均在天復二年二月。“十八日”，中華書局本有校勘記：“本書卷二六《唐武皇紀二》、《通鑑》卷二六三繫其事於二月乙未。按二月戊寅朔，乙未爲十八日。”“二十八日”，《輯本舊史》卷二六《唐武皇紀下》繫此事於天復二年二月乙巳，即二十八日。據此諸條，今改“明年正月”爲“明年二月”。“嗣昭進兵蒲縣”，中華書局本有校勘記：“兵，《册府》卷三四七作‘營’。按《通鑑》卷二六三敘其事作‘嗣昭等屯蒲縣’。”見明本《册府》卷三四七《將帥部·佐命門八》。

[4]周德威：人名。朔州馬邑（今山西朔州市朔城區東北）人。唐末、五代河東將領。傳見本書卷五六、《新五代史》卷二五。

[5]李存信：人名。回鶻人。本姓張。唐末、五代後唐將領。傳見本書卷五三、《新五代史》卷三六。　　清源：縣名。位於今山

西清徐縣。

[6]晉祠：宮祠名。位於今山西太原市晉源區晉祠鎮。

[7]時鎮、定、河中皆爲梁有：中華書局本有校勘記："'鎮定'原作'鎮州'，據《册府》卷三四七、卷四〇〇改。按本書卷一《梁太祖紀一》、《通鑑》卷二六二，鎮州王鎔、定州王處直分別於光化二年、三年附梁。"見明本《册府》卷三四七《將帥部·佐命門八》、《宋本册府》卷四〇〇《將帥部·固守門二》。校勘記所云《梁太祖紀一》，應爲《梁太祖紀二》，實録自《宋本册府》卷一八七《閏位部·勳業門五》，而非《大典》引《薛史》。王鎔亦於光化三年（900）附梁，非光化二年。

[8]召諸將：明本《册府》卷三四七《將帥部·佐命門八》此句下有"謀"字。

[9]雲州：州名。治所在今山西大同市。

[10]朱温：人名。宋州碭山（今安徽碭山縣）人。後梁開國皇帝。紀見本書卷一至卷七、《新五代史》卷一。

[11]劉太妃：人名。指李克用正妻劉氏。代北（今山西代縣）人。莊宗即位，以嫡母劉氏爲皇太妃。傳見本書卷四九、《新五代史》卷一四。

　　三年五月，雲州都將王敬暉據城叛，[1]振武石善友亦爲部將契苾讓所逐，[2]嗣昭皆討平之。[3]

[1]王敬暉：人名。籍貫不詳。唐末、五代將領。事見本書本卷。

[2]振武：方鎮名。後梁貞明二年（916）以前，治所位於單于都護府城（今内蒙古和林格爾縣）。貞明二年，單于都護府城爲契丹占據。此後至後唐清泰三年（936），治所位於朔州（今山西朔州市朔城區）。後晉隨燕雲十六州割予契丹，改名順義軍。　石善

友：人名。籍貫不詳。唐末李克用部將。事見《新唐書》卷二一二、卷二一八。　　契苾讓：人名。鐵勒族。本書僅此一見。

　　[3]"三年五月"至"嗣昭皆討平之"：《輯本舊史》原無"三年"，有校勘記："本書卷二六《唐武皇紀下》、《通鑑》卷二六四繫其事於天復三年五月。"但未補。《輯本舊史》卷二六《唐武皇紀下》天復三年（903）五月條："雲州都將王敬暉殺刺史劉再立，以城歸於劉仁恭。武皇遣李嗣昭討之，仁恭遣將以兵五萬來援雲州，嗣昭退保樂安，燕人擄敬暉，棄城而去。武皇怒，笞嗣昭及李存審而削其官。"《通鑑》卷二六四天復三年五月丁未條："李克用雲州都將王敬暉殺刺史劉再立，叛降劉仁恭；克用遣李嗣昭、李存審將兵討之。仁恭遣將以兵五萬救敬暉，嗣昭退保樂安，敬暉舉衆棄城而去。先是，振武將契苾讓逐戍將石善友，據城叛；嗣昭等進攻之，讓自燔死；復取振武城，殺吐谷渾叛者二千餘人。克用怒嗣昭、存審失王敬暉，皆杖之，削其官。"今據補。

　　天祐三年，[1]汴人攻滄景，[2]劉仁恭遣使求援。[3]閏十二月，嗣昭合燕軍三萬進攻潞州，降丁會，武皇乃以嗣昭爲昭義節度使。[4]始嗣昭未到之前，上黨有占者，[5]見一人家舍上常有氣如車蓋，視之，但一貧嫗而已。占者謂嫗："有子乎？"曰："有，見爲軍士，出戍於外。"占者心異之，以爲其子將來有土地之兆也。未幾，丁會既降，嗣昭領兵入潞，以嫗家四面空缺，乃駐於是舍。丁會既歸太原，武皇遣使命嗣昭爲帥，乃自嫗舍而入理所，其氣尋息，聞者異之。

　　[1]天祐：唐昭宗李曄開始使用的年號（904—907）。唐哀帝李柷沿用。唐亡後，河東李克用、李存勗仍稱天祐，沿用至天祐二

十年（923）。五代十國其他政權亦有行此年號者，如南吳、吳越等。

　　[2]滄：州名。治所在今河北滄縣舊州鎮。　景：州名。治所在今河北東光縣。

　　[3]天祐三年，汴人攻滄景，劉仁恭遣使求援：《輯本舊史》卷二六《唐武皇紀下》天祐三年（906）九月條："汴帥親率兵攻滄州，幽州劉仁恭遣使來乞師，武皇乃徵兵於仁恭，將攻潞州，以解滄州之圍。仁恭遣掌書記馬郁、都指揮使李溥等將兵三萬，會於晉陽，武皇遣周德威、李嗣昭合燕軍以攻澤、潞。"

　　[4]昭義：方鎮名。治所在潞州（今山西長治市）。　節度使：官名。唐時在重要地區所設掌握一州或數州軍事、民事、財政的長官。　"閏十二月"至"武皇乃以嗣昭爲昭義節度使"："閏十二月"，中華書局本沿《輯本舊史》作"十一月"。《輯本舊史》之原輯者案語："《舊唐書》：天祐三年閏十二月戊辰，李克用與幽州之衆同攻潞州，全忠守將丁會以澤、潞降太原，克用以其子嗣昭爲留後。甲戌，全忠燒長蘆營旋軍，聞潞州陷故也。考嗣昭本克柔養子，《舊唐書》以爲武皇子，殊誤。"此案語中華書局本有校勘記："'天祐三年閏十二月戊辰'，'閏'字原闕，據《舊唐書》卷二〇下《哀帝紀》補。"但中華書局本未改。《通鑑》卷二六五天祐三年閏十二月乙丑條："初，昭宗凶訃至潞州，昭義節度使丁會帥將士縞素流涕久之。及李嗣昭攻潞州，會擧軍降於河東。李克用以嗣昭爲昭義留後。"《考異》曰："《唐太祖紀年録》：'丁酉，丁會開門迎降，閏十二月，太祖以李嗣昭爲潞帥。'薛居正《五代史·梁紀》在閏月，《後唐紀》在十二月。今從新、舊《唐紀》、《薛史·梁紀》及《編遺録》。"《輯本舊史》之《梁太祖紀二》，此傳實録自《宋本册府》卷一八七《閏位部·勳業門五》天祐三年閏十二月條："晉人、燕人同攻潞帥，丁會擧城降于太原。"《輯本舊史》卷二六《唐武皇紀下》天祐三年十二月條："潞州節度使丁會開門迎降，命李嗣昭爲潞州節度使，以丁會歸於晉陽。"應爲閏十二月，

《輯本舊史》誤。今從《册府》及《通鑑》改。

　　[5]上黨：即潞州。治所在今山西長治市。

　　四年六月，汴將李思安將兵十萬攻潞州，[1]乃築夾城，深溝高壘，內外重複，飛走路絕。嗣昭撫循士衆，登城拒守。梁祖馳書說誘百端，嗣昭焚其僞詔，斬其使者，城中固守經年，軍民乏絕，感鹽炭自生，以濟貧民。[2]嗣昭嘗享諸將，登城張樂，賊矢中足，嗣昭密拔之，[3]坐客不之覺，酣飲如故，以安衆心。五年五月，莊宗敗汴軍，破夾城。嗣昭知武皇棄世，哀慟幾絕。時大兵攻圍歷年，城中士民飢死大半，鄽里蕭條。嗣昭緩法寬租，勸農務穡，一二年間，軍城完集，三面鄰於敵境，寇鈔縱橫，設法枝梧，邊鄙不聳。

　　[1]李思安：人名。陳留（今河南開封市陳留鎮）人。五代後梁將領。傳見本書卷一九。　汴將李思安將兵十萬攻潞州：《輯本舊史》卷二六《唐武皇紀下》天祐四年（907）五月條："梁祖遣其將康懷英率兵十萬圍潞州，懷英驅率士衆，築壘環城，城中音信斷絕。武皇遣周德威將兵赴援，德威軍於余吾，率先鋒挑戰，日有俘獲，懷英不敢即戰。梁祖以懷英無功，乃以李思安代之。"此條之《舊五代史考異》："李思安之代懷英，《通鑑》作七月事，與《薛史》繫五月異。"《通鑑》實繫此事於開平元年（907）八月，見《通鑑》卷二六六。梁開平元年即後唐天祐四年。據《朔閏表》，八月丙午朔，該月十二日爲丁巳。《通鑑》云："帝以亳州刺史李思安代懷貞爲潞州行營都統，黜懷貞爲行營都虞候。"《宋本册府》卷一九九《閏位部·選將門》："梁太祖開平元年八月，以潞州軍前屯師旅，壁壘未收，乃別議戎帥。於是以亳州刺史李思安充潞

州行營都統。"

[2]感鹽炭自生，以濟貧民：《輯本舊史》之影庫本粘籤："感鹽炭自生，原本疑有脱誤。考《通鑑》與《薛史》同。王幼學云：'謂精誠所感，鹽炭不求而自致也。'今仍其舊。"《宋本册府》卷三九八《將帥部‧冥助門》、卷四〇〇《將帥部‧固守門二》作"軍民乏絶，感鹽炭出於地，以濟饑民"。

[3]嗣昭密拔之：《輯本舊史》之影庫本粘籤："密拔，原本作'蜜跋'，今從《册府元龜》改正。"《宋本册府》卷四〇〇《將帥部‧固守門二》作："爲賊伏矢中其脛，密拔毁之。"

胡柳之戰，[1]周德威戰没，師無行列，至晚方集。汴人四五萬登無石山，[2]我軍懼形於色。或請收軍保營，詰旦復戰。嗣昭曰："賊無營壘，去臨濮地遠，[3]日已晡晚，皆有歸心，但以精騎逗撓，無令返旆，晡後追擊，破之必矣。我若收軍拔寨，賊人入臨濮，俟彼整齊復來，即勝負未決。"莊宗曰：[4]"非兄言，幾敗吾事！"軍校王建及又陳方略，[5]嗣昭與建及分兵於土山南北爲掎角，汴軍懼，下山，因縱軍擊之，俘斬三萬級，由是莊宗之軍復振。[6]

[1]胡柳：地名。即胡柳陂。位於今河南濮陽縣。

[2]無石山：山名。具體所指不詳。

[3]臨濮：縣名。治所在今山東鄄城縣。

[4]莊宗：即李存勗。小字亞子，沙陀部人，太原（今山西太原市）人。晋王李克用之子，後唐開國皇帝。紀見本書卷二七至卷三四及《新五代史》卷四、卷五。

[5]王建及：人名。許州（今河南許昌市）人。五代後唐將

領。傳見《新五代史》卷二五。

[6]"胡柳之戰"至"由是莊宗之軍復振"：參見《宋本冊府》卷三六七《將帥部・機略門七》，文字有不同。"但以精騎逗撓，無令返旆"，中華書局本有校勘記："'逗撓'，《通鑑》卷二七一《考異》引《薛史・李嗣昭傳》、《冊府》卷三四七作'撓之'；'返旆'，《冊府》卷三四七同，《通鑑》卷二七一《考異》引《薛史・李嗣昭》傳作'夕食'。"見《通鑑》卷二七一貞明五年（919）十二月條，明本《冊府》卷三四七《將帥部・佐命門八》。

十六年，嗣昭代周德威權幽州軍府事。[1]九月，以李紹宏代歸。[2]嗣昭出薊門，[3]百姓號泣請留，截鞍惜別，嗣昭夜遁而歸。

[1]幽州：州名。治所在今北京市。　嗣昭代周德威權幽州軍府事：《輯本舊史》卷二九《唐莊宗紀三》繫此事於晋王李克用天祐十六年（919）正月。

[2]李紹宏：人名。又作馬紹宏。籍貫不詳。後唐莊宗近臣。傳見本書卷七二。　九月，以李紹宏代歸：中華書局本有校勘記："'歸'字原闕，據《冊府》卷六八三補。"《通鑑》卷二七〇繫此事於貞明五年（919）三月，云："晋王自領盧龍節度使，以中門使李紹宏提舉軍府事，代李嗣昭。"貞明五年即天祐十六年。

[3]薊門：州名。治所在今天津市薊州區。

十七年六月，嗣昭自德勝歸藩，[1]莊宗帳餞於戚城。[2]莊宗酒酣，泣而言曰："河朔生靈，十年饋輓，引領鶴望，俟破汴軍。今兵賦不充，寇孽猶在，坐食軍賦，有愧蒸民。"嗣昭曰："臣忝急難之地，每一念此，寢不安席。大王且持重謹守，惠養士民。臣歸本藩，簡料兵賦，歲末春首，即舉衆復來。"莊宗離席拜送，如家人禮。是月，汴將劉鄩攻同州，[3]朱友謙告急，[4]嗣昭與李存審援之。[5]九月，破汴軍於馮翊，乃班師。[6]

[1]德勝：地名。即德勝城，又名德勝渡，爲黃河重要渡口之一。有南、北二城，皆位於今河南濮陽市。

[2]戚城：地名。位於今河南濮陽市。

[3]劉鄩：人名。密州安丘（今山東安丘市）人。唐末、五代將領。傳見本書卷二三、《新五代史》卷二二。　同州：州名。治所在今陝西大荔縣。

[4]朱友謙：人名。許州（今河南許昌市）人。朱温養子，唐末、五代大臣。傳見本書卷六三、《新五代史》卷四五。

[5]李存審：人名。陳州宛丘（今河南淮陽縣）人。原姓符名存。五代後唐將領。傳見本書卷五六、《新五代史》卷二五。"是月"至"嗣昭與李存審援之"：《輯本舊史》卷二九《唐莊宗紀三》繫此事於天祐十七年（920）七月，卷一〇《梁末帝紀》下及卷二三《劉鄩傳》均繫此事於貞明六年（920）六月。《通鑑》卷二七一貞明六年載："劉鄩等圍同州，朱友謙求救於晉；秋，七月，晉王遣李存審、李嗣昭、李建及、慈州刺史李存質將兵救之。"

[6]馮翊：縣名。治所在今陝西大荔縣。

十八年，[1]莊宗親征張文禮於鎮州。[2]冬，契丹三十萬奄至，[3]嗣昭從莊宗擊虜於新城，[4]阿保機在望都，[5]莊宗深入，親與虜鬬，虜騎圍之數十重，良久不解。[6]嗣昭號泣赴之，引三百騎橫擊虜圍，馳突出没者數十合，虜退，翼莊宗而還。[7]是時，閻寶爲鎮人所敗，退保趙州，[8]莊宗命嗣昭代實攻真定。[9]四月二十四日，王處球之兵出至九門，[10]嗣昭設伏於故營，賊至，發伏擊之殆盡，餘三人匿於牆墟間，嗣昭環馬而射之，爲賊矢中腦，嗣昭箙中矢盡，拔賊矢於腦射賊，一發而殪之。嗣昭日暮還營，所傷血流不止，是夜卒。[11]

[1]十八年：《輯本舊史》原作"十九年"，中華書局本從之。今據《輯本舊史》卷二九《唐莊宗紀三》、卷一三七《契丹傳》改。明本《册府》卷三四七《將帥部·佐命門八》亦誤作"十九年"。

[2]張文禮：人名。燕（今河北北部）人。後唐將領。傳見本書卷六二。

[3]冬，契丹三十萬奄至：《輯本舊史》卷二九《唐莊宗紀三》、卷一三七《契丹傳》均繫此事於天祐十八年（921）十二月。

[4]新城：地名。位於今河北無極縣。

[5]阿保機：人名。姓耶律，契丹迭剌部人。唐末契丹族首領、遼開國太祖。916年至926年在位。紀見《遼史》卷一、卷二。望都：縣名。治所在今河北望都縣。

[6]"嗣昭從莊宗擊虜於新城"至"良久不解"：本句《輯本舊史》原作"嗣昭從莊宗擊之，敵騎圍之數十重，良久不解"。中華書局本從之。此爲清輯者因忌諱而纂改，今據《册府》卷三四七《將帥部·佐命門八》回改。下文諸"虜"等字同。

[7]"嗣昭號泣赴之"至"翼莊宗而還"："虜圍"原作"重圍"，"虜退"原作"契丹退"，均據《册府》卷三四七《將帥部·佐命門八》回改。《輯本舊史》卷二九天祐十九年正月甲午條："帝至新城，契丹前鋒三千騎至新樂。是時，梁將戴思遠乘虛以寇魏州，軍至魏店，李嗣源自領兵馳入魏州。梁人知其有備，乃西渡洹水，陷成安而去。時契丹渡沙河口，諸將相顧失色，又聞梁人內

侵，鄴城危急，皆請旋師，唯帝謂不可，乃率親騎至新城。契丹萬餘騎，遽見帝軍，惶駭而退。帝分軍爲二廣，追躡數十里，獲阿保機之子。時沙河冰薄，橋梁隘狹，敵爭踐而過，陷溺者甚衆。阿保機方在定州，聞前軍敗，退保望都。帝至定州，王都迎謁，是夜宿於開元寺。翌日，引軍至望都，契丹逆戰，帝身先士伍，馳擊數四，敵退而結陣，帝之徒兵亦陣於水次。李嗣昭躍馬奮擊，敵衆大潰，俘斬數千，追擊至易水，獲氈裘、毳幕、羊馬不可勝紀。時歲且北至，大雪平地五尺，敵乏芻糧，人馬斃踣道路，纍纍不絶，帝乘勝追襲至幽州。”此條《舊五代史考異》：“《契丹國志》：晉王趨望都，爲契丹所圍，力戰，出入數四，不解。李嗣昭引三百騎橫擊之，晉王始得出，因縱兵奮擊，太祖兵敗，遂北至易州。會大雪彌旬，平地數尺，人馬死者相屬，太祖乃歸。”見《契丹國志》卷一天贊二年（923）條。

　　［8］趙州：州名。治所在今河北趙縣。

　　［9］真定：縣名。治所在今河北正定縣。　　“是時”至“莊宗命嗣昭代竇攻真定”：《輯本舊史》卷二九《唐莊宗紀三》繫此事於天祐十九年三月。

　　［10］王處球：人名。籍貫不詳。事見《册府》卷三四七、卷三六〇、卷四二五。　　九門：地名。位於今河北石家莊市藁城區。

　　［11］“四月二十四日”至“是夜卒”：“四月二十四日”，《輯本舊史》原作“七月二十四日”。中華書局本有校勘記：“《通鑑》卷二七一繫其事於四月甲戌，按四月辛亥朔，甲戌爲二十四日。本書卷二九《唐莊宗紀三》、《新五代史》卷五《唐本紀》皆繫其事於四月。”但未改。今據上述諸書改。“九門”，《輯本舊史》之影庫本粘籤：“‘九門’原本作‘丸門’，今據《通鑑》及《遼史》改正。”見《通鑑》卷二七一龍德二年（922）四月甲戌條、《遼史》卷二《太祖紀下》天贊元年四月癸亥（十三日）條。

嗣昭節制澤潞,[1]官自司徒、太保至侍中、中書令.[2]莊宗即位, 贈太師、[3]隴西郡王。長興中,[4]詔配饗莊宗廟庭.[5]

[1]潞：州名。治所在今山西長治市。

[2]司徒：官名。與太尉、司空並爲三公。唐後期、五代多爲大臣、勳貴加官。正一品。 太保：官名。與太師、太傅並爲三師。唐後期、五代多爲大臣、勳貴加官。正一品。 侍中：官名。秦始置。隋、唐前期爲門下省長官。唐後期多爲大臣加銜,不參與政務,實際職務由門下侍郎執行。正二品。 中書令：官名。漢代始置,隋、唐前期爲中書省長官,屬宰相之職；唐後期多爲授予元勳大臣的虛銜。正二品。

[3]太師：官名。與太傅、太保合稱三師。唐後期、五代多爲大臣、勳貴加官。正一品。 贈太師：《輯本舊史》卷三二《唐莊宗紀六》同光二年（924）十月己巳條："故安義節度使、贈太尉、隴西郡王李嗣昭贈太師。"《新輯會證》本傳："《山右石刻叢編》卷九《錄新鑄澤州開元寺神鐘記》,署銜爲'昭義軍節度使、澤潞磁邢洺等州觀察處置等使、開府儀同三司、檢校太傅、兼侍中、潞州大都督府長史、上柱國、隴西郡開國公、食邑一千五百户李嗣昭',天祐十一年七月十三日立於澤州。"

[4]長興：後唐明宗李嗣源年號（930—933）。

[5]詔配饗莊宗廟庭：《輯本舊史》卷四二《唐明宗紀八》繫此事於長興二年（931）四月戊戌條。

嗣昭有子七人, 長曰繼儔,[1]澤州刺史；次繼韜、繼忠、繼能、繼襲、繼遠,[2]皆夫人楊氏所生.[3]楊氏治家善積聚, 設法販鬻, 致家財百萬。《永樂大典》卷一萬三百八十九。[4]

[1]繼儔：人名。即李繼儔。汾州（今山西汾陽市）人。李嗣昭之子，李繼韜之兄。事見《新五代史》卷三六。

[2]繼忠、繼能、繼襲、繼遠：人名。即李繼忠、李繼能、李繼襲、李繼遠。汾州（今山西汾陽市）人。均爲李嗣昭之子、李繼韜之兄弟。事見《新五代史》卷三六。

[3]楊氏：李嗣昭之妻。　"嗣昭有子七人"至"皆夫人楊氏所生"：《輯本舊史》之原輯者案語："嗣昭有子七人，《薛史》僅言其六。《歐陽史》仍《薛史》之舊。據繼韜附傳，有弟繼達，合數之恰得七人也。"見《新五代史》卷三六《李嗣昭傳》、《輯本舊史》卷五二《李繼韜傳》。《通鑑》卷二七一龍德二年（922）四月條亦云嗣昭七子。

[4]《大典》卷一〇三八九"李"字韻"姓氏（三四）"事目。

繼韜，小字留得，少驕獝無賴。嗣昭既卒，莊宗詔諸子扶喪歸太原襄事，[1]諸子違詔，以父牙兵數千擁喪歸潞。莊宗令李存渥馳騎追諭，[2]兄弟俱忿，欲害存渥，存渥遁而獲免。繼韜兄繼儔，嗣昭長嫡也，當襲父爵，然柔而不武。方在苫廬，[3]繼韜詐令三軍劫己爲留後，囚繼儔於別室，以事奏聞。莊宗不得已，命爲安義軍兵馬留後。[4]

[1]襄事：指埋葬。　莊宗詔諸子扶喪歸太原襄事：中華書局本有校勘記："'襄'原作'縗'，據殿本、劉本改。"

[2]李存渥：人名。李克用之子，後唐莊宗李存勗之弟。傳見

《新五代史》卷一四。

[3]苫（shān）廬：即用茅草等蓋的房子。

[4]安義軍：方鎮名。治所在潞州（位於今山西長治市）。
兵馬留後：官名。唐五代時，代行方鎮長官之職者稱留後。代行州
兵馬使之職者，即爲兵馬留後。掌本州兵馬。　“諸子違詔”至
“命爲安義軍兵馬留後”：“命爲安義軍兵馬留後”，《舊五代史考
異》：“《通鑑注》云：後唐改昭義爲安義，蓋爲嗣昭避諱也。《歐陽
史》仍作昭義。”《通鑑》卷二七一龍德二年（922）四月條：“晋
王……命嗣昭諸子護喪歸葬晋陽；其子繼能不受命，帥父牙兵數
千，自行營擁喪歸潞州。晋王遣母弟存渥馳騎追諭之，兄弟俱忿，
欲殺存渥，存渥逃歸。嗣昭七子：繼儔、繼韜、繼達、繼忠、繼
能、繼襲、繼遠。繼儔爲澤州刺史，當襲爵，素懦弱。繼韜凶狡，
囚繼儔於別室，詐令士卒劫己爲留後，繼韜陽讓，以事白晋王。晋
王以用兵方殷，不得已，改昭義軍曰安義，以繼韜爲留後。”該條
《考異》：“按潞州本號昭義軍，今以繼韜爲安義留後，蓋晋王避其
父諱改之耳。及繼韜降梁，梁亦以爲匡義節度使。今人猶謂澤州爲
安義云。”中華書局本《新五代史》卷三六《李嗣昭傳》已據宗文
本及《通鑑》將“昭義”校改爲“安義”。

時軍前糧餉不充，租庸計度請潞州轉米五萬貯於相
州，[1]繼韜辭以經費不足，請轉三萬。有幕客魏琢、牙
將申蒙者，[2]因入奏公事，每摭陰事報繼韜云：“朝廷無
人，終爲河南吞噬，止遲速間耳。”由是陰謀叛計。内
官張居翰時爲昭義監軍，[3]莊宗將即位，詔赴鄴都。[4]潞
州節度判官任圜時在鎮州，[5]亦奉詔赴鄴。魏琢、申蒙
謂繼韜曰：“國家急召此二人，情可知矣。”弟繼遠，年
十五六，謂繼韜曰：“兄有家財百萬，倉儲十年，宜自

爲謀，莫受人所制。"繼韜曰："定哥以爲何如？"曰：
"申蒙之言是也。河北不勝河南，不如與大梁通盟，國
家方事之殷，焉能討我？無如此算。"乃令繼遠將百餘
騎詐云於晉絳擒生，遂至汴。梁主見之喜，因令董璋將
兵應接，[6]營於潞州之南，加繼韜同平章事，[7]改昭義軍
爲匡義軍。[8]繼韜令其愛子二人入質於汴。[9]

[1]相州：州名。治所在今河南安陽市。

[2]魏琢：人名。籍貫不詳。李繼韜幕客。事見本書本卷。
牙將：古代軍隊中的中低級軍官。　申蒙：人名。五代後唐牙將。
事見本書本卷。　　有幕客魏琢、牙將申蒙者：《輯本舊史》之影庫
本粘籤："申蒙，原本作'車蒙'，今據《通鑑》改正。"見《通
鑑》卷二七二同光元年（923）三月條。

[3]内官：即宦官。　張居翰：人名。籍貫不詳。唐末五代宦
官。傳見本書卷七二、《新五代史》卷三八。　監軍：官名。爲臨
時差遣，代表朝廷協理軍務、督察將帥。唐、五代時常以宦官爲
監軍。

[4]鄴都：地名。治所在今河北大名縣。五代後唐同光元年，
改魏州爲興唐府，建號東京。三年改東京爲鄴都。

[5]節度判官：官名。唐末、五代藩鎮僚佐，位行軍司馬下。
任圜：人名。京兆三原（今陝西三原縣）人。五代後唐將領、大
臣。傳見本書卷六七、《新五代史》卷二八。

[6]董璋：人名。籍貫不詳。五代後梁、後唐將領。傳見本書
卷六二、《新五代史》卷五一。

[7]同平章事：官名。"同中書門下平章事"之簡稱。唐高宗
以後，凡實際任宰相之職者，常在其本官後加同平章事的職銜。後
成爲宰相專稱。後晉天福五年（940），升中書門下平章事爲正
二品。

[8]匡義軍：方鎮名。唐故曰昭義。後梁末帝時屬梁，改曰匡義。後唐滅梁，改曰安義。後晉復曰昭義。

[9]"内官張居翰時爲昭義監軍"至"繼韜令其愛子二人入質於汴"：《通鑑》卷二七二繫此事於同光元年三月。亦見《輯本舊史》卷一〇《梁末帝紀下》龍德三年（即同光元年）二月條、卷二九《唐莊宗紀三》、《新五代史》卷五《唐本紀》。

及莊宗平河南，[1]繼韜惶恐，計無所出，將脱身於契丹，[2]會有詔赦之，乃齎銀數十萬兩，隨其母楊氏詣闕，冀以賂免。將行，其弟繼遠曰："兄往與不往，利害一也。以反爲名，何面更見天下！不如深溝峻壁，坐食積粟，尚可苟延歲月，往則亡無日矣。"或曰："君先世有大功於國，主上，季父也，弘農夫人無恙，[3]保獲萬全。"及繼韜至，厚賂宦官、伶人，言事者翕然稱："留後本無惡意，姦人惑之故也。嗣昭親賢，不可無嗣。"楊夫人亦於宮中哀祈劉皇后，[4]后每於莊宗前泣言先人之功，以動聖情，由是原之。在京月餘，屢從畋遊，寵待如故。李存渥深訶詆之，繼韜心不自安，復賂伶閹，求歸本鎮，莊宗不聽。繼韜潛令紀綱書諭繼遠，欲軍城更變，望天子遣己安撫。事泄，斬於天津橋南。[5]二子韶年質於汴，莊宗收城得之，撫其背曰："爾幼如是，猶知能佐父造反，長復何爲！"至是亦誅。仍遣使往潞州斬繼遠，函首赴闕，命繼儔權知軍州事，繼達充軍城巡檢。[6]

[1]及莊宗平河南：《輯本舊史》卷三〇《唐莊宗紀四》繫此

事於同光元年（923）十月。

［2］契丹：古部族、政權名。公元4世紀中葉宇文部爲前燕攻破，始分離而成單獨的部落，自號契丹。唐貞觀中，置松漠都督府，以其首領爲都督。唐末强盛，916年迭剌部耶律阿保機建立契丹國（遼）。先後與五代、北宋並立，保大五年（1125）爲金所滅。參見張正明《契丹史略》，中華書局1979年版。

［3］弘農夫人：指李嗣昭妻楊氏。

［4］劉皇后：指後唐莊宗劉皇后。魏州成安（今河北成安縣）人。傳見《舊五代史》卷四九、《新五代史》卷一四。

［5］天津橋：橋名。位於今河南洛陽市。　斬於天津橋南：“天津橋”，《輯本舊史》之影庫本粘籤：“原本脱‘津’字，今從《歐陽史》增入。”見《新五代史》卷三六《李嗣昭傳》。《輯本舊史》卷三〇《唐莊宗紀四》同光元年十一月庚申條：“安義軍節度使李繼韜入見待罪，詔釋之。”同年十二月辛巳條：“詔貶安義軍節度使李繼韜爲登州長史，尋斬於天津橋下，再謀叛故也。”

［6］巡檢：官名。又稱“巡檢使”。五代始設巡檢，設於京師、陪都、重要的州及邊防重鎮。

未幾，詔繼儔赴闕，時繼儔以繼韜所畜婢僕玩好之類悉爲己有，每日料選算校，不時上路。繼達怒謂人曰：“吾仲兄被罪，父子誅死，大兄不仁，略無動懷，而便蒸淫妻妾，詰責貨財，慚耻見人，生不如死！”繼達服縗麻，引數百騎坐於戟門，呼曰：“爲我反乎？”即令人斬繼儔首，投於戟門之內。副使李繼珂聞其亂也，[1]募市人千餘攻於城門。繼達登城樓，知事不濟，啓子城東門，至其第，盡殺其孥，得百餘騎，出潞城門，[2]將奔契丹。行不十里，麾下奔潰，自到於路隅。[3]

［1］李繼珂：人名。籍貫不詳。後唐將領。事見本書本卷、卷七四。

［2］潞城：縣名。治所在今山西潞城市。

［3］"未幾"至"自刎於路隅"：參見明本《册府》卷九四三《總録部·不誼門》李繼儔條。"副使李繼珂聞其亂也"，《輯本舊史》之影庫本粘籤："繼珂，原本作'繼璁'，今從《通鑑》改正。"見《通鑑》卷二七二同光元年（923）十二月甲申條。繼儔之死，《新五代史》卷五《唐本紀》與《通鑑》卷二七二均繫於同光元年十二月。《輯本舊史》卷三〇《唐莊宗紀四》同光元年十二月丁亥條："澤州刺史董璋上言：潞州軍變，李繼達領兵出城，自刎而死，節度副使李繼珂已安撫軍城。"

天成初，[1]繼能爲相州刺史，母楊氏卒於太原，繼能、繼襲奔喪行服。繼能笞掠母主藏婢，責金銀數，因笞至死。家人告變，言聚甲爲亂，繼能、繼襲皆伏誅。嗣昭諸子自相屠害，幾於湓盡，唯繼忠一人僅保其首領焉。[2]《永樂大典》卷一萬三百八十九。[3]

［1］天成：五代後唐明宗李嗣源年號（926—930）。

［2］唯繼忠一人僅保其首領焉：《新五代史》卷三六《李嗣昭傳》："繼忠家于晉陽，楊氏所積餘貲猶鉅萬，晉高祖自太原起兵，召契丹爲援，契丹求賂，高祖貸于繼忠以取足。高祖入立，甚德之，以爲沂、棣、單三州刺史，開運中卒。楊氏平生積産，嗣昭父子三人賴之。"明本《册府》卷一六九《帝王部·納貢獻門》唐明宗條天成三年（928）十月："前北京皇城使李繼中弟姪三人進馬二百五匹、金器八百兩、銀萬兩、家機錦百匹、白羅三百匹、綾三千匹、絹三千匹。繼中者，故昭義帥嗣昭之子，少有心疾，其母楊夫人自潞州積聚百萬，輦于荆州私第。繼韜之叛，没之于官。莊宗南

郊，助太平賞給。繼韜伏法，其母又輦及晋者，餘百兩。至楊氏卒，其弟湘州刺史繼能、潞府司馬繼襄聞哀俱至，繼中等詣官告變，繼能、繼襄伏法，弟姪等遂得分其所聚。故有是獻。”

[3]《大典》卷一〇三八九“李”字韻“姓氏（三四）”事目。

裴約，潞州之舊將也。初事李嗣昭爲親信，及繼韜之叛，[1]約方戍澤州，因召民泣而諭之曰：“余事故使，已餘二紀，每見分財享士，志在平讎，不幸薨殁。今郎君父喪未葬，即背君親，余可傅刃自殺，不能送死與人。”衆皆感泣。[2]既而梁以董璋爲澤州刺史，率衆攻城，約拒久之，告急於莊宗。[3]莊宗知其忠懇，謂諸將曰：“朕於繼韜何薄，於裴約何厚？裴約能分逆順，不附賊黨，先兄一何不幸，生此鴟梟！”乃顧李紹斌曰：[4]“爾識機便爲我取裴約來，朕不藉澤州彈丸之地。”即遣紹斌率五千騎以赴之。紹斌自遼州進軍，[5]未至，城已陷，約被害，時同光元年八月也。[6]帝聞之，嗟痛不已。《永樂大典》卷一萬八千一百二十八。[7]

[1]及繼韜之叛：《輯本舊史》卷一〇《梁末帝紀下》繫此事於龍德三年（923）三月，卷二九《唐莊宗紀三》與《通鑑》卷二七二均繫此事於同光元年（即龍德三年）三月。

[2]“約方戍澤州”至“衆皆感泣”：“約方戍澤州”，中華書局本有校勘記：“‘澤州’原作‘潞州’，據劉本、《册府》卷三七四、《新五代史》卷三二《裴約傳》、《通鑑》卷二七二及本卷下文改。”見《通鑑》卷二七二同光元年三月條。“今郎君父喪未葬”，《輯本舊史》之影庫本粘籤：“‘郎君’，原本作‘郎書’，今據《歐

陽史》改正。"見《新五代史》卷三二《裴約傳》。《宋本册府》卷三七四《將帥部·忠門五》："裴約爲潞州節度使李嗣昭將。嗣昭卒,子繼韜據昭義叛。同光元年,莊宗遣李紹斌以甲士五千援澤州。初,繼韜叛歸賊庭也,約以兵戍澤州,召州民,泣而喻之曰:'予事先君,已餘二紀,每見分財享士,志在平讎,不幸薨没,壯心不遂。今郎君不臣,定覆家族,父喪未葬,違背君親,縱然賊首開懷,久遠終被誅滅。予可傳刃自殺,不能送死與人。'衆皆感泣,伏其忠義。"

〔3〕"既而梁以董璋爲澤州刺史"至"告急於莊宗":《輯本舊史》卷一〇《梁末帝紀下》繫此事於龍德三年三月,《通鑑》卷二七二繫於同光元年(即龍德三年)三月。亦見《輯本舊史》卷六二《董璋傳》。

〔4〕李紹斌:人名。又名趙德鈞。幽州(今北京市)人。初爲幽州節度使劉守光部將,再爲後唐將領,後投降遼國。傳見本書卷九八。

〔5〕遼州:州名。治所在今山西左權縣。

〔6〕同光:五代後唐莊宗李存勖年號(923—926)。 "即遣紹斌率五千騎以赴之"至"時同光元年八月也":"即遣紹斌率五千騎以赴之",《輯本舊史》之原輯者案語:"《歐陽史》作李存審。據《薛史·莊宗紀》亦作李紹斌,疑《歐陽史》誤。"《新五代史》卷三二《王彦章傳》作"符存審",因其賜姓李,故名"李存審"。《輯本舊史》卷二九《唐莊宗紀三》、《通鑑》卷二七二均作"李紹斌"。李紹斌即趙德鈞。"時同光元年八月也",中華書局本沿《輯本舊史》作"時同光元年六月也"。《輯本舊史》卷二九《唐莊宗紀三》與《通鑑》卷二七二繫此事於同光元年八月壬申,《新五代史》卷五《唐莊宗紀下》亦繫於同光元年八月,據改。總結此條,莊宗遣李紹斌(即趙德鈞)於同光元年八月赴澤州援裴約,未至而城陷。《新五代史》誤李紹斌爲李存審(即符存審),《舊史》誤同光元年八月爲六月。

[7]《大典》卷一八一二八"將"字韻"後唐將（一）"
事目。

嗣昭七子：繼儔、繼韜、繼達、繼忠、繼能、繼
襲、繼遠。[1]初，嗣昭死，其子繼韜以州叛。及繼韜伏
誅之後，詔其兄繼儔赴闕。時繼儔權知軍府，繼韜房中
所畜婢僕玩好之類，悉爲己有，每日於其房中料選妓
妾，算較財物，遷延不時上路。其弟繼達怒謂人曰：
"吾仲兄被罪，父子誅死，骨肉之情，自然傷痛。大兄
不仁樂禍，略無慚懷。二弟併命，言音尚在，而便烝淫
妻妾，詰責貨財，慚恥見人，生不如死。"繼達服縗麻，
引數百騎坐於戟門，呼曰："爲我反乎？"即令人斬繼儔
首，投於戟門之内。繼達弟繼珂聞其亂也，募市人千餘
攻于城門。繼達登城樓，知事不濟，啓于城東門，至其
私第，盡殺其孥，得百餘騎，出潞城門，將奔契丹。行
不十里，麾下奔潰，自刭於路隅。其下小較薛萬金率衆
歸於闕下。[2]

[1]"嗣昭七子"至"繼遠"：《通鑑》卷二七一龍德二年
（922）四月條。
[2]小較：即小校。低級軍職。　薛萬金：人名。本書僅此一
見。　"初，嗣昭死"至"其下小較薛萬金率衆歸於闕下"：見明
本《册府》卷九四三《總録部·不誼門》李繼儔條。《新五代史》
卷五《唐本紀》同光元年十二月辛巳條："李繼韜伏誅。繼韜之弟
繼達殺其兄繼儔于潞州。"《新五代史》有注："繼儔以被殺書，非
不予其死，蓋繼達殺兄，自當著其罪爾。與書弑其君者同。"《輯本
舊史》卷三〇《唐莊宗紀四》同光元年（923）十二月丁亥條：

"澤州刺史董璋上言：潞州軍變，李繼達領兵出城，自刎而死，節度副使李繼珂已安撫軍城。"卷五二《李繼韜傳》："命繼儔權知軍州事，繼達充軍城巡檢。未幾，詔繼儔赴闕，時繼儔以繼韜所畜婢僕玩好之類悉爲己有，每日料選算校，不時上路。繼達怒謂人曰：'吾仲兄被罪，父子誅死，大兄不仁，略無動懷，而便蒸淫妻妾，詰責貨財，慚恥見人，生不如死！'繼達服縗麻，引數百騎坐於戟門，呼曰：'爲我反乎！'即令人斬繼儔首，投於戟門之內。副使李繼珂聞其亂也，募市人千餘攻於城門。繼達登城樓，知事不濟，啓子城東門，至其第，盡殺其孥，得百餘騎，出潞城門，將奔契丹。行不十里，麾下奔潰，自剄於路隅。"《通鑑》卷二七二同光元年十二月甲申條："召權知軍州事李繼儔詣闕，繼儔據有繼韜之室，料簡妓妾，搜校貨財，不時即路。繼達怒曰：'吾家兄弟父子同時誅死者四人，大兄曾無骨肉之情，貪淫如此；吾誠羞之，無面視人，生不如死！'甲申，繼達衰服，帥麾下百騎坐戟門呼曰：'誰與吾反者？'因攻牙宅，斬繼儔。節度副使李繼珂聞亂，募市人，得千餘，攻子城。繼達知事不濟，開東門，歸私第，盡殺其妻子，將奔契丹，出城數里，從騎皆散，乃自剄。"

李嗣本

李嗣本，雁門人，[1]本姓張。父準，[2]銅冶鎮將。[3]嗣本少事武皇，爲帳中紀綱，漸立戰功，得補軍校。乾寧初，[4]從征李匡儔爲前鋒，[5]與燕人戰，得居庸關，[6]以功爲義兒軍使，[7]因賜姓名。從討王行瑜，[8]授檢校刑部尚書，[9]改威遠、寧塞等軍使。[10]三年，討羅弘信於魏州，[11]嗣本爲前鋒，師還，改馬軍都將。[12]從李嗣昭討王暉於雲州，論功加檢校司空。[13]汴將李思安之圍潞州也，從周德威軍於余吾，[14]嗣本率騎軍日與汴人轉鬭，前後獻俘千計，遷代州刺史。[15]天祐六年，從攻晉、絳，爲蕃漢副都校。[16]及武皇喪事有日，嗣本監護其事，改雲中防禦使、雲蔚應朔等州都知兵馬使，[17]加特進、檢校太保。[18]九年，周德威討劉守光，[19]嗣本率代北諸軍、生熟吐渾，收山後八軍，[20]得納降軍使盧文進、武州刺史高行珪以獻。[21]幽州平，[22]論功授振武節度使，號“威信可汗”。[23]十二年，莊宗定魏博，[24]劉鄩據莘縣，[25]命嗣本入太原巡守都城。十三年，從破劉鄩於故元城，[26]收洺、磁、衛三郡。[27]六月，還鎮振武。八月，契丹阿保機傾塞犯邊，其衆三十萬攻振武，嗣本嬰城拒戰者累日。契丹爲火車地道，晝夜急攻，城中兵少，禦備罄竭，城陷，嗣本舉族入契丹。[28]有子八人，四人陷於虜庭。嗣本性剛烈，有節義，善戰多謀，然治郡民，頗傷苛急，人以此少之也。《永樂大典》卷一萬三百八十九。[29]

[1]雁門：方鎮名。治所在代州（今山西代縣）。

[2]準：人名。即張準。本書僅此一見。

[3]銅冶：鎮名。位於河北鹿泉市南部。　鎮將：官名。鎮的長官。隋以後僅於邊防處置鎮。正六品下至正七品下不等。

[4]乾寧初：中華書局本有校勘記：“‘初’，原作‘中’，據《册府》卷三四七改。按本書卷二六《唐武皇紀》下繫其事於乾寧元年十月。”乾寧元年（894）不得言“乾寧中”。見明本《册府》卷三四七《將帥部·佐命門八》。

[5]李匡儔：人名。新、舊《唐書》作“李匡籌”。范陽（今

河北涿州市）人。幽州節度使李全忠之子、李匡威之弟。唐末軍閥。傳見《舊唐書》卷一八○、《新唐書》卷二一二。

[6]居庸關：關隘名。位於今北京市昌平區西北。

[7]義兒軍使：官名。所部統兵將領。"義兒"爲部隊番號。由李克用義子所統的軍隊，號"義兒軍"。

[8]王行瑜：人名。邠州（今陝西彬縣）人。唐末軍閥。傳見《舊唐書》卷一七五、《新唐書》卷二二四下。

[9]檢校刑部尚書：檢校官名。地方使職帶檢校三公、三師及臺省官之類，表示遷轉經歷和尊崇的地位，檢校刑部尚書爲其中之一階，爲虛銜。

[10]威遠、寧塞：皆爲部隊番號。　"從討王行瑜"至"改威遠、寧塞等軍使"：據《輯本舊史》卷二六《唐武皇紀下》，此役自乾寧二年六月至十二月。

[11]羅弘信：人名。魏州貴鄉（今河北大名縣）人。唐末、五代軍閥。傳見《舊唐書》卷一八一、《新唐書》卷二一○。　魏州：州名。治所在今河北大名縣。

[12]馬軍都將：官名。馬軍統兵官。

[13]李嗣昭：人名。汾州（今山西汾陽市）人。唐末、五代李克用義子、部將。傳見本書本卷、《新五代史》卷三六。　檢校司空：官名。爲散官或加官，以示恩寵，無實際執掌。

[14]余吾：地名。位於山西屯留縣西北余吾鎮。

[15]"三年"至"遷代州刺史"："三年"，《輯本舊史》原作"五年"。中華書局本未改，但有校勘記："'五年'，《册府》卷三四七同，本書卷二《梁太祖紀二》、卷一六《葛從周傳》、卷二六《唐武皇紀下》、卷五三《李存信傳》、《通鑑》卷二六○繫其事於乾寧三年。"此校勘記之"卷二《梁太祖紀二》"當爲"卷一《梁太祖紀一》"，且並非錄自《大典》，而是錄自《册府》。今據改。"王暉"，《輯本舊史》卷二六《唐武皇紀下》天復三年（903）五月條及卷五二《李嗣昭傳》均作"王敬暉"，乃宋史臣避宋太祖之

祖父名諱改作"王暉"。《宋本册府》卷四一四《將帥部·赴援門》:"天祐四年,李思安寇潞州,築夾城,從周德威將兵赴援,擒生斬將,歲中數千計。五年,破夾城。"

[16]天祐六年,從攻晋、絳,爲蕃漢副都校:《輯本舊史》原無"天祐"二字。中華書局本有校勘記:"本書卷二七《唐莊宗紀一》繫其事於天祐六年,《通鑑》卷二六七繫其事於開平三年。按開平三年即天祐六年。"上文"三年"爲乾寧三年,此"六年"與之不符。今據補。"爲蕃漢副都校",中華書局本有校勘記:"'副都校'原作'副都使校',據殿本、《册府》卷三四七改。"

[17]雲中:縣名。治所在今山西大同市。 防禦使:官名。唐代始置,設有都防禦使、州防禦使兩種。常由刺史或觀察使兼任,實際上爲唐代後期州或方鎮的軍政長官。 蔚:州名。治所在今河北蔚縣。 應:州名。治所在今山西應縣。 朔:州名。治所在今山西朔州市朔城區。 都知兵馬使:官名。唐、五代方鎮自置之部隊統率官,稱兵馬使,其權尤重者稱兵馬大使或都知兵馬使。掌兵馬訓練、指揮。

[18]特進:官名。西漢末期始置,授給列侯中地位較特殊者。隋唐時期,特進爲文散官,授給有聲望的官員。正二品。 檢校太保:官名。爲散官或加官,以示恩寵,無實際執掌。太保,與太師、太傅合稱三師。

[19]劉守光:人名。深州樂壽(今河北獻縣)人。唐末幽州節度使劉仁恭之子。劉守光囚父自立,後號大燕皇帝,爲晋王李存勗俘殺。傳見本書卷一三五、《新五代史》卷三九。

[20]吐渾:即吐谷渾。西北遊牧民族名。本爲鮮卑慕容部的一支。 山後:地區名。五代時稱今北京、河北軍都山、燕山以北地區爲山後。

[21]納降軍使:官名。所部統兵將領。納降爲部隊番號。 盧文進:人名。范陽(今河北涿州市)人。後唐將領,先後投降契丹、南唐。傳見本書卷九七、《新五代史》卷四八。 武州:州名。

治所在今河北張家口市宣化區。　高行珪：人名。幽州（今北京市）人。五代名將，高思繼之侄。傳見本書卷六五、《新五代史》卷四八。

[22]幽州：州名。治所在今北京市。

[23]"九年"至"號'威信可汗'"："論功授振武節度使"，《輯本舊史》之影庫本粘籤："振武，原本作'正武'，今從《歐陽史》改正。"見《新五代史》卷三六《李嗣本傳》。《輯本舊史》卷二八《唐莊宗紀二》天祐十年（913）三月條："周德威遣李嗣源、李嗣本、安金全率兵救武州，降元行欽以歸。"

[24]魏博：方鎮名。治所在魏州貴鄉縣（今河北大名縣）。

[25]莘縣：縣名。治所在今山東莘縣。

[26]元城：縣名。治所在今河北大名縣。

[27]洺：州名。治所在今河北邯鄲市永年區。　磁：州名。治所在今河北磁縣。　衛：州名。治所在今河南衛輝市。　收洺、磁、衛三郡：中華書局本有校勘記："'磁'原作'慈'，據殿本、劉本、《册府》卷三四七改。"

[28]城陷，嗣本舉族入契丹：《輯本舊史》卷二八《唐莊宗紀二》天祐十三年八月條："振武節度使李嗣本陷於契丹。"卷七七《晋高祖紀三》天福三年（938）五月戊辰條："故振武節度使李嗣本贈太尉。"《新五代史》卷五《唐本紀五》天祐十三年八月條："契丹寇蔚州（當爲朔州），執振武節度使李嗣本。"言其陷於契丹。明本《册府》卷九二《帝王部·赦宥門一一》載唐莊宗同光元年（923）四月己巳即位赦文："其次有戰没陣場，身終王事……周德威、蓋寓、李存璋、李思恩、李嗣本、李存進、伊廣等兼應該赦文者，並委中書門下各令所司一一具録聞奏，各加追贈，仍定諡號。"《新五代史》卷三六《嗣本傳》亦言"嗣本戰殁"。

[29]《大典》卷一〇三八九"李"字韻"姓氏（三四）"事目。

李嗣恩

李嗣恩，本姓駱。[1]年十五，能騎射，侍武皇於振武，及鎮太原，[2]補鐵林軍小校。從征王行瑜，[3]奉表獻捷，加檢校散騎常侍，[4]漸轉突陣指揮使，[5]賜姓名。天祐四年，逐康懷英於西河，[6]解汾州之圍，加檢校司空，充左廂馬軍都將。戰王景仁有功，[7]加檢校司徒。[8]救河中府，與梁人接戰，應弦斃者甚衆，而稍中其口。及退，莊宗親視其傷，深加慰勉，轉內衙馬步都將、遼州刺史。[9]十二年，從莊宗入魏，擊劉鄩有功，轉天雄軍都指揮使。[10]劉鄩之北趨樂平也，[11]嗣恩襲之，倍程先入晋陽。[12]時城中無備，得嗣恩兵至，人百其勇。鄩聞其先過，乃遁。[13]莘之戰，以功轉代州刺史，充石嶺關以北都知兵馬使，[14]稍遷振武節度使。十五年，追赴行在，卒於太原。天成初，明宗敦念舊勳，[15]詔贈太尉。[16]

[1]李嗣恩，本姓駱：《輯本舊史》之原輯者案語：“《歐陽史》：嗣恩本吐谷渾部人，而《薛史》不載，疑有闕文。”見《新五代史》卷三六《李嗣恩傳》。

[2]及鎮太原：《輯本舊史》卷二五《唐武皇紀上》繫此事於中和三年（883）七月。同年八月有原輯者案語：“《舊唐書》：八月，李克用赴鎮太原，制以前振武節度、檢校司空兼單于都護、御史大夫李國昌爲檢校司徒、代州刺史、雁門以北行營節度、蔚朔等州觀察使。《薛史》作七月仗節赴鎮，八月赴鎮河東。蓋七月始離京師，八月乃歸河東也。《通鑑》統繫於七月，似未詳考。”

[3]從征王行瑜：據《輯本舊史》卷二六《唐武皇紀下》，此役自乾寧二年（895）六月至十二月。

[4]檢校散騎常侍：官名。爲散官或加官，以示恩寵，無實際執掌。

[5]突陣指揮使：官名。所部統兵將領。突陣爲部隊番號。

[6]康懷英：人名。本名懷貞，避後梁末帝朱友貞諱改懷英。兗州（今山東濟寧市兗州區）人。唐末、五代將領。傳見本書卷二三、《新五代史》卷二二。　西河：地名。位於今山西汾陽市。中華書局本有校勘記："'西河'原作'河西'，據《册府》卷三四七乙正。按《新唐書》卷三九《地理志》三，西河屬汾州。"見明本《册府》卷三四七《將帥部·佐命門八》。

[7]王景仁：人名。合淝（今安徽合肥市）人。後梁將領。傳見本書卷二三、《新五代史》卷二三。

[8]檢校司徒：官名。爲散官或加官，以示恩寵，無實際執掌。

[9]"救河中府"至"遼州刺史"：《輯本舊史》卷二八《唐莊宗紀二》繫此事於天祐九年（912）八月，《通鑑》卷二六八繫此事於乾化二年（即天祐九年）九月。《宋本册府》卷四一四《將帥部·赴援門》："李嗣恩年十五，能騎射，事武皇帳下，以戰功爲馬軍都尉。救應河府，賊出不備，彎弧盪寇，應弦斃者甚衆。稍中其口，酣戰未解。及退，莊宗親撫其傷，深加慰勉。"

[10]天雄軍：方鎮名。治所在魏州（今河北大名縣）。　"十二年"至"轉天雄軍都指揮使"：據《輯本舊史》卷二八《唐莊宗紀二》，討劉鄩一事自天祐十二年六月至七月。"天雄軍都指揮使"，明本《册府》卷三四七《將帥部·佐命門八》、卷四二〇《將帥部·掩襲門》均作"天雄軍馬步軍都指揮使"。

[11]樂平：地名。位於今山東茌平縣樂平鎮。

[12]晉陽：縣名。治所在今山西太原市。

[13]"劉鄩之北趨樂平也"至"乃遁"：據《輯本舊史》卷八《梁末帝紀上》與卷二八《唐莊宗紀二》，此事自天祐十二年七月

至天祐十三年三月。明本《册府》卷四二〇《將帥部·掩襲門》：
"梁將劉鄩之北趨樂平也，嗣恩襲之，倍程先入北京。時城中無備，
得嗣恩兵至，人百其勇。鄩聞其先過，雨中宵遁。"《新五代史》
卷三六《嗣恩傳》："鄩兵去，嗣恩亦以兵會莊宗于魏。"

[14]石嶺關：關隘名。位於今山西陽曲縣北。

[15]明宗：即李嗣源。沙陀部人。原名邈佶烈，李克用養子，
926年至933年在位。紀見本書卷三五至卷四四、《新五代史》
卷六。

[16]太尉：官名。與司徒、司空並爲三公，唐後期、五代多爲
大臣、勳貴加官。正一品。 天成初，明宗敦念舊勳，詔贈太尉：
《輯本舊史》卷三八《唐明宗紀四》繫此事於天成二年四月丙午。

有子二人，長曰武八，騎射推於軍中。嘗有時董臂
飢鷹，[1]矜其搏擊，武八持鳴鏑一隻，賭其狩獲，暮乃
多之。戰契丹於新州，[2]歿焉。[3]幼曰從郎，累爲行軍司
馬。[4]《永樂大典》卷一萬三百八十九。[5]

[1]嘗有時董臂飢鷹：中華書局本有校勘記："'董'原作
'輦'，據殿本、劉本、《册府》卷八四六改。影庫本粘籤：'時輦，
疑是人名，今無別本可考，姑仍其舊。'"見《宋本册府》卷八四
六《總録部·善射門》。

[2]新州：州名。治所在今河北涿鹿縣。

[3]戰契丹於新州，歿焉：《輯本舊史》之原輯者案語："案
《遼史·太祖紀》：二年三月，合戰於新州東，殺李嗣本之子武八。
考武八本嗣恩子，而《遼史》以爲嗣本子，蓋傳聞之誤。"見《遼
史》卷一《太祖紀上》。今中華書局本《遼史》已改。此句以下，
《宋本册府》卷八四六《總録部·善射門》有"位至諸軍都指揮
使"八字。

　[4]行軍司馬：官名。出征將領及節度使的屬官。掌軍籍符伍、
號令印信，是藩鎮重要的軍政官員。

　[5]《大典》卷一〇三八九"李"字韻"姓氏（三四）"
事目。

　史臣曰：嗣昭以精悍勤勞，佐經綸之業，終没王
事，得以爲忠，然其後嗣皆不免於刑戮者，何也？蓋殖
貨無窮，多財累愚故也。抑苟能以清白遺子孫，安有斯
禍哉！裴約以偏裨而效忠烈，尤可貴也。嗣本、嗣恩皆
以中涓之効，參再造之功，故可附於兹也。《永樂大典》
卷一萬三百八十九。[1]

　[1]《大典》卷一〇三八九"李"字韻"姓氏（三四）"
事目。

舊五代史　卷五三

唐書二十九

列傳第五

　　李存信

　　李存信，本姓張。父君政，[1] 迴鶻部人也。[2] 大中初，[3] 隨懷化郡王李思忠內附，[4] 因家雲中之合羅川。[5] 存信通點多數，會四夷語，別六蕃書，善戰，識兵勢。初爲獻祖親信，[6] 從武皇入關平賊，[7] 始補軍職，賜姓名。[8] 大順中，[9] 累遷至馬步都校，[10] 與李存孝擊張濬軍於平陽。[11] 時存孝驍勇冠絶，軍中皆下之，唯存信與爭功，由是相惡，有同水火。及平定潞州，[12] 存孝以功望領節度，既而康君立授旄鉞，[13] 存孝怒，大剽潞民，燒邑屋。言發涕流，疑存信擯己故也。[14] 明年，存孝得邢洺，[15] 武皇與之節鉞。[16] 存孝慮存信離間，欲立大功以勝之，屢請兵於武皇，請兼并鎮冀，[17] 存信間之，不時許。大順二年，武皇大舉略地山東，以存信爲蕃漢馬步都校，[18] 存孝聞之怒，武皇令存質代之，[19] 存孝乃謀叛。[20] 既誅，[21] 以存信爲蕃漢都校。從討李匡儔，[22] 降赫連鐸、白義誠，[23] 以功檢校右僕射。[24] 從入關討王行瑜，[25] 加檢校司空，[26] 領郴州刺史。[27]

[1]君政：人名。即張君政。回鶻人。曾任雲州長史，識蕃字，通佛理。事見本書本卷、卷九一，《新五代史》卷三六。

[2]迴鶻部：古部族、政權名。又作回紇。原係突厥鐵勒部的一支。唐天寶三載（744）建立回紇汗國，8世紀末、9世紀初，回鶻與吐蕃爭奪北庭和安西並最終取勝，統治西域。9世紀中葉，回鶻汗國瓦解。參見楊蕤《回鶻時代：10—13世紀陸上絲綢之路貿易研究》，中國社會科學出版社2015年版。

[3]大中：唐宣宗李忱年號（847—859），唐懿宗沿用（859—860）。

[4]李思忠：人名。原名嗢没斯，唐代回紇汗國特勤。降唐後獲賜姓名李思忠，拜右金吾衛大將軍、懷化郡王、歸義軍使，部衆分別被置於雲州和朔州一帶。事見《舊唐書》卷一八上、《新唐書》卷二一七下。

[5]雲中：唐都護府名。治所在今内蒙古和林格爾縣西北。合羅川：地名。位於今額濟納河中下游。

[6]獻祖：即李國昌，又名朱邪赤心。沙陀部首領。唐末軍閥。李克用之父。其孫後唐莊宗李存勖即帝位後，追謚其爲文皇，廟號獻祖。事見《舊唐書》卷一九上、卷一九下。

[7]武皇：即李克用。沙陀部人，生於神武川新城（一説是今山西朔州市朔城區之梵王寺村，一説是今山西應縣縣城，一説在今山西懷仁縣之日中城）。唐末軍閥，受封晋王。五代後唐太祖。紀見本書卷二五、卷二六，《新五代史》卷四。

[8]"李存信"至"賜姓名"："李存信，本姓張"，《舊五代史

考異》："《梁紀》作張污落，蓋本名污落，賜名存信。"此《梁紀》爲《輯本舊史》卷一《梁太祖紀一》乾寧三年（896）正月條，該條並非録自《大典》，而是録自《宋本册府》卷一八七《閏位部·勳業門五》。但該條祇言李克用遣舊將張污落寨於莘縣，未言賜姓名事。《通鑑》卷二五五中和四年（884）五月甲戌條："克用擇軍中驍勇者，多養爲子，名回鶻張政之子曰存信……冒姓李氏。"胡注："按薛居正《五代史》，存信本名張污落。"《宋本册府》卷八二五《總録部·名字門二》："李存信，本姓張，爲河東蕃漢馬步軍都指揮使。太祖賜姓名，眷同親嫡。""姓名"明本作"名姓"。《輯本舊史》卷九一《張從訓傳》："（從訓）祖君政，雲州長史，識蕃字，通佛理。父存信，河東蕃漢馬步軍都指揮使，武皇賜姓名，眷同親嫡，前史有傳。""從武皇入關平賊"，《舊唐書》卷一九下《僖宗本紀》與《輯本舊史》卷二五《唐武皇紀上》繫於中和二年十月至中和四年五月。

　　[9]大順：唐昭宗李曄年號（890—891）。

　　[10]馬步都校：即馬步軍統兵官。

　　[11]李存孝：人名。本名安敬思。代州飛狐（今河北淶源縣）人。唐末李克用養子、部將。傳見本書本卷、《新五代史》卷三六。

　　張濬：人名。河間（今河北河間市）人。唐末官員。傳見《舊唐書》卷一七九、《新唐書》卷一八五。　平陽：地名。位於今山西臨汾市。　　"大順中"至"與李存孝擊張濬軍於平陽"：《舊唐書》卷二〇上《昭宗紀》、《新唐書》卷一〇《昭宗紀》繫此事於大順元年十一月，《舊唐書》卷一七九《張濬傳》、《輯本舊史》卷二五、《新五代史》卷一《梁本紀》繫此事於大順元年十月。據《輯本舊史》卷五三《李存孝傳》，存孝於十月圍平陽，張濬於十一月遁逃。平定潞州、康君立授旄鉞、擊張濬軍於平陽均爲大順元年事，此處不當言"中"。

　　[12]潞州：州名。治所在今山西長治市。

　　[13]康君立：人名。蔚州興唐（今河北蔚縣）人。唐末將領。

傳見本書卷五五。

[14]"及平定潞州"至"疑存信擯己故也":"存孝以功望領節度",中華書局本有校勘記:"原作'以功領節度使',據殿本、劉本改。影庫本批校:以功領節度使,原本係'以功望領節度',殆云以功而希冀領節度也,未經得授,觀下句授康君立可見,當從原本。"亦可參見《新五代史》卷三六《李存孝傳》。"既而康君立授旄鉞",《輯本舊史》之影庫本粘籤:"康君立,原本作'軍位',今從《歐陽史》改正。"見《新五代史》卷三六《李存孝傳》。《舊唐書》卷二〇上《昭宗紀》與《輯本舊史》卷二五《唐武皇紀上》及卷五三《李存孝傳》繫平定潞州、康君立授旄鉞二事於大順元年(890)九月。

[15]邢:州名。治所在今河北邢臺市。 洺:州名。治所在今河北邯鄲市永年區。

[16]明年,存孝得邢洺,武皇與之節鉞:《輯本舊史》卷二五《唐武皇紀上》及卷五三《李存孝傳》均繫此事於大順二年三月。

[17]鎮:州名。治所在今河北正定縣。 冀:州名。治所在今河北衡水市冀州區。

[18]蕃漢馬步都校:即馬步軍統兵官。

[19]存質:人名。即李存質。回鶻人。本姓張,名污落。唐末晉王李克用部將。初爲李國昌親信,後從李克用入關征戰,始補軍職,賜姓名,收爲義子。事見《舊唐書》卷一四二、本書卷二七、《通鑑》卷二七一。 "大順二年"至"武皇令存質代之":《輯本舊史》卷二六《唐武皇紀下》景福元年(892)正月條:"鎮州王鎔恃燕人之援,率兵十餘萬攻邢州之堯山。武皇遣李存信將兵應援,李存孝素與存信不協,遞相猜貳,留兵不進。武皇又遣李嗣勳、李存審將兵援之,大破燕、趙之衆,斬首三萬,收其軍實。"《舊唐書》卷一四二《王鎔傳》:"景福元年,鎔乘存孝有間於其帥,乃出兵攻堯山。晉帥遣大將李存質來援,大敗鎮人於堯山,死者萬計。"此段上文有"大順中",實爲"大順元年";後有"明年",

即爲"大順二年"。而此又云"大順二年"，實爲"景福元年"。

[20]存孝乃謀叛：《通鑑》卷二五九景福元年十月："初，邢、洺、磁州留後李存孝，與李存信俱爲李克用假子，不相睦。存信有寵於克用，存孝在邢州，欲立大功以勝之，乃建議取鎮冀；存信從中沮之，不時聽許。及王鎔圍堯山，存孝救之，不克。克用以存信爲蕃、漢馬步都指揮使，與存孝共擊之，二人互相猜忌，逗留不進；克用更遣李嗣勳等擊破之。存信還，譖存孝無心擊賊，疑與之有私約。存孝聞之，自以有功於克用，而信任顧不及存信，憤怨，且懼及禍，乃潛結王鎔及朱全忠，上表以三州自歸於朝廷，乞賜旌節及會諸道兵討李克用；詔以存孝爲邢、洺、磁節度使，不許會兵。"

[21]既誅：《舊唐書》卷二〇上《昭宗紀》與《輯本舊史》卷二六《唐武皇紀下》皆繫此事於乾寧元年（894）三月。

[22]李匡儔：人名。新、舊《唐書》作"李匡籌"。范陽（今河北涿州市）人。幽州節度使李全忠之子、李匡威之弟。唐末軍閥。傳見《舊唐書》卷一八〇、《新唐書》卷二一二。

[23]赫連鐸：人名。唐末代北吐谷渾首領。咸通九年（868）隨唐軍鎮壓龐勳起義。與李國昌父子爭奪代北，官至唐雲州刺史、大同軍防禦使，守雲州十餘年。後爲李克用擒殺。事見《舊唐書》卷一九下。　白義誠：人名。吐谷渾部人。唐末吐谷渾部首領，蔚州刺史。事見《舊唐書》卷一九下《唐武皇紀下》，《通鑑》卷二五三、卷二五九。　從討李匡儔，降赫連鐸、白義誠：《輯本舊史》卷二六乾寧元年十月條："雲州吐渾赫連鐸、白義誠並來歸，命皆笞而釋之。"此句《輯本舊史》之原輯者案語："《舊唐書·昭宗紀》：六月壬辰，克用攻陷雲州，執赫連鐸。《新唐書·昭宗紀》：六月，赫連鐸與李克用戰於雲州，死之。《通鑑》從《新唐書》作李克用大破吐谷渾，殺赫連鐸，擒白義誠，俱與《薛史》異。考雲州諸部因討李匡儔而來歸，自當在十月，而諸書皆作六月，恐未足據。"

[24]檢校右僕射：官名。右僕射爲隋唐宰相名號。檢校右僕射爲散官或加官，以示恩寵，無實際執掌。　以功檢校右僕射：中華書局本有校勘記："'右'，冊府卷三四七、卷三八七作'左'。"見明本《冊府》卷三四七《將帥部·佐命門八》、《宋本冊府》卷三八七《將帥部·褒異門一三》。

[25]王行瑜：人名。邠州（今陝西彬縣）人。唐末軍閥。傳見《舊唐書》卷一七五、《新唐書》卷二二四下。　從入關討王行瑜：據《輯本舊史》卷二六，此役自乾寧二年六月至十一月。

[26]檢校司空：官名。爲散官或加官，以示恩寵，無實際執掌。

[27]郴州：州名。治所在今湖南郴州市。　刺史：官名。州一級行政長官。漢武帝時始置，總掌考覈官吏、勸課農桑、地方教化等事。唐中期以後，節度使、觀察使轄州而設，刺史爲其屬官，職任漸輕。從三品至正四品下。

　　乾寧三年，[1]兗、鄆乞師於武皇，[2]武皇遣存信營於莘縣，[3]與朱瑄合勢以抗梁人。[4]梁祖患之，[5]遣使謂羅弘信曰：[6]"河東志在吞食河朔，迴軍之日，貴道堪憂。"而存信戢兵無法，稍侵魏之芻牧，弘信怒，翻然結於梁祖，乃出兵三萬以攻存信。存信斂衆而退，爲魏人所薄，委棄輜重，退保洺州，軍士喪失者十二三。[7]武皇怒，大出師攻魏博，[8]屠陷諸邑。[9]五月，存信軍於洹水。[10]汴將葛從周、氏叔琮來援魏人。[11]存信與鐵林都將落落遇汴人於洹水南，汴人爲陷馬坎以待之，存信戰敗，落落被擒。[12]九月，存信敗葛從周於宗城，[13]乘勝至魏州之北門。[14]明年，聞兗、鄆皆陷，乃班師。[15]八月，從討劉仁恭，[16]師次安塞，[17]爲燕軍所敗。[18]武皇怒謂存信曰：“昨日吾醉，不悟賊至，公不辨耶？古人三敗，公殆二矣。”[19]存信懼，泥首謝罪，幾至不測。自光化已後，[20]存信多稱病，武皇以兵柄授李嗣昭，[21]以存信爲右校而已。天復二年十月，[22]以疾卒於晉陽，[23]時年四十一。《永樂大典》卷一萬三百八十九。[24]

[1]乾寧：唐昭宗李曄年號（894—898）。

[2]兗：州名。治所在今山東濟寧市兗州區。　鄆：州名。治所在今山東東平縣。

[3]莘縣：縣名。治所在今山東莘縣。

[4]朱瑄：人名。一作朱宣。宋州下邑（今河南夏邑縣）人。唐末、五代軍閥，後爲天平軍節度使。傳見《舊唐書》卷一八二、《新唐書》卷一八八、本書卷一三、《新五代史》卷四二。

[5]梁祖：即後梁太祖朱溫。

[6]羅弘信：人名。魏州貴鄉（今河北大名縣）人。唐末、五代軍閥。傳見《舊唐書》卷一八一、《新唐書》卷二一〇。

[7]“兗、鄆乞師於武皇”至“軍士喪失者十二三”：“武皇遣存信營於莘縣”，《輯本舊史》之影庫本粘籤：“莘縣，原本作‘華縣’，今從《新唐書·藩鎮傳》改正。”見《新唐書》卷二一〇《藩鎮魏博傳》之《羅弘信傳》。“遣使謂羅弘信曰”，中華書局本有校勘記：“‘謂’，原作‘諜’，據劉本、本書卷一四《羅紹威傳》、《册府》卷二一四、《通鑑》卷二六〇、《舊唐書》卷一八一《羅弘信傳》、《新唐書》卷二一〇《羅弘信傳》改。”見明本《册府》卷二一四《閏位部·權略門》、《通鑑》卷二六〇乾寧三年（896）閏正月條。“與朱瑄合勢以抗梁人”之“朱瑄”，《宋本册府》卷四四五《將帥部·軍不整門》作“朱瑾”。

[8]魏博：方鎮名。治所在魏州貴鄉縣（今河北大名縣）。

[9]武皇怒，大出師攻魏博，屠陷諸邑：《輯本舊史》卷二六

《唐武皇紀下》繫此事於乾寧三年三月，有原輯者案語："《舊唐書》：六月庚戌，李克用率沙陀、并汾之衆五萬攻魏州，及其郛，大掠於其六郡，陷城安、洹水、臨漳十餘邑，報莘之怨也。《薛史》作三月事，蓋自三月興師，至十月始退耳。"

[10]洹水：水名。即今河南北部衞河支流安陽河。

[11]葛從周：人名。濮州甄城（今山東鄄城縣）人。唐末將領。傳見本書卷一六、《新五代史》卷二一。　　氏叔琮：人名。河南尉氏（今河南尉氏縣）人。唐末將領。傳見本書卷一九、《新五代史》卷四三。

[12]鐵林都將：官名。所部統兵將領。鐵林爲部隊番號。　　落落：人名。李克用之子。時爲鐵林軍使，將鐵林小兒三千騎薄於洹水，與葛從周部作戰失敗，爲葛從周部將張歸霸所擒，朱温命將落落送於羅弘信斬之。事見《舊唐書》卷一八一、本書卷二六、《新五代史》卷二二。　　"存信與鐵林都將落落遇汴人於洹水南"至"落落被擒"：《通鑑》卷二六〇繫此事於乾寧三年六月，有《考異》："《唐太祖紀年録》、薛居正《五代史·武皇紀》《實録》，禽落落皆在七月。葛從周、李存信傳在五月。今從《梁太祖紀》。"見輯本卷二六《武皇紀下》、卷一六《葛從周傳》。

[13]宗城：縣名。治所在今河北威縣。

[14]魏州：州名。治所在今河北大名縣。

[15]聞兗、鄆皆陷，乃班師：陷鄆州一事，參見《通鑑》卷二六一乾寧四年正月辛卯、癸巳、丙申諸條及《考異》。

[16]劉仁恭：人名。深州（今河北深州市）人。唐末、五代軍閥。傳見《新唐書》卷二一二。

[17]安塞：地名。治所在今河北蔚縣。

[18]師次安塞，爲燕軍所敗：《輯本舊史》卷二六《唐武皇紀下》繫此事乾寧四年九月。

[19]公殆二矣：中華書局本有校勘記："'殆'，原作'姑'，據《册府》卷四四三改。"見明本《册府》卷四四三《將帥部·敗

衄門三》。

[20]光化：唐昭宗李曄年號（898—901）。

[21]李嗣昭：人名。汾州（今山西汾陽市）人。唐末、五代李克用義子、部將。傳見本書卷五二、《新五代史》卷三六。

[22]天復：唐昭宗李曄年號（901—904）。

[23]晋陽：縣名。治所在今山西太原市。

[24]《大典》卷一〇三八九"李"字韻"姓氏（三四）"事目。《輯本舊史》卷九一有其子《張從訓傳》，《宋史》卷二五四有其子《張從恩傳》。

李存孝

李存孝，本姓安，名敬思。[1]少於俘囚中得隸紀綱，[2]給事帳中。及壯，便騎射，驍勇冠絶，常將騎爲先鋒，未嘗挫敗。從武皇救陳、許，[3]逐黄寇，[4]及遇難上源，[5]每戰無不尅捷。[6]

[1]李存孝，本姓安，名敬思：《輯本舊史》之原輯者案語："《新唐書》：存孝，飛狐人。與《歐陽史》同，《薛史》闕載。"《新唐書》卷二一一《王鎔傳》："存孝，飛狐人，所謂安敬思者。善騎射，攻葛從周，敗張濬、韓建，數有奇功。"《新五代史》卷三六《李存孝傳》："代州飛狐人也。本姓安，名敬思。太祖掠地代北得之，給事帳中，賜姓名，以爲子，常從爲騎將。"

[2]紀綱：泛指僕從。

[3]陳：州名。治所在今河南淮陽縣。　許：州名。治所在今河南許昌市。

[4]黄寇：即黄巢。寇乃蔑稱。

[5]上源：驛站名。位於今河南開封市内。

　　[6]“及壯”至“每戰無不尅捷”：“從武皇救陳、許，逐黄寇”，《舊唐書》卷一九下《僖宗紀》繫此事於中和四年（884）二月。“及遇難上源”，《舊唐書》卷一九下《僖宗紀》與《輯本舊史》卷二五《唐武皇紀上》繫此事於中和四年五月。《輯本舊史》卷二五文德元年（888）三月條：“河南尹張全義潛兵夜襲李罕之於河陽，城陷，舉族爲全義所攄，罕之踰垣獲免，來歸於武皇。遣李存孝、薛阿檀、史儼兒、安金俊、安休休將七千騎送罕之至河陽。汴將丁會、牛存節、葛從周將兵赴援，李存孝率精騎逆戰於温縣。汴人既扼太行之路，存孝殿軍而退。”同卷龍紀元年（889）五月條：“遣李罕之、李存孝攻邢州。”同卷大順元年（890）：“遣李存孝攻邢州，孟遷以邢、洺、磁三州降，執汴將王虔裕三百人以獻。”亦見《通鑑》卷二五七文德元年三月、四月，卷二五八龍紀元年五月諸條。《新五代史》卷三六《李存孝傳》：“文德元年，河南張言襲破河陽，李罕之來歸晉，晉處罕之于澤州，遣存孝與薛阿檀、安休休等以兵七千助罕之還擊河陽。梁亦遣丁會、牛存節等助言。戰于温縣，梁軍先扼太行，存孝大敗，安休休被執。是時，晉已得澤、潞，歲出山東，與孟方立争邢、洺、磁，存孝未嘗不在兵間。方立死，晉取三州，存孝功爲多。”

　　張濬之加兵於太原也，[1]潞州小校馮霸殺其帥李克恭以城叛，[2]時汴將朱崇節入潞州，[3]梁祖令張全義攻澤州。[4]李罕之告急於武皇，[5]武皇遣存孝率騎五千援之。[6]初，汴人攻澤州，呼罕之曰：“相公常恃太原，輕絶大國，今張相公已圍太原，葛司空已入潞府，[7]旬日之内，沙陀無穴自處，相公何路求生耶！”存孝聞其言不遜，選精騎五百，繞汴營呼曰：“我，沙陀求穴者，俟爾肉饡軍，可令肥者出鬭！”汴將有鄧季筠者，[8]亦以驍勇聞，乃引軍出戰。存孝激勵部衆，舞稍先登，一戰敗之，獲馬千匹，生擒季筠於軍中。是夜，汴將李讜收軍而遁，[9]存孝追擊至馬牢山，[10]俘斬萬計，遂退攻潞州。[11]

[1]太原：府名。治所在今山西太原市。

[2]馮霸：人名。籍貫不詳。唐末軍閥。事見本書本卷、卷五〇。　李克恭：人名。沙陀部人。李克用之弟。唐末將領。傳見本書卷五〇、《新五代史》卷一四。

[3]朱崇節：人名。籍貫不詳。後梁官員。事見《舊唐書》卷一七九、本書卷八一。　“張濬之加兵於太原也”至“時汴將朱崇節入潞州”：“張濬之加兵於太原”一事，據《輯本舊史》卷二五《唐武皇紀上》，宰相張濬於大順元年（890）五月同意加兵太原，六月任招討使。“潞州小校馮霸殺其帥李克恭以城叛”及“汴將朱崇節入潞州”二事，《輯本舊史》卷二五《唐武皇紀上》繫於大順元年五月。

[4]張全義：人名。後因犯諱，改名張宗奭。亦作張言。濮州臨濮（今山東鄄城縣）人。唐末、五代後梁、後唐將領。傳見本書卷六三、《新五代史》卷四五。　澤州：州名。治所在今山西晉城市。

[5]李罕之：人名。陳州項城（今河南沈丘縣）人。唐末五代軍閥。傳見《新唐書》卷一八七、本書卷一五、《新五代史》卷四二。

[6]“梁祖令張全義攻澤州”至“武皇遣存孝率騎五千援之”：《新五代史》卷三六《李存孝傳》：“梁遣李讜攻李罕之于澤州。”《通鑑》卷二五八大順元年七月條：“朱全忠遣驍將葛從周將千騎潛自壺關夜抵潞州，犯圍入城。又遣別將李讜、李重胤、鄧季筠將兵攻李罕之於澤州，又遣張全義、朱友裕軍於澤州之北，爲從周應

援。”同年八月乙丑條：“（孫）揆發晉州，李存孝聞之，以三百騎伏於長子西谷中。揆建牙杖節，褒衣大蓋，擁衆而行；存孝突出，擒揆及賜旌節中使韓歸範、牙兵五百餘人，追擊餘衆於刁黃嶺，盡殺之。存孝械揆及歸範，絣以素練，徇於潞州城下曰：‘朝廷以孫尚書爲潞帥，命韓天使賜旌節，葛僕射可速歸大梁，令尚書視事。’遂絣以獻於克用。”同月：“李罕之告急於李克用，克用遣李存孝將五千騎救之。”《輯本舊史》卷二五《唐武皇紀上》繫於大順元年六月。

[7]葛司空：《通鑑》卷二五八作“葛僕射”。胡注云：“張相公，謂張濬；葛僕射，謂葛從周。”葛從周，濮州鄄城（今山東鄄城縣）人。唐末、五代將領。傳見本書卷一六、《新五代史》卷二一。　潞府：即潞州。

[8]鄧季筠：人名。宋州下邑（今河南夏邑縣）人。五代後梁將領。傳見本書卷一九。

[9]李讜：人名。河中臨晉（今山西臨猗縣）人。五代後梁將領。傳見本書卷一九。

[10]馬牢山：山名。又名馬頭山。位於今山西晉城市南。

[11]“初，汴人攻澤州”至“遂退攻潞州”：“沙陀無穴自處”，《輯本舊史》之影庫本粘籤：“‘無穴’，原本作‘無空’，今據《新唐書》改正。”見《新唐書》卷一八七《李罕之傳》。“今張相公已圍太原”，《輯本舊史》原無“已”字，據《宋本冊府》卷三九六《將帥部·勇敢門三》補；“沙陀求穴者”，《冊府》作“沙陀未穴者”。《通鑑》卷二五八大順元年九月壬寅條：“汴軍之初圍澤州也，呼李罕之曰：‘相公每恃河東，輕絕當道；今張相公圍太原，葛僕射入潞府，旬月之間，沙陀無穴自藏，相公何路求生邪！’及李存孝至，選精騎五百，繞汴寨呼曰：‘我，沙陀之求穴者也，欲得爾肉以飽士卒；可令肥者出鬥！’汴將鄧季筠，亦驍將也，引兵出戰，存孝生擒之。是夕，李讜、李重胤收衆遁去，存孝、罕之隨而擊之，至馬牢山，大破之，斬獲萬計，追至懷州而還。存孝復

引兵攻潞州。"該條《考異》曰："《唐太祖紀年錄》：'六月，李崇節、葛從周據潞州，李重胤、鄧季筠、張全義將兵七萬攻澤州，李存孝將三千騎赴援。初，汴軍攻城門，呼李罕之云云。李存孝憤其言，引鐵騎五百追擊，入季筠營門，生獲其都將十數。是夜，汴將李讜收軍而遁，存孝、罕之追擊至馬牢山，斬首萬級，追襲掩擊，至於懷州而還。存孝復引軍攻潞州，九月二日，葛從周帥衆棄城而遁。'《唐末見聞錄》：'閏九月，昭義軍前狀申昭義軍人拔滅逃遁，收下城池，擒獲到餘黨五十人，巾縛送上；至二十日，行營都指揮使李存孝迴戈歸府。'薛居正《五代史·梁太祖紀》：'九月，壬寅，帝至河陽，遣李讜引軍趨澤潞，行至馬牢川，爲晉人所敗。帝又遣朱友裕、張全義率精兵至澤州北以爲應援。既而崇節、從周棄潞來歸。戊申，帝廷責諸將敗軍之罪，斬李重胤以徇，遂班師焉。'《實錄》：'九月，甲申朔，康君立急攻潞州，朱全忠駐河陽，遣李讜引軍趨澤潞，至馬牢山川，與并師大戰，不利，鄧季筠被執。復遣朱友裕、張全義至澤州北應援，葛從周、朱崇節率衆棄潞州歸。'按六月李存孝若已破李讜，追至懷州，懷州去河陽止一程，豈得九月方到河陽！讜之敗必在九月戊申前一兩日也。蓋《紀年錄》因從周據潞州事終言之。九月甲申朔，十九日壬寅，二十五日戊申。若全忠至河陽始遣讜等趣澤潞，既敗，而從周等棄潞來歸，七日之間，豈容許事！蓋《薛史》因讜敗，追本前事耳。若九月二日從周已棄潞州，何得十九日後攻澤州者，猶云葛司空入潞府乎！蓋《實錄》承《紀年錄》而誤也。今全忠往來月日從《薛史》，事則兼採諸書。"

　　時朝廷命京兆尹孫揆爲昭義節度使，[1]令供奉官韓歸範送旌節至平陽，[2]揆乃仗節之潞，[3]梁祖與揆牙兵三千爲紀綱。時揆爲張濬副招討，所部萬人。大順元年八月，[4]自晉、絳踰刀黃嶺趨上黨。[5]存孝引三百騎伏於長子西崖谷間。[6]揆褒衣大蓋，擁衆而行，俟其軍前後不屬，存孝出騎橫擊之，擒揆與歸範及俘囚五百，獻於太原。存孝乃急攻潞州。九月，葛從周棄城夜遁，存孝收城，武皇乃表康君立爲潞帥。存孝怒，不食者累日。十月，存孝引收潞州之師，圍張濬於平陽，營於趙城。[7]華州韓建遣壯士三百夜犯其營，[8]存孝諜知，設伏以擊之，盡殪，進壓晉州西門，獲賊三千，自是閉壁不出。存孝引軍攻絳州。[9]十一月，刺史張行恭棄城而去，[10]張濬、韓建亦由含口而遁，[11]存孝收晉、絳，[12]以功授汾州刺史。[13]

[1]京兆尹：官名。唐開元元年（713）改雍州置京兆府，治所在今陝西西安市。以京兆尹總其政務。從三品。　孫揆：人名。潞州涉縣（今河北涉縣）人。唐末進士、官員，唐昭宗時歷任中書舍人、刑部侍郎、京兆尹、昭義軍節度使。傳見《新唐書》卷一九三。　昭義：方鎮名。治所在潞州（今山西長治市）。　節度使：官名。唐時在重要地區所設掌握一州或數州軍、民、財政的長官。
　時朝廷命京兆尹孫揆爲昭義節度使：《舊唐書》卷二〇上《昭宗紀》與《通鑑》卷二五八繫此事於大順元年（890）六月。

[2]供奉官：官名。泛指侍奉皇帝左右的臣僚，亦爲東、西頭供奉官通稱。　韓歸範：人名。籍貫不詳。唐末宦官。事見《舊唐書》卷二〇上，《通鑑》卷二五八、卷二五九。

[3]令供奉官韓歸範送旌節至平陽，揆乃仗節之潞：《舊唐書》卷二〇上《昭宗紀》繫此事於大順元年七月，《通鑑》卷二五八繫於大順元年八月。

[4]大順元年八月：《輯本舊史》原無“大順元年”四字。中華書局本有校勘記：“本書卷二五《唐武皇紀上》、《通鑑》卷二五

八繫其事於大順元年八月。"但未補，今據補。

　　[5]晋州：州名。治所在今山西臨汾市。　絳：州名。治所在今山西新絳縣。　刀黃嶺：地名。《通鑑》卷二五八作"刁黃嶺"。又稱刁黃山、彫黃嶺、發甕嶺。位於今山西長子縣西。　上黨：即潞州，治所在今山西長治市。

　　[6]長子：縣名。治所在今山西長子縣。　存孝引三百騎伏於長子西崖谷間：中華書局本有校勘記："'谷'字原闕，據本書卷二五《唐武皇紀上》、《新五代史》卷三六《李存孝傳》補。"《輯本舊史》卷二五《唐武皇紀上》作"長子縣崖谷間"。

　　[7]趙城：縣名。治所在今山西洪洞縣北。

　　[8]華州：州名。治所在今陝西渭南市華州區。　韓建：人名。許州長社（今河南許昌市）人。唐末、五代軍閥。傳見本書卷一五、《新五代史》卷四〇。

　　[9]"十月"至"存孝引軍攻絳州"："圍張濬於平陽"，《輯本舊史》之影庫本粘籤："平陽，原本作'申陽'，今據《歐陽史》改正。"查《新五代史》，未見此記載。《輯本舊史》卷二五《唐武皇紀上》繫此事於大順元年十月，後有《舊五代史考異》："《新唐書·昭帝紀》作十一月，張濬及李克用戰于陰地，敗績。《歐陽史》亦作十一月，與《薛史》先後互異。"《通鑑》卷二五八亦繫於十月。

　　[10]張行恭：人名。籍貫不詳。唐末將領。事見《通鑑》卷二五八。

　　[11]唅口：地名。又作啥口。在今山西聞喜縣東南。

　　[12]"十一月"至"存孝收晋、絳"：《舊唐書》卷二〇上《昭宗紀》及《輯本舊史》卷二五《唐武皇紀上》均繫此事於大順元年十二月。《新五代史》卷四《唐本紀上》及《通鑑》卷二五八均繫此事於大順元年十一月。

　　[13]汾州：州名。治所在今山西汾陽市。　以功授汾州刺史：《輯本舊史》卷二五《唐武皇紀上》大順元年九月條："汴將葛從

周棄潞州而遁，武皇以康君立爲潞州節度使，以李存孝爲汾州刺史。"《新五代史》卷三六《李存孝傳》："初，存孝取潞州功爲多，而太祖別以大將康君立爲潞州留後，存孝爲汾州刺史。存孝負其功，不食者數日。及走張濬，遷邠州刺史。"《通鑑》卷二五八大順元年九月條："李克用以康君立爲昭義留後，李存孝爲汾州刺史。"此處本傳敘事先後順序有誤。

　　大順二年三月，邢州節度使安知建叛入汴軍，[1]武皇令存孝定邢、洺，因授之節鉞。[2]時幽州李匡威與鎮州王鎔屢弱中山，[3]將中分其疆土。定州王處存求援於武皇。[4]武皇命存孝侵鎮趙之南鄙，[5]又令李存信、李存審率師出井陘以會之，[6]併軍攻臨城、柏鄉。[7]李匡威救至，且議旋師。[8]景福元年，[9]李存信與存孝不協，因搆於武皇，言存孝望風退衄，無心擊賊，恐有私盟也。存孝知之，自恃戰功，鬱鬱不平，因致書通王鎔，又歸款於汴。[10]

　　[1]安知建：人名。籍貫不詳。唐末將領。事見《通鑑》卷二五八。

　　[2]"大順二年三月"至"因授之節鉞"：《輯本舊史》卷二五《唐武皇紀上》、《通鑑》卷二五八均繫此事於大順二年（891）三月。

　　[3]幽州：州名。治所在今北京市。　李匡威：人名。范陽（今河北涿州市）人。幽州節度使李全忠之子，襲父位爲節度使。唐末軍閥。傳見《舊唐書》卷一八〇、《新唐書》卷二一二。　鎮州：州名。治所在今河北正定縣。　王鎔：人名。回鶻人。唐末、五代軍閥，朱溫後封趙王。傳見本書卷五四、《新五代史》卷三九。

中山：地名。位於今河北定州市。

　　[4]定州：州名。治所在今河北定州市。　王處存：人名。京兆萬年（今陝西西安市長安區）人。唐末軍閥。傳見《舊唐書》卷一八二、《新唐書》卷一八六。　定州王處存求援於武皇：《舊唐書》卷二〇上《昭宗紀》繫此事於大順二年六月。

　　[5]趙：州名。治所在今河北趙縣。

　　[6]李存信：人名。本姓張。回鶻人。唐末、五代後唐將領。傳見本書本卷、《新五代史》卷三六。　李存審：人名。原姓符，名存。陳州宛丘（今河南淮陽縣）人。五代後唐將領。傳見本書卷五六、《新五代史》卷二五。　井陘：關隘名。位於今河北井陘礦區。

　　[7]臨城：縣名。治所在今河北臨城縣。　柏鄉：縣名。治所在今河北柏鄉縣。

　　[8]“武皇命存孝侵鎮趙之南鄙”至“且議旋師”：《舊唐書》卷二〇上繫此事於大順二年七月，《輯本舊史》卷二五、《通鑑》卷二五八繫於大順二年十月。

　　[9]景福：唐昭宗李曄年號（892—893）。

　　[10]“景福元年”至“又歸款於汴”：《輯本舊史》之原輯者案語：“《舊唐書》以存孝據邢州爲大順元年事。考存孝至大順二年始領邢州節鉞，在元年無由得據邢州也。《舊唐書》蓋因平潞州事而牽連書之耳。《新唐書》與《歐陽史》並從《薛史》。”見《舊唐書》卷二〇上《昭宗紀》、《新五代史》卷三六《李存孝傳》。“景福元年”四字原無。此段前有“大順二年三月”，則下段之“明年”當指“景福元年”。然下段所云“武皇自出井陘”諸事當繫於“景福二年”而非“景福元年”，時間不符。考《輯本舊史》卷二六《唐武皇紀下》景福元年（892）正月、十月諸條，《新五代史》卷四《唐本紀上》景福元年十月條，及《通鑑》卷二五九，“李存信與存孝不協”至“又歸款於汴”一事均應繫於景福元年，可知本條少“景福元年”四字，據補。《通鑑》卷二五九景福元年十

月："初，邢、洺、磁州留後李存孝，與李存信俱爲李克用假子，不相睦。存信有寵於克用，存孝在邢州，欲立大功以勝之，乃建議取鎮冀；存信從中沮之，不時聽許。及王鎔圍堯山，存孝救之，不克。克用以存信爲蕃、漢馬步都指揮使，與存孝共擊之，二人互相猜忌，逼留不進；克用更遣李嗣勳等擊破之。存信還，譖存孝無心擊賊，疑與之有私約。存孝聞之，自以有功於克用，而信任顧不及存信，憤怨，且懼及禍，乃潛結王鎔及朱全忠，上表以三州自歸於朝廷，乞賜旌節及會諸道兵討李克用；詔以存孝爲邢、洺、磁節度使，不許會兵。"

　　明年，武皇自出井陘，將逼真定，[1]存孝面見王鎔陳軍機。武皇暴怒，誅先獲汴將安康八方旋師。[2]七月，復出師討存孝，自縛馬關東下，[3]攻平山，[4]渡滹水，[5]擊鎮州四關城。王鎔懼，遣使乞平，請以兵三萬助擊存孝，許之。[6]武皇蒐於欒城，[7]李存信屯琉璃陂。[8]九月，存孝夜犯存信營，奉誠軍使孫考老被獲，[9]存信軍亂。武皇進攻邢州，深溝高壘以環之，旋爲存孝衝突，溝塹不成。有軍校袁奉韜者，[10]密令人謂存孝曰："大王俟塹成即歸太原，如塹壘未成，恐無歸志。尚書所畏唯大王耳，[11]料諸將孰出尚書右。王若西歸，雖限以黃河，亦可浮渡，況咫尺之洫，安能阻尚書鋒銳哉！"存孝然之，縱兵成塹。居旬日，深溝高壘，飛走不能及，由是存孝至敗，城中食盡。

　　[1]真定：縣名。治所在今河北正定縣。
　　[2]安康八：人名。本書僅此一見。　　"明年，武皇自出井陘"至"誅先獲汴將安康八方旋師"：《舊唐書》卷二〇上《昭宗

紀》與《輯本舊史》卷二六《唐武皇紀下》均繫此事於景福二年（893）二月。

[3]縛馬關：地名。今地不詳。

[4]平山：縣名。治所在今河北平山縣。

[5]滹水：河流名。即滹沱河。發源於今山西繁峙縣，東流入今河北省，過正定縣，向東流入渤海。

[6]請以兵三萬助擊存孝，許之：《舊五代史考異》：“《新唐書》：王鎔失幽州助，因乞盟，進幣五十萬，歸糧二十萬，請出兵助討存孝。”見《新唐書》卷二一一《王鎔傳》。

[7]欒城：縣名。治所在今河北石家莊市欒城區。

[8]琉璃陂：地名。位於今河北邢臺市西南。

[9]奉誠：方鎮名。治所在同州（今陝西大荔縣）。　軍使：官名。唐末邊防將領。《新唐書》卷五〇《兵志》：“唐初，兵之戍邊者，大曰軍，小曰守捉，曰城，曰鎮……武德至天寶以前邊防之制。其軍、城、鎮、守捉皆有使。”　孫考老：人名。本書僅此一見。

[10]軍校：輔佐將帥的軍官。　袁奉韜：人名。籍貫不詳。後唐將領。事見本書本卷、卷六二。　有軍校袁奉韜者：《輯本舊史》之影庫本粘籤：“袁奉韜，原本作‘奏韜’，今從《歐陽史》改正。”見《新五代史》卷三六《李存孝傳》。

[11]尚書：代指李存孝。《通鑑》卷二五九作：“河東牙將袁奉韜密使人謂存孝曰：‘大王惟俟壆成即歸晉陽，尚書所憚者獨大王耳。’”胡注云：“李克用時封隴西郡王，存孝蓋亦檢校尚書。”

　　乾寧元年三月，存孝登城首罪，泣訴於武皇曰：“兒蒙王深恩，位至將帥，[1]苟非讒慝離間，曷欲捨父子之恩，轉附仇讎之黨！兒雖褊狹設計，實存信搆陷至此，若得生見王面，一言而死，誠所甘心。”武皇愍之，遺劉太妃入城慰勞。[2]太妃引來謁見，存孝泥首請罪曰：“兒立微勞，本無顯過，但被人中傷，申明無路，迷昧至此！”武皇叱之曰：“爾與王鎔書狀，罪我萬端，亦存信教耶！”繫歸太原，車裂於市。然武皇深惜其才。存孝每臨大敵，被重鎧，櫜弓坐稍，[3]僕人以二騎從，陣中易騎，輕捷如飛，獨舞鐵樆，挺身陷陣，萬人辟易，蓋古張遼、甘寧之比也。[4]存孝死，武皇不視事旬日，私憾諸將久之。[5]《永樂大典》卷一萬三百八十九。[6]

[1]位至將帥：《舊五代史考異》：“《歐陽史》作位至將相。吳縝《纂誤》云：存孝本傳止爲邢州留後，未嘗爲平章事，何故云‘位至將相’耶！”見《新五代史》卷三六《李存孝傳》、《五代史纂誤》卷中義兒傳存孝二事條。

[2]劉太妃：人名。指李克用正妻劉氏。代北（今山西代縣）人。莊宗即位，以嫡母劉氏爲皇太妃。傳見本書卷四九、《新五代史》卷一四。

[3]櫜弓坐稍：中華書局本有校勘記：“‘櫜’原作‘櫜’，據殿本、《册府》（宋本）卷三九六、《新五代史》卷三六《李存孝傳》改。”見《宋本册府》卷三九六《將帥部·勇敢門三》。

[4]張遼：人名。雁門馬邑（今山西朔州市朔城區）人。三國時魏大將。傳見《三國志》卷一七。　甘寧：人名。巴郡臨江（今重慶市忠縣）人。三國時吳名將。傳見《三國志》卷五五。

[5]存孝死，武皇不視事旬日，私憾諸將久之：《新五代史》卷三六《李存孝傳》：“康君立素與存信相善，方二人之交惡也，君立每左右存信以傾之。存孝已死，太祖與諸將博，語及存孝，流涕不已，君立以爲不然，太祖怒，酖殺君立。君立初爲雲州牙將，唐僖宗時，逐段文楚，與太祖俱起雲中，蓋君立首事。其後累立戰

功，表昭義節度使。以存孝故殺之。”《通鑑》卷二五九乾寧元年（894）三月條：“克用惜其才，意臨刑諸將必爲之請，因而釋之。既而諸將疾其能，竟無一人言者。既死，克用爲之不視事者旬日，私恨諸將，而於李存信竟無所譴。又有薛阿檀者，其勇與存孝相侔，諸將疾之，常不得志，密與存孝通；存孝誅，恐事泄，遂自殺。自是克用兵勢浸弱，而朱全忠獨盛矣。”

　　［6］《大典》卷一〇三八九“李”字韻“姓氏（三四）”事目。

李存進　子漢韶

　　李存進，振武人，[1]本姓孫，名重進。[2]父佺，[3]世吏單于府。[4]重進初仕嵐州刺史湯羣爲部校，[5]獻祖誅羣，乃事武皇，從入關，還鎮太原，署牙職。景福中，爲義兒軍使，[6]賜姓名。[7]從討王行瑜，[8]以功授檢校常侍，[9]與李嗣昭同破王珙於河中。[10]光化三年，契丹犯塞，寇雲中，[11]改永安軍使、雁門以北都知兵馬使。[12]天復初，破氏叔琮前軍於洞渦。[13]三年，授石州刺史。[14]莊宗初嗣位，[15]入爲步軍右都校，[16]檢校司空。師出井陘，授行營馬步軍都虞候，[17]破汴軍於柏鄉，[18]論功授汾州刺史，[19]轉檢校司徒，[20]俄兼西南面行營招討使，[21]出師收慈州，[22]授慈、沁二州刺史。[23]十二年，定魏博，授天雄軍都巡按使。[24]時魏人初附，有銀槍効節都，[25]強傑難制，專謀騷動。存進沈厚果斷，犯令者梟首屍於市，諸軍無不愓息，靡然向風。十四年，權蕃漢馬步副總管，[26]從攻楊劉，[27]戰胡柳。[28]

[1]振武：方鎮名。後梁貞明二年（916）以前，治所位於單于都護府城（今內蒙古和林格爾縣）。貞明二年，單于都護府城爲契丹占據。此後至後唐清泰三年（936），治所位於朔州（今山西朔州市朔州區）。後晉隨燕雲十六州割予契丹，改名順義軍。

[2]本姓孫，名重進：《輯本舊史》之原輯者案語：“《歐陽史》：太祖破朔州得之，賜以姓名，養爲子。”見《新五代史》卷三六《李存進傳》，“破朔州”前有“攻”字。《通鑑》卷二五五中和四年（884）五月甲戌條云：“克用擇軍中驍勇者，多養爲子，……振武孫重進曰存進。”

[3]佺：人名。即孫佺。事跡不詳。

[4]單于府：官署名。即單于都護府。唐六都護府之一。掌西域突厥事務。治所在雲中故城（今內蒙古和林格爾縣西北）。 父佺，世吏單于府：中華書局本有校勘記：“‘佺’，《全唐文》卷八四〇《後唐招討使李存進墓碑》同，《九國志》卷七其子孫漢韶墓志（拓片刊《成都出土歷代墓銘券文圖錄綜釋》）作‘昉’。”《輯本舊史》之原輯者案語：“《九國志·孫漢韶傳》云：祖昉，嵐州刺史。父存進，振武軍節度使。據《薛史》則存進父自名佺，未嘗爲刺史，與《九國志》異。”見《九國志》卷七《孫漢韶傳》。《輯本舊史》卷一二九《孫漢英傳》：“父重進，事唐武皇、莊宗爲大將，賜姓，名存進。”

[5]嵐州：州名。治所在今山西嵐縣。 湯羣：人名。本書僅此一見。

[6]義兒軍使：官名。義兒軍統兵將領。由後唐太祖李克用的義子爲軍使，掌領本軍軍務。

[7]“重進初仕嵐州刺史湯羣爲部校”至“賜姓名”：“從入關”下，《宋本册府》卷八二五《總錄部·名字門二》有“平黃寇”三字。《新五代史》卷三六《李存進傳》：“太祖攻破朔州得之，賜以姓名，養爲子。從太祖入關破黃巢，以爲義兒軍使。”武皇入關事，《輯本舊史》卷二五《唐武皇紀上》繫於中和二年十

月。還鎮太原事,《輯本舊史》卷二五《唐武皇紀上》繫於中和三年七月。

[8]從討王行瑜:據《輯本舊史》卷二六《唐武皇紀下》,此役自乾寧二年(895)六月至十一月。

[9]檢校常侍:官名。侍從王之左右。檢校常侍爲加官,以示恩寵,無實際執掌。

[10]王珂:人名。唐河中節度使王重盈之子。傳見《新唐書》卷一八七。 河中:府名。治所在今山西永濟市蒲州鎮。 與李嗣昭同破王珂於河中:《輯本舊史》卷二六《唐武皇紀下》、《通鑑》卷二六一繫此事於乾寧四年三月。

[11]雲中:縣名。治所在今山西大同市。

[12]永安軍使:官名。所部統兵將領。永安爲部隊番號。中華書局本有校勘記:“‘永安’原作‘永州’,據《册府》卷三四七、卷三八七、《全唐文》卷八四○《後唐招討使李存進墓碑》改。”見明本《册府》卷三四七《將帥部·佐命門八》、《宋本册府》卷三八七《將帥部·褒異門十三》。 雁門:方鎮名。治所在代州(今山西代縣)。 都知兵馬使:官名。唐五代方鎮自置之部隊統率官,稱兵馬使,其權尤重者稱兵馬大使或都知兵馬使。掌兵馬訓練、指揮。

[13]洞渦:地名。即洞渦驛。位於今山西清徐縣。 破氏叔琮前軍於洞渦:《舊唐書》卷二○上《昭宗紀》、《輯本舊史》卷二六《唐武皇紀下》與《通鑑》卷二六二均繫此事於天復元年(901)四月。

[14]石州:州名。治所在今山西吕梁市離石區。

[15]莊宗初嗣位:《輯本舊史》卷二六《唐武皇紀下》繫此事於天祐五年(908)正月。

[16]入爲步軍右都校:中華書局本有校勘記:“‘校’字原闕,據《册府》卷三四七補。《全唐文》卷八四○《後唐招討使李存進墓碑》記其職爲‘右厢步軍都指揮使’。”

[17]行營馬步軍都虞候：中華書局本有校勘記：“‘步’字原闕，據《册府》卷三四七、卷三八七、《新五代史》卷三六《李存進傳》、《全唐文》卷八四〇《後唐招討使李存進墓碑》補。”

[18]破汴軍於柏鄉：據《輯本舊史》卷二七《唐莊宗紀一》，此役自天祐七年十二月至天祐八年正月。

[19]論功授汾州刺史：中華書局本有校勘記：“‘汾州’原作‘邠州’，據《册府》卷三四七、卷三八七、《全唐文》卷八四〇《後唐招討使李存進墓碑》改。”

[20]檢校司徒：官名。爲散官或加官，以示恩寵加此官，無實際執掌。

[21]行營招討使：官名。唐始置。戰時任命，兵罷則省。常以大臣、將帥或地方軍政長官兼任。掌招撫、討伐等事務。

[22]慈州：州名。治所在今山西吉縣。

[23]沁：州名。治所在今山西沁源縣。

[24]天雄軍：方鎮名。治所在魏州（今河北大名縣）。　十二年，定魏博，授天雄軍都巡按使：中華書局本有校勘記：“‘巡按使’，《册府》卷三八七同，《全唐文》卷八四〇《後唐招討使李存進墓碑》作‘巡檢使’。”《通鑑》卷二六九貞明元年六月條作“巡按使”。梁貞明元年即天祐十二年。“巡檢使”爲後唐始置，負責地方治安。

[25]銀槍效節都：五代時藩鎮的牙兵。後梁魏博節度使楊師厚置，因其以“都”爲編制單位，亦稱銀槍效節軍。《輯本舊史》之影庫本粘籤：“效節，原本作‘數節’，今從《通鑑》改正。”見《通鑑》卷二六九貞明元年三月條。亦見明本《册府》卷四一八《將帥部·嚴整門》。

[26]蕃漢馬步副總管：官名。五代後唐置，爲蕃漢馬步軍副總指揮官。

[27]楊劉：地名。在今山東東阿縣東北姚寨鎮楊柳村。唐、五代時有城臨河津，爲黄河下游重鎮，今城已堙廢不可考。　權蕃漢

馬步副總管，從攻楊劉：中華書局本有校勘記：“‘權’原作‘攉’，據《册府》卷三八七、《全唐文》卷八四〇《後唐招討使李存進墓碑》改。”《輯本舊史》卷二八《唐莊宗紀二》繫此役於天祐十四年十二月。

［28］胡柳：地名。即胡柳陂。位於今河南濮陽縣。 戰胡柳：《輯本舊史》卷二八《唐莊宗紀二》繫此役於天祐十五年十二月。

十六年，以本職兼領振武節度使。時王師據德勝渡，[1]汴軍據楊村渡在上流。[2]汴人運洛陽竹木，[3]造浮橋以濟軍。王師以船渡，緩急難濟，存進率意欲造浮橋。軍吏曰：“河橋須竹笮大䈥，兩岸石倉鐵牛以爲固，今無竹石，竊慮難成。”存進曰：“吾成算在心，必有所立。”乃課軍造葦笮，維大艦數十艘，作土山，植巨木於岸以纜之。初，軍中以爲戲，月餘橋成，制度條上，人皆服其勤智。[4]莊宗舉酒曰：“存進，吾之杜預也。”[5]賜寶馬御衣，進檢校太保、兼魏博馬步都將。[6]與李存審固守德勝。[7]

[1]德勝渡：地名。黃河重要渡口之一。李存勗部將李存審築於黃河津要處德勝口，有南北二城。南城在今河南濮陽市東南，北城在今河南濮陽市區。

[2]楊村渡：地名。黃河渡口之一。位於今河南濮陽市西南。

[3]洛陽：地名。即今河南洛陽市。

[4]“時王師據德勝渡”至“人皆服其勤智”：《輯本舊史》卷二九《唐莊宗紀三》繫此事於天祐十六年（919）八月，卷九《梁末帝紀中》、《通鑑》卷二七〇同繫此事於貞明五年（919）八月。梁貞明五年即天祐十六年。參見明本《册府》卷四〇五《將帥

部・識略門四》，文字多異。

　　[5]杜預：人名。京兆杜陵（今陝西西安市東南）人。西晉將領。傳見《晉書》卷三四。

　　[6]檢校太保：官名。爲散官或加官，以示恩寵，無實際執掌。

　　[7]與李存審固守德勝：中華書局本有校勘記：“‘固’原作‘圍’，據《册府》卷三八七、卷四〇〇（宋本）改。影庫本粘籤：圍德勝，原本脱‘德’字，今據文增入。”見《宋本册府》卷三八七《將帥部・襃異門一三》、卷四〇〇《將帥部・固守門二》。

　　十九年，汴將王瓚率衆逼北城，爲地穴火車，百道進攻。[1]存進隨機拒應，或經日不得食。汴軍退，加檢校太傅。[2]王師討張文禮於鎮州，[3]閻寶、李嗣昭相次不利而殁。[4]四月，存進代嗣昭爲招討，進營東垣渡，夾滹沲爲壘，[5]沙土散惡，垣壁難成。存進斬伐林樹，版築旬日而就，賊不能寇。九月，王處球盡率其衆，乘其無備，奄至壘門。存進聞之，得部下數人出鬬，驅賊於橋下。俄而賊大至，後軍不繼，血戰而殁，時年六十六。[6]同光時，[7]贈太尉。[8]存進行軍出師，雖無奇迹，然能以法繩其驕放，營壘守戰之備，特推精力，議者稱之。[9]

　　[1]王瓚：人名。太原祁（今山西祁縣）人。唐河中節度使王重盈之子。五代後梁將領，官至開封尹。傳見本書卷五九。　　汴將王瓚率衆逼北城，爲地穴火車，百道進攻：《輯本舊史》卷二九《唐莊宗紀三》繫此事於天祐十九年（922）正月。同年四月己卯條：“以振武節度使李存進爲北面招討使。”亦見《通鑑》卷二七一龍德二年（922）四月條。梁龍德二年即天祐十九年。

[2]檢校太傅：官名。爲散官或加官，以示恩寵，無實際執掌。

[3]張文禮：人名。燕（今河北北部）人。五代將領。傳見本書卷六二。　王師討張文禮於鎮州：《輯本舊史》本傳繫此事於天祐十九年。然《輯本舊史》卷二九《唐莊宗紀三》、卷五五《史建瑭傳》、卷五六《符存審傳》、卷五七《郭崇韜傳》、卷五九《閻寶傳》、卷一三七《契丹傳》皆繫此事於天祐十八年。據《輯本舊史》卷二九《唐莊宗紀三》，張文禮於天祐十八年八月病卒。故討張文禮一事，不應在天祐十九年。此所云討張文禮，當是討張文禮之子處球、處瑾諸人。

[4]閻寶：人名。鄆州（今山東東平縣）人。五代後唐將領。傳見本書卷五九、《新五代史》卷四四。　閻寶、李嗣昭相次不利而歿：《輯本舊史》卷二九《唐莊宗紀三》天祐十九年四月：“嗣昭爲流矢所中，卒于師。己卯，天平節度使閻寶卒。”《通鑑》卷二七一龍德二年（即天祐十九年）四月條亦記閻寶卒於嗣昭後。

[5]東垣渡：渡口名。位於今河北正定縣南滹沱河邊。　滹沱：河流名。即滹沱河。發源於今山西繁峙縣，東流入今河北省，過正定縣，向東流入渤海。　“四月”至“夾滹沱爲壘”：“四月”原作“七月”。中華書局本有校勘記：“‘七月’，本書卷二九《唐莊宗紀三》、《新五代史》卷五《唐本紀》、《通鑑》卷二七一、《全唐文》卷八四〇《後唐招討使李存進墓碑》繫其事於四月。”但未改，今據改。《輯本舊史》卷二九《唐莊宗紀三》天祐十九年四月條：“以振武節度使李存進爲北面招討使。”同年五月乙酉條：“李存進圍鎮州，營於東垣渡。”卷六二《張文禮傳》天祐十九年四月：“嗣昭爲流矢所中，尋卒於師，命李存進繼之。”《新五代史》卷五《唐本紀五》莊宗天祐十九年四月：“嗣昭戰死，以李存進代之。”《通鑑》卷二七一龍德二年五月乙酉條：“晋李存進至鎮州，營于東垣渡，夾滹沱水爲壘。”

[6]王處球：人名。籍貫不詳。事見《册府》卷三四七、卷三六〇、卷四二五。　“王處球盡率其衆”至“時年六十六”：中華

書局本有校勘記："'時年六十六',《全唐文》卷八四〇《後唐招討使李存進墓碑》云其'享年六十八'。"《輯本舊史》卷二九《唐莊宗紀三》繫此事於天祐十九年九月戊寅, "王處球"作"張處球"。處球爲張文禮之子。據《輯本舊史》卷六二《張文禮傳》,王鎔賜張文禮姓王, 名德明, 故張文禮亦有王姓。《宋本册府》卷三六〇《將帥部・立功門一三》:"李存進爲天雄軍都指揮使。天祐十九年, 莊宗討張文禮於鎮州。定州王處球盡率城中兵甲, 乘我芻牧無備, 奄至東垣渡。我騎軍已臨賊城, 不覺其出。賊既上橋, 攻我營門。存進惶駭, 引十餘人鬭於橋上, 賊退。我騎軍已邀賊後, 前後夾擊之, 賊退無路, 圍之數重, 步兵七千, 殆無生還者。"

[7]同光：五代後唐莊宗李存勗年號（923—926）。

[8]太尉：官名。與司徒、司空並爲三公。唐後期、五代多爲大臣、勳貴加官。正一品。

[9]"存進行軍出師"至"議者稱之"：明本《册府》卷四二五《將帥部・死事門二》:"孫重進, 爲大將。性嚴重立法, 士卒畏憚。"《册府》此卷有孫重進條及李存進條。孫重進即李存進, 不當分爲兩條。

有子四人, 長曰漢韶。[1]《永樂大典》卷一萬三百八十九。[2]

[1]有子四人, 長曰漢韶：《九國志》卷七有《孫漢韶傳》, 即其人。《輯本舊史》卷一二九有《孫漢英傳》。其中提及漢英有弟漢筠, 均爲存進之子。

[2]《大典》卷一〇三八九"李"字韻"姓氏（三四）"事目。《全唐文》卷八四〇有吕夢奇撰《後唐招討使李存進墓碑》一文, 錢大昕《廿二史考異》卷六二以此碑文考校《新五代史・李存進傳》, 可參見。

漢韶，字享天，[1]幼有器局，風儀峻整。初事莊宗，[2]爲定安軍使，[3]遷河東牢城指揮使。[4]時孟知祥權知太原軍府事，[5]會契丹侵北鄙，表令漢韶率師進討，既而大破胡寇，[6]以功加檢校右僕射。同光中，爲蔡州刺史。[7]天成初，[8]復姓孫氏，尋授彰國軍留後，[9]累加檢校太保。長興中，[10]爲洋州節度使。[11]末帝之起於鳳翔也，[12]漢韶與興元張虔釗各帥部兵會王師於岐山下，[13]及西師俱叛，漢韶逃歸本鎮。[14]聞末帝即位，[15]心不自安，乃與張虔釗各舉其城送款於蜀。洎至成都，[16]孟知祥以漢韶舊人，尤善待之，[17]僞命永平軍節度使。[18]孟昶嗣僞位，[19]歷興元、遂州兩鎮連帥，[20]累僞官至中書令，[21]封樂安郡王。年七十餘，卒於蜀。《永樂大典》卷一萬八千一百二十八。[22]

[1]字享天：《輯本舊史》之影庫本粘籤：“享天，原本作‘亨天’。考《冊府元龜》作享天，《九國志》與《冊府元龜》同，今改正。”查《冊府》及《九國志》，未見此記載。漢韶原姓孫，因其父存進賜姓李故改。《九國志》卷七有《孫漢韶傳》。

[2]莊宗：即李存勗。小字亞子，沙陀部人，太原（今山西太原市）人。李克用之子，五代後唐開國皇帝。923 年至 926 年在位。紀見本書卷二七至卷三四、《新五代史》卷四至卷五。

[3]定安軍使：官名。所部統兵將領。定安爲部隊番號。

[4]牢城指揮使：官名。州鎮統兵官。

[5]孟知祥：人名。邢州龍岡（今河北邢臺市）人。李克用女婿，五代十國後蜀開國皇帝。傳見本書卷一三六、《新五代史》卷六四。　時孟知祥權知太原軍府事：《輯本舊史》卷二九《唐莊宗紀三》繫此事於同光元年（923）四月，作以知祥爲“太原尹，充

西京副留守”。

[6]既而大破胡寇："胡寇"，原作"契丹"，中華書局本有校勘記："'契丹'，《册府》卷三六〇、卷三八七作胡寇。"但未改。此因四庫館臣忌清諱而改，今據《宋本册府》卷三六〇《將帥部・立功門一三》、卷三八七《將帥部・褒異門一三》回改。

[7]蔡州：州名。治所在今河南汝南縣。

[8]天成：後唐明宗李嗣源年號（926—930）。

[9]彰國軍：方鎮名。治所在應州（今山西應縣）。　留後：官名。原非正式命官，唐朝節度使入朝或宰相、親王遥領節度使不臨鎮則置。安史之亂後，節度使多以子弟或親信爲留後，以代行節度使職務，亦有軍士、叛將自立爲留後者。掌一州或數州軍政。五代沿之。北宋始爲朝廷正式命官，初爲虚銜，宋徽宗政和七年（1117）改名爲承宣使。　尋授彰國軍留後：《輯本舊史》卷三九《唐明宗紀五》天成三年（928）三月戊辰條："以前蔡州刺史孫漢韶爲應州彰國軍留後。"

[10]長興：唐明宗李嗣源年號（930—933）。

[11]洋州：州名。治所在今陝西洋縣。　長興中，爲洋州節度使：《輯本舊史》卷四三《唐明宗紀九》長興三年（932）正月辛卯條："以前彰國軍留後孫漢韶爲利州節度使。"同年八月辛亥條："以利州節度使孫漢韶兼西面行營招討使。"卷四四《唐明宗紀十》長興四年六月戊辰條："以前利州節度使孫漢韶爲洋州節度使。"

[12]末帝：即後唐廢帝李從珂，又稱末帝。鎮州平山（今河北平山縣）人。本姓王氏，爲後唐明宗養子，改名從珂。紀見本書卷四六至卷四八、《新五代史》卷七。　鳳翔：方鎮名。治所在鳳翔府（今陝西鳳翔縣）。　末帝之起於鳳翔也：《輯本舊史》卷四六《唐末帝紀上》繫此事於應順元年（934）二月。

[13]興元：府名。治所在今陝西漢中市。　張虔釗：人名。遼州（今山西左權縣）人。後唐、後蜀將領。傳見本書卷七四。　岐山：山名。位於今陝西岐山縣東北。　漢韶與興元張虔釗各帥部兵

會王師於岐山下：《輯本舊史》卷四五《唐閔帝紀》應順元年三月丁未條：“洋州孫漢韶奏，至興元與張虔釗同議進軍。”

[14]及西師俱叛，漢韶逃歸本鎮：《輯本舊史》之原輯者案語：“《九國志》：閔帝嗣位，加特進，漢韶以其父名，上表讓之，改檢校左僕射。制曰：‘改會稽之字，抑有前聞；換璦寶之文，非無故事。’”見《九國志》卷七《孫漢韶傳》。

[15]聞末帝即位：《輯本舊史》卷四六《唐末帝紀上》繫此事於應順元年四月。

[16]成都：府名。治所在今四川成都市。

[17]孟知祥以漢韶舊人，尤善待之：《輯本舊史》之原輯者案語：“《九國志》：漢韶與知祥敘汾上舊事，及洛中更變，相對感泣。知祥曰：‘豐沛故人，相遇於此，何樂如之！’於是賜第宅金帛，供帳什物，悉官給之。”見《九國志》卷七《孫漢韶傳》。

[18]永平軍：方鎮名。治所在今陝西西安市。

[19]孟昶：人名。邢州龍岡（今河北邢臺市）人。孟知祥之子。五代後蜀皇帝，934年至965年在位。傳見本書卷一三六、《新五代史》卷六四。　孟昶嗣偽位：《輯本舊史》卷一三六《僭偽列傳三·孟知祥傳》與《新五代史》卷六四《後蜀世家四·孟昶傳》繫此事於應順元年。《通鑑》卷二七九繫此事於同年七月丁卯。

[20]遂州：州名。治所在今四川遂寧市。

[21]中書令：官名。漢代始置，隋、唐前期爲中書省長官，屬宰相之職；唐後期多爲授予元勳大臣的虛銜。正二品。

[22]《大典》卷一八一二八“將”字韻“後唐將（一）”事目。《新輯會證》本傳録《文物》1991年載成都出土王乂撰《大蜀故匡時翊聖推忠保大功臣武信軍節度遂合渝瀘昌等州管内觀風營田處置等使開府儀同三司守太傅兼中書令使持節遂州諸軍事守遂州刺史上柱國樂安郡王食邑三千户食實封二佰户贈太尉梁州牧賜謚忠簡孫公内誌》，可參見。

李存璋

李存璋，字德璜，雲中人。武皇初起雲中，存璋與康君立、薛志勤等爲奔走之交，[1]從入關，[2]以功授國子祭酒，[3]累管萬勝、雄威等軍。[4]從討李匡儔，[5]改義兒軍使。光化二年，授澤州刺史，入爲牢城使。[6]從李嗣昭討雲州叛將王暉，[7]平之，改教練使、檢校司空。[8]天祐五年，[9]武皇疾篤，召張承業與存璋授遺顧，[10]存璋爰立莊宗，夷内難，頗有力焉，改河東馬步都虞候，[11]兼領鹽鐵。初，武皇稍寵軍士，藩部人多干擾鄽市，[12]肆其豪奪，法司不能禁。莊宗初嗣位，鋭於求理。存璋得行其志，抑强扶弱，誅其豪首，期月之間，紀綱大振，弭羣盜，務耕稼，去姦宄，息倖門，當時稱其材幹。從破汴軍於夾城，[13]轉檢校司徒。柏鄉之役，[14]爲三鎮排陣使。[15]九年，從盟朱友謙於猗氏，[16]授汾州刺史。汴將尹皓攻慈州，[17]逆戰敗之。十三年，王檀逼太原，[18]存璋率汾州之軍入城固守，授大同防禦使、應蔚朔等州都知兵馬使。[19]秋，契丹陷蔚州，[20]阿保機遣使馳木書求賂，[21]存璋斬其使。虜逼雲州，存璋拒守，城中有古鐵車，乃鎔爲兵仗，以給軍士。虜退，以功加檢校太傅、大同軍節度使、應蔚等州觀察使。[22]十九年四月，以疾卒於雲州府第。同光初，追贈太尉、平章事。[23]晋天福初，[24]追贈太師。[25]

[1]薛志勤：人名。蔚州奉誠（今河北蔚縣）人。唐末李克用部將。傳見本書卷五五。　武皇初起雲中，存璋與康君立、薛志勤

等爲奔走之交："奔走之交"，"之"字《輯本舊史》原無，據明本《册府》卷三四七《將帥部・佐命門八》補。《輯本舊史》卷二五《唐武皇紀上》乾符三年（876）條："朝廷以段文楚爲代北水陸發運、雲州防禦使。時歲荐饑，文楚稍削軍食，諸軍咸怨。武皇爲雲中防邊督將，部下爭訴以軍食不充，邊校程懷信、王行審、蓋寅、李存璋、薛鐵山、康君立等，即擁武皇入雲州，衆且萬人，營於鬭雞臺，城中械文楚出，以應於外。諸將列狀以聞，請授武皇旄鉞，朝廷不允，徵諸道兵以討之。"此句有原輯者案語："《舊唐書・懿宗紀》：咸通十三年十二月，李國昌小男克用殺雲中防禦使段文楚，據雲州，自稱防禦留後。《新唐書・僖宗紀》：乾符五年二月癸酉，雲中守捉使李克用殺大同防禦使段文楚。《歐陽史》從《舊唐書》，《通鑑》從《新唐書》。《薛史》作乾符三年，與諸書異。據《通鑑考異》引趙鳳《後唐太祖紀年錄》正作乾符三年。趙鳳爲唐宰相，去武皇時不遠，見聞較確，宜可徵信云。"

［2］從入關：《輯本舊史》卷二五《唐武皇紀上》繫此事於中和二年（882）十月。

［3］國子祭酒：官名。古代國子學或太學長官。晋武帝司馬炎始置。掌邦國儒學訓導之政令，領太學、國子學及國子監所屬各學。從三品。

［4］萬勝、雄威：皆爲部隊番號。

［5］從討李匡儔：《輯本舊史》卷二六《唐武皇紀下》繫此事於乾寧元年（894）十月至十二月。同卷天復元年（901）四月："武皇令李嗣昭將三千騎赴澤州援李存璋而歸。"

［6］牢城使：官名。州鎮重要統兵官。參見杜文玉、王鳳翔《唐宋時期牢城使考述》，《陝西師範大學學報》2006年第2期。

［7］雲州：州名。治所在今山西大同市。　王暉：人名。籍貫不詳。五代將領，曾以代州刺史而叛歸契丹。事見本書卷九九《漢高祖紀上》。　從李嗣昭討雲州叛將王暉：《輯本舊史》卷二六《唐武皇紀下》繫此事於天復三年五月。

[8]教練使：官名。唐末、五代節度使屬官，諸州亦置此職。掌訓練軍士。

[9]天祐：唐昭宗李曄開始使用的年號（904），唐哀帝李柷沿用（904—907）。唐亡後，河東李克用、李存勗仍稱天祐，沿用至天祐二十年（923）。五代十國其他政權亦有行此年號者，如南吳、吳越等。《輯本舊史》原無"天祐"二字，蒙上文即爲光化五年，但光化祇四年。中華書局本有校勘記："《通鑑》卷二六六繫其事於開平二年，按開平二年即天祐五年。"但未補。今補。見《通鑑》卷二六六開平二年（908）正月、二月諸條。《輯本舊史》卷二七《唐莊宗紀一》天祐五年正月："因召吳琪、李存璋、李存敬、朱守殷諭其謀，衆咸憤怒。"同年二月壬戌條："命存璋伏甲以誅克寧，遂靖其難。"

[10]張承業：人名。同州（今陝西大荔縣）人。唐末、五代宦官，河東監軍。傳見本書卷七二、《新五代史》卷三八。

[11]馬步都虞候：官名。五代時期出征軍隊的高級統兵官。

[12]藩部人多干擾鄽市："藩"，明本《册府》卷四一八《將帥部·嚴整門》作"蕃"。

[13]從破汴軍於夾城：《輯本舊史》卷二七《唐莊宗紀一》繫此事於天祐五年五月："時李嗣源總帳下親軍攻東北隅，李存璋、王霸率丁夫燒寨，斸夾城爲二道，周德威、李存審各分道進攻，軍士鼓譟，三道齊進。"

[14]柏鄉之役：據《輯本舊史》卷二七《唐莊宗紀一》，此役自天祐七年十二月至天祐八年正月。八年正月條："時帝軍未成列，李存璋引諸軍陣於野河之上，梁軍以五百人爭橋，鎮、定之師與血戰，梁軍敗而復整者數四。"

[15]排陣使：官名。唐節度使所屬武官中有排陣使，五代後梁以後設於諸軍，爲先鋒之職。參見王軼英《中國古代排陣使述論》，《西北大學學報》2010年第6期。

[16]朱友謙：人名。許州（今河南許昌市）人。唐末、五代

軍閥。傳見本書卷六三、《新五代史》卷四五。　猗氏：縣名。治所在今山西臨猗縣。　九年，從盟朱友謙於猗氏：《輯本舊史》原作“十一年”。中華書局本有校勘記：“本書卷二八《唐莊宗紀二》繫其事於天祐九年。《通鑑》卷二六八繫其事於乾化二年，按乾化二年即天祐九年。”但未改。《輯本舊史》卷二八《唐莊宗紀二》繫其事於十月。《通鑑》卷二六八同。今據改。

　[17]尹皓：人名。籍貫不詳。後梁將領。傳見本書附錄。　汴將尹皓攻慈州：《通鑑》卷二六九繫此事於貞明元年（915）（即天祐十二年）八月。

　[18]王檀：人名。京兆（今陝西西安市）人。後梁將領。傳見本書卷二二、《新五代史》卷二三。　王檀逼太原：《輯本舊史》卷二八《唐莊宗紀二》繫此事於天祐十三年三月。同書卷八《梁末帝紀上》與《通鑑》卷二六九皆繫此事於貞明二年（即天祐十三年）二月。

　[19]大同：方鎮名。即大同軍。治所在雲州（今山西大同市）。　防禦使：官名。唐代始置，設有都防禦使、州防禦使兩種。常由刺史或觀察使兼任，實際上爲唐代後期州或方鎮的軍政長官。　應：州名。治所在今山西應縣。　蔚：州名。治所在今河北蔚縣。　朔：州名。治所在今山西朔州市朔城區。　都知兵馬使：官名。唐、五代方鎮自置之部隊統率官稱兵馬使，其權尤重者稱兵馬大使或都知兵馬使。掌兵馬訓練、指揮。

　[20]契丹陷蔚州：中華書局本有校勘記：“‘陷’原作‘攻’，據殿本、孔本、《册府》卷四〇〇改。按《册府》卷三四七：‘契丹寇蔚州，陷之。’”見《册府》卷三四七《將帥部·佐命門八》。《宋本册府》卷四〇〇《將帥部·固守門二》：“時契丹陷蔚州，營於魚池。阿保機遣人馳木書求賂於存璋。存璋斬其使者，不報。”《輯本舊史》卷二八《唐莊宗紀二》繫此事於天祐十三年八月。

　[21]阿保機：人名。姓耶律，契丹迭剌部人。唐末契丹族首領、遼開國太祖。916年至626年在位。紀見《遼史》卷一、

卷二。

[22]觀察使：官名。唐代後期出現的地方軍政長官。唐玄宗開元二十一年（733）置十五道採訪使，唐肅宗乾元元年（758）改爲觀察使。無旌節，地位低於節度使。掌一道州縣官的考績及民政。　　"虜逼雲州"至"應蔚等州觀察使"：中華書局本有校勘記："'應蔚'，《册府》卷三四七、卷三八七作'雲應'。按大同軍治雲州。"見《册府》卷三四七《將帥部·佐命門八》及卷三八七《將帥部·襃異門一三》。"虜逼雲州"及"虜退"，《輯本舊史》因忌清諱改爲"契丹逼雲州""敵退"，據《册府》回改。

[23]追贈太尉：中華書局本有校勘記："'太尉'原作'太保'，據本書卷三二《唐莊宗紀六》、《册府》卷三八七、《新五代史》卷三六《李存璋傳》改。"《輯本舊史》卷三二《唐莊宗紀六》同光二年十月壬申條："故大同軍防禦使李存璋贈太尉。"但該月甲午條又云以宣武軍節度押牙李從璋等並銀青光禄大夫，皆李嗣源諸子也。　　平章事：官名。即"同中書門下平章事""同平章事"。唐高宗以後，凡實際任宰相之職者，常在其本官後加同平章事的職銜。後成爲宰相專稱。後晋天福五年（940），升中書門下平章事爲正二品。

[24]天福：五代後晋高祖石敬瑭年號（936—942）。出帝石重貴沿用至九年（944）。後漢高祖劉知遠繼位後沿用一年，稱天福十二年（947）。

[25]太師：官名。與太保、太傅並爲三師。唐後期、五代多爲大臣、勳貴加官。正一品。　　晋天福初，追贈太師：《輯本舊史》卷七六《晋高祖紀二》天福二年（937）十月壬午條："故大同軍節度使李存璋贈太師。"

有子三人，彦球爲裨校，[1]戰殁於鎮州。《永樂大典》卷一萬三百八十九。[2]

[1]彦球：人名。即李彦球。本書僅此一見。　裨校：即低職武官。

[2]《大典》卷一〇三八九“李”字韻“姓氏（三四）”事目。

李存賢

李存賢，字子良，本姓王，名賢，許州人。[1]祖啓忠，[2]父憚。[3]賢少遇亂，入黃巢軍，武皇破賊陳許，[4]存賢來歸。景福中，典義兒軍，爲副兵馬使，因賜姓名。天祐三年，從周德威赴援上黨，[5]營於交口。[6]五年，權知蔚州刺史，以禦吐渾。六年，權沁州刺史。先是州當賊境，不能保守，乃於州南五十里據險立柵爲治所，[7]已歷十餘年矣。存賢至郡，乃移復舊郡，剗闢荆棘，特立廨舍，州民完集。莊宗嘉之，轉檢校司空，真拜刺史。九年，汴人乘其無備，來攻其城，存賢擊退之。[8]十一年，授武州刺史、山北團練使。[9]十二年，移刺慈州。七月，汴將尹皓攻州城，存賢督軍拒戰，汴軍攻擊百端，月餘遁去。[10]十七年，河中朱友謙來求援，命存賢率師赴之。[11]十九年，汴將段凝軍五萬營臨晉，[12]蒲人大恐，[13]咸欲歸汴。或間於存賢曰：“河中將士欲拘公降於汴。”存賢曰：“吾奉命援河中，死王事固其所也。”汴軍退，以功加檢校司徒。[14]

[1]許州：州名。治所在今河南許昌市。

[2]啓忠：人名。即王啓忠。許州（今河南許昌市）人。本書

僅此一見。

[3]惲：人名。即王惲。許州（今河南許昌市）人。本書僅此一見。　　"李存賢"至"父惲"：《舊五代史考異》："《九國志·李奉虔傳》：奉虔，太原人，本姓王氏。祖欽，唐隰州刺史。父存賢，佐唐武皇，累著功，賜姓李氏。考《薛史》作許州人，又作父惲，不載其官爵，與《九國志》異。"見《九國志》卷七《李奉虔傳》。

[4]武皇破賊陳許：據《舊唐書》卷一九下《僖宗紀》及《輯本舊史》卷二五《唐武皇紀上》，此事自中和四年（884）二月至五月。

[5]周德威：人名。朔州馬邑（今山西朔州市朔城區東北）人。唐末、五代河東將領。傳見本書卷五六、《新五代史》卷二五。

從周德威赴援上黨：《輯本舊史》卷二六《唐武皇紀下》繫此事於天祐三年（906）九月，《通鑑》卷二六五繫此事於天祐三年十月。

[6]交口：縣名。位於今山西呂梁市。

[7]乃於州南五十里據險立柵爲治所："五十里"，《新五代史》卷三六《李存璋傳》作"百餘里"。明本《冊府》卷四一〇《將帥部·壁壘門》："李存賢權典沁州。先是，州當賊境，不能保守，乃南去故州一百五十里，據險立柵爲法所，以聚州民，已歷十餘年。及存賢至郡，復繕故州。時獨有壞舍三間，因召州民鏟草萊、除荆棘，結茅爲舍，漸濬城壕。未半年間，故州完集。"《宋本冊府》卷六七七《牧守部·能政門》："李存賢權沁州刺史。先是，州當賊境，不能保守，乃於州南五十里據險立柵，爲治所，已歷十餘年矣。存賢至郡，乃移復舊郡，剗辟荆棘，特立廨舍，州民完集。莊宗嘉之。轉檢校司空，直拜刺史。"

[8]"九年"至"存賢擊退之"：《宋本冊府》卷三六七《將帥部·機略門七》："李存賢權典沁州。天祐九年正月，汴人將襲州城，伏於城下。存賢意其奸變，遲明，命守陣者皆鼓譟如攻戰之勢。賊謂我掩襲，伏兵大駭，因四面攻吾門，分兵禦捍，至午

賊退。”

[9]武州：州名。治所在文德縣（今河北張家口市宣化區）。
山北：地區名。亦稱山後。五代時稱今北京、河北軍都山、燕山以北地區爲山後。　團練使：官名。唐代中期以後，於不設節度使的地區設團練使，掌本區各州軍事。

[10]“七月”至“月餘遁去”：《宋本册府》卷四〇〇《將帥部·固守門二》：“李存賢爲慈州刺史。會汴州尹浩寇隰州，慈郡兵糧無積，存賢懼賊攻圍，乃預督民户入秋租數千斛，修戰備，毀城外紫極宮，取其屋木。後浩軍果至，攻城西面，掘地道，晝夜圍擊，守有餘暇，賊軍退走。”“浩”乃“皓”之誤。卷六九二《牧守部·招輯門》：“李存賢爲慈州刺史。慈與晋、絳接境，存賢招懷控撫，頗得鄰和。”《通鑑》卷二六九貞明元年（915）（即天祐十二年）七月：“絳州刺史尹皓攻晋之隰州，八月，又攻慈州，皆不克。”

[11]十七年，河中朱友謙來求援，命存賢率師赴之：“十七年”原作“十八年”。《舊五代史考異》：“吳縝《纂誤》據《梁末帝紀》及《莊宗本紀》當作十七年。”見《五代史纂誤》卷中《義兒傳存賢一事》。《輯本舊史》卷二九《唐莊宗紀三》繫此事於天祐十七年七月，卷一〇《梁末帝紀下》及卷二三《劉鄩傳》均繫此事於貞明六年（即天祐十七年）六月。《通鑑》卷二七一繫此事於貞明六年（即天祐十七年）七月。中華書局本未改，今據上述諸書改。“命存賢率師赴之”，中華書局本有校勘記：“‘率’字原闕，據《册府》卷三八七、卷四一四補。”見《宋本册府》卷三八七《將帥部·褒異門十三》、卷四一四《將帥部·赴援門》。

[12]段凝：人名。開封（今河南開封市）人。後梁將領。其妹爲朱温美人，因其妹而成爲朱温親信。傳見本書卷七三、《新五代史》卷四五。　臨晋：縣名。位於今山西臨猗縣。

[13]蒲：州名。即河中府。治所在今山西永濟市。

[14]“或間於存賢曰”至“以功加檢校司徒”：“或間於存賢

曰”，中華書局本有校勘記：“‘間’原作‘問’，據《册府》卷三七四、卷四一四改。”見《宋本册府》卷三七四《將帥部·忠門五》。卷四一四《將帥部·赴援門》亦誤作“問”。“吾奉命援河中”，中華書局本有校勘記：“‘援’字原闕，據《册府》卷四一四補。《册府》卷三七四敘其事作‘予奉君命來援’。”“汴軍退”，《舊五代史考異》：“《歐陽史》作擊退梁兵。吴縝《纂誤》云：朱友謙、符存審、劉鄩傳載鄩討友謙，存審救之，而鄩敗，其事始末甚明，無存賢擊走梁兵之事。況大將自是存審，安得隱其姓，而存賢獨有功乎！今考《薛史》止作汴軍退，不言存賢擊退，較《歐陽史》爲得其實。”見《新五代史》卷三六《李存賢傳》、《五代史纂誤》卷中《義兒傳存賢一事》。

　　同光初，授右武衛上將軍。[1]十一月，入覲洛陽。二年三月，幽州李存審疾篤，求入覲，議擇帥代之，方内宴，莊宗曰：“吾披榛故人，零落殆盡，所殘者存審耳。今復衰疾，北門之事，[2]知付何人！”因目存賢曰：“無易於卿。”即日授特進、檢校太保，[3]充幽州盧龍節度使。[4]五月，到鎮。時契丹强盛，城門之外，烽塵交警，一日數戰。[5]存賢性忠謹周慎，晝夜戒嚴，不遑寢食，[6]以至憂勞成疾，卒於幽州，[7]時年六十五。詔贈太傅。[8]

　　[1]右武衛上將軍：官名。唐置，掌宮禁宿衛。唐代置十六衛，即左右衛、左右驍衛、左右武衛、左右威衛、左右領軍衛、左右金吾衛、左右監門衛、左右千牛衛，各置上將軍，從二品；大將軍，正三品；將軍，從三品。
　　[2]北門之事：《輯本舊史》之影庫本粘籤：“北門，原本作

‘北北’，今從《歐陽史》改正。”《新五代史》卷三六《李存賢傳》作“北方之事”。

[3]特進：官名。西漢末期始置，授給列侯中地位較特殊者。隋唐時期，特進爲文散官，授給有聲望的官員。正二品。

[4]盧龍：方鎮名。治所在幽州（今北京市）。 即日授特進、檢校太保，充幽州盧龍節度使：《舊五代史考異》：“《九國志》：梁人攻上黨，莊宗親總大軍以援之，存賢先登陷敵，以功授盧龍軍節度使。與《薛史》異。”見《九國志》卷七《李奉虔傳》。

[5]烽塵交警，一日數戰：中華書局本有校勘記：“《册府》卷四三一敍其事作‘鞠爲胡貊，援軍自瓦橋關萬衆防衛，與胡騎一日數戰’。”見明本《册府》卷四三一《將帥部·勤戎事門》。

[6]不遑寢食：中華書局本有校勘記：“‘寢’原作‘寔’，據殿本、劉本、孔本、邵本、彭本改。”《册府》卷四三一《將帥部·勤戎事門》作“廢寢與食”。

[7]卒於幽州：《通鑑》卷二七三繫此事於同光二年（924）十二月。《輯本舊史》卷三二《唐莊宗紀六》同光三年正月丙辰條：“幽州上言，節度使李存賢卒。”

[8]太傅：官名。與太師、太保合稱三師，唐後期、五代多爲大臣、勳貴加官。正一品。

存賢少有材力，善角觝。初，莊宗在藩邸，每宴，私與王郁角觝鬥勝，[1]郁頻不勝。莊宗自矜其能，謂存賢曰：“與爾一博，如勝，賞爾一郡。”即時角觝，存賢勝，得蔚州刺史。[2]《永樂大典》卷一萬三百八十九。[3]

[1]王郁：人名。京兆萬年（今陝西西安市長安區）人。唐義武軍節度使王處直之子，李克用之婿。五代、遼將領。傳見《遼史》卷七五。

[2]存賢勝，得蔚州刺史：《輯本舊史》之原輯者案語："存賢爲蔚州刺史在天祐五年，蓋因角觚而得郡也。《歐陽史》改《薛史》'賞爾一郡'爲'與爾一鎮'，以爲盧龍節度使，殊非事實。"見《新五代史》卷三六《李存賢傳》。

[3]《大典》卷一〇三八九"李"字韻"姓氏（三四）"事目。

史臣曰：昔武皇之起并汾也，會鹿走於中原，期龍戰於大澤，蓄驍果之士，以備鷹犬之用。故自存信而下，皆錫姓以結其心，授任以責其效。與夫董卓之畜呂布，[1]亦何殊哉！唯存孝之勇，足以冠三軍而長萬夫，苟不爲叛臣，則可謂良將矣。《永樂大典》卷一萬三百八十九。[2]

[1]董卓：人名。隴西臨洮（今甘肅岷縣）人。東漢末將領，曾率兵入洛陽，廢少帝，立獻帝，專斷朝政。後被呂布等所殺。傳見《後漢書》卷七二。　　呂布：人名。五原九原（今内蒙古包頭市西北）人。東漢末將領。傳見《後漢書》卷七五。

[2]《大典》卷一〇三八九"李"字韻"姓氏（三四）"事目。

舊五代史　卷五四

唐書三十

列傳第六

王鎔　子昭祚　昭誨

王鎔，其先迴鶻部人也。遠祖没諾干，[1]唐至德中，事鎮州節度使王武俊爲騎將。[2]武俊嘉其勇幹，畜爲假子，號“王五哥”，其後子孫以王爲氏。[3]四代祖廷湊，[4]事鎮帥王承宗爲牙將。[5]長慶初，[6]承宗卒，穆宗命田弘正爲成德軍節度使。[7]既而鎮人殺弘正，推廷湊爲留後，朝廷不能制，因以旄鉞授之。[8]廷湊卒，子元逵尚文宗女壽安公主。[9]元逵卒，子紹鼎立。[10]紹鼎卒，子景崇立。[11]皆世襲鎮州節度使，並前史有傳。[12]景崇位至太尉、中書令，[13]封常山王，中和二年卒。[14]

[1]遠祖没諾干：《新五代史》卷三九《王鎔傳》同。但《舊唐書》卷一四一《張孝忠傳》：“時號張阿勞、王没諾干，二人齊名。阿勞，孝忠本字；没諾干，王武俊本字。”卷一四二《王武俊

傳》：“武俊初號没諾干。”亦見《新唐書》卷一四八《張孝忠傳》。《通鑑》卷二二二寶應元年（762）十一月丁酉條：“武俊，本契丹也，初名没諾干。”據此“王武俊”與“没諾干”爲同一人。《輯本舊史》《新五代史》均誤。

[2]至德：唐肅宗李亨年號（756—758）。《舊唐書》卷一四二《王武俊傳》未明言至德年間王武俊所任之職。但建中三年（782）“授武俊檢校秘書少監、兼御史大夫、恒州刺史、恒冀都團練觀察使”。此云王武俊“至德中”爲“鎮州節度使”似誤。　鎮州：州名。治所在今河北正定縣。　節度使：官名。唐時在重要地區所設掌握一州或數州軍事、民事、財政的長官。　王武俊：人名。契丹族怒皆部。唐末鎮州騎將。傳見《舊唐書》卷一四二、《新唐書》卷二一一。

[3]其後子孫以王爲氏：《舊唐書》卷一四二《王廷湊傳》：“王廷湊，本迴鶻阿布思之種族，世隸安東都護府。曾祖曰五哥之，事李寶臣父子。王武俊養爲假子，驍果善鬭，武俊愛之。”《新唐書》卷二一一《王廷湊傳》：“王廷湊，本回紇阿布思之族，隸安東都護府。曾祖五哥之，爲李寶臣帳下，驍果善鬭，王武俊養爲子，故冒姓王，世爲裨將。”據此，則王鎔遠祖爲“五哥之”即本傳所云“王五哥”，後冒姓王。

[4]廷湊：人名。即王廷湊。回紇族阿布思部人。唐末軍閥。傳見《舊唐書》卷一四二、《新唐書》卷二一一。

[5]王承宗：人名。契丹族怒皆部。王武俊長子王士真之子。唐末將領。傳見《舊唐書》卷一四二、《新唐書》卷二一一。　牙將：官名。古代軍隊中的中低級軍官。

[6]長慶：唐穆宗李恒年號（821—824）。

[7]穆宗：即李恒。唐代皇帝。820年至824年在位。紀見《舊唐書》卷一六、《新唐書》卷八。　田弘正：人名。平州盧龍（今河北盧龍縣）人。田承嗣之姪。唐末將領。傳見《舊唐書》卷一四一、《新唐書》卷一四八。　成德軍：方鎮名。治所在鎮州

（今河北正定縣）。

[8]留後：官名。唐、五代節度使多以子弟或親信爲留後，以代行節度使職務，亦有軍士、叛將自立爲留後者。掌一州或數州軍政。　“四代祖廷湊”至“因以旄鉞授之”：《舊唐書》卷一六《穆宗紀》元和十五年（820）十月庚辰條：“成德軍節度使王承宗卒，其弟承元上表請朝廷命帥，遣起居舍人柏耆宣慰之。”同月乙酉條：“以魏博等州節度觀察等使、光禄大夫、檢校司徒、兼侍中、魏博大都督府長史、上柱國、沂國公、食邑三千户、實封三百户田弘正可檢校司徒、兼中書令、鎮州大都督府長史、成德軍節度、鎮冀深趙等州觀察處置等使。”同卷長慶元年（821）八月己巳條：“鎮州監軍宋惟澄奏：七月二十八日夜軍亂，節度使田弘正并家屬將佐三百餘口並遇害。軍人推衙將王廷湊爲留後。”

[9]元逵：人名。即王元逵。回紇族阿布思部人。唐末軍閥。傳見《舊唐書》卷一四二、《新唐書》卷二一一。　文宗：即唐文宗李昂。唐穆宗之子。826年至840年在位。被宦官王守澄等擁立即位，後欲鏟除宦官，任用李訓、鄭注，利用宦官間的派别鬥爭，殺死王守澄。大和九年（835），發動甘露之變，事敗，宦官大肆誅殺朝官，他亦被宦官鉗制。紀見《舊唐書》卷一七上至卷一七下、《新唐書》卷八。　壽安公主：唐文宗之女。事見《舊唐書》卷一九上。

[10]紹鼎：人名。即王紹鼎。回紇族阿布思部人。唐末軍閥。傳見《舊唐書》卷一四二、《新唐書》卷二一一。

[11]景崇：人名。即王景崇。回紇族阿布思部人。唐末軍閥。傳見《舊唐書》卷一四二、《新唐書》卷二一一。　紹鼎卒，子景崇立：《舊五代史考異》：“《新唐書·藩鎮傳》：紹鼎卒，子幼，未能事，以元逵次子紹懿爲留後。紹懿卒，乃復授紹鼎子景崇。與《薛史》異。”見《新唐書》卷二一一《藩鎮鎮冀傳》之《王紹鼎傳》。

[12]並前史有傳：廷湊以下諸人傳記見《舊唐書》卷一四二、

《新唐書》卷二一一。

[13]太尉：官名。與司徒、司空並爲三公。唐後期、五代多爲大臣、勳貴加官。正一品。　中書令：官名。漢代始置，隋、唐前期爲中書省長官，屬宰相之職；唐後期多爲授予元勳大臣的虛銜。正二品。

[14]中和：唐僖宗李儇年號（881—885）。　中和二年卒：《新五代史》卷三九《王鎔傳》同。《舊唐書》卷一四二《王鎔傳》繫其卒年於中和二年十二月，《新唐書》卷二一一《王鎔傳》繫於中和三年，《通鑑》卷二五五繫於中和三年正月。

　　鎔即景崇之子也，年十歲，三軍推襲父位。[1]大順中，[2]武皇將李存孝既平邢、洺，[3]因獻謀於武皇，欲兼并鎮、定，[4]乃連年出師以擾鎮之屬邑。鎔苦之，遣使求救於幽州。[5]自是燕帥李匡威頻歲出軍，[6]以爲鎔援。時匡威兵勢方盛，以鎔沖弱，將有窺圖之志。[7]

[1]鎔即景崇之子也，年十歲，三軍推襲父位：《宋本册府》卷八二八《總録部・論薦門》：“王鎔，鎮州節度。光啓初，進表薦幽州權兵馬留後李全忠曰：‘臣准幽州狀報，當道以李全忠權知節度兵馬留後事。伏以天步初迴，神京乍復，凡諸藩鎮，咸務謐寧。況幽州地控北番，界臨東海，土俗素稱其雄勇，人情須自於綏懷。留後李全忠夙習武經，頗彰公器，軍郡既聞其愛戴，轅營必議於叶和，苟將付以元戎，誠謂雅符衆望。臣累令偵探，靡不端詳，事繫安危，理難緘默。伏惟皇帝陛下早迴天鑒，速注陽光，便委兵權，俯徇人欲。則豈獨遐邇士卒，便獲其慰安；實亦隣壤生靈，免虞其騷動。關於久遠，合具奏陳。’”

[2]大順：唐昭宗李曄年號（890—891）。

[3]武皇：即李克用。沙陀部人，生於神武川新城（一説是今

山西朔州市朔城區之梵王寺村，一説是今山西應縣縣城，一説在今山西懷仁縣之日中城）。唐末軍閥，受封晉王。五代後唐太祖。紀見本書卷二五、卷二六，《新五代史》卷四。　李存孝：人名。本名安敬思。代州飛狐（今河北淶源縣）人。唐末李克用養子、部將。傳見本書卷五三、《新五代史》卷三六。　邢：州名。治所在今河北邢臺市。　洺：州名。治所在今河北邯鄲市永年區。

[4]鎮：州名。治所在今河北正定縣。　定：州名。治所在今河北定州市。

[5]幽州：州名。治所在今北京市。

[6]燕：封國名。指唐末河北方鎮盧龍軍。劉仁恭、劉守光父子先後爲盧龍節度使、燕王。　李匡威：人名。范陽（今河北涿州市）人。幽州節度使李全忠之子，襲父位爲節度使。唐末軍閥。傳見《舊唐書》卷一八〇、《新唐書》卷二一二。

[7]“大順中”至“將有窺圖之志”：《舊五代史考異》：“《舊唐書》云：時天子蒙塵，九州鼎沸，河東節度使李克用虎視山東，方謀吞據。鎔以重賂結納，請以修和好。晉軍討孟方立于邢州，鎔常奉以芻糧。及方立平，晉將李存孝侵鎔于南部，鎔求援于幽州。”見《舊唐書》卷一四二《王鎔傳》。又：“《太平廣記》引《劉氏耳目記》：趙王鎔方在幼沖，而燕軍寇北鄙，王選將拒之。有勇士陳力、劉幹，投刺軍門，願以五百人嘗寇。翼日，力卒于鋒刃之下，幹唱凱而還。據《薛史》，鎔方以燕帥爲援，未嘗與燕軍戰，疑《耳目記》傳聞之誤。”又《輯本舊史》之原輯者案語：“《太平廣記》引《耳目記》云：趙王鎔方在幼沖，而燕軍寇北鄙，王方選將拒之。有勇士陳立、劉幹投刺于軍門，願以五百人嘗寇，必面縛戎首，王壯而許之。翌日，二夫率師而出，夜襲燕壘，大振捷音，燕人駭而奔退。立卒于鋒刃之下，幹即凱唱而還。王悦，賜上厩馬數匹，金帛稱是。俄爲閹人所譖曰：‘此皆陳立之功，非幹之功。’王母何夫人聞之曰：‘不必身死爲君，未若全身爲國。’即賜錦衣銀帶，加錢二十萬，擢爲中堅尉。考王鎔初襲位，未嘗與燕軍戰，疑

《耳目記》係傳聞之誤。”見《太平廣記》卷一九二。《輯本舊史》卷二五《唐武皇紀上》大順元年（890）：“遣李存孝攻邢州，孟遷以邢、洺、磁三州降，執汴將王虔裕三百人以獻。”同卷大順二年七月條：“邢州節度使李存孝以鎮州王鎔託附汴人，謀亂河朔，北連燕寇，請乘雲、代之捷，平定燕、趙，武皇然之。”同年十月條：“李存孝董前軍攻臨城，鎮人五萬營於臨城西北龍尾崗，武皇令李存審、李存賢以步軍攻之，鎮人大敗，殺獲萬計，拔臨城，進攻元氏。幽州李匡威以步騎五萬營於鄗邑，以援鎮州，武皇分兵大掠，旋軍邢州。”卷二六《唐武皇紀下》景福元年（892）正月條：“鎮州王鎔恃燕人之援，率兵十餘萬攻邢州之堯山。”《新唐書》卷二一一《王鎔傳》：“於是克用方擊孟方立於邢州，鎔歸芻糧。邢州平，克用遂謀山東，屯常山西，引輕騎涉滹沱課軍，會大澍，平地水出，鎔兵奄至，克用匿林中以免。是時，幽州李匡威亦謀取易、定分其地。王處存方厚事克用，克用寵將李存孝已拔邢，則略鎔南鄙，別將李存信等出井陘會之。鎔侵堯山，存孝擊敗之，遂至深、趙。鎔求救於匡威。存孝方攻臨城等數縣，聞匡威屯鄗，引師去。存信素忌存孝，妄曰：‘無擊賊意。’克用信之。存孝，飛狐人，所謂安敬思者，善騎射，攻葛從周，敗張濬、韓建，數有奇功。至是懼讒，挈邢州歸朱全忠，并結鎔爲助。天子詔出鎮、幽、魏兵援之。景福元年，克用假道于鎔，以討存孝，鎔不答，乃與處存連兵侵鎔。拔堅固鎮，攻新市。鎔禽克用將薛萬金。匡威以兵三萬救鎔，克用自攻常山，度滹沱。鎔引騎十萬夜濟礰水，襲敗之，斬二萬級，奪鎧器三百乘，克用退壁欒城。天子有詔和解三鎮，克用還，然未得志，故復伐鎔。匡威以五千騎敗克用於元氏，鎔具牛酒會匡威槀城，餉金二十萬以謝。”《新五代史》卷三九《王鎔傳》：“是時，晉新有太原，李匡威據幽州，王處存據中山，赫連鐸據大同，孟方立據邢臺，四面豪傑並起而交爭。鎔介於其間，而承祖父百年之業，士馬彊而畜積富，爲唐累世藩臣。故鎔年雖少，藉其世家以取重，四方諸鎮廢立承繼，有請於唐者，皆因鎔以聞。自晉兵出山東，已破孟遷，取邢、洺、磁三州，景福元年，乃大舉擊趙，下臨城。鎔求救於李匡威，匡威來救，晉軍解去。明年，晉會王處存攻鎔堅固、新市。晉王與處存皆自將，而鎔未嘗臨軍，遣追風都團練使段亮、翦寇都團練使馬珂等，以兵屬匡威而已。匡威戰磁河，晉軍大敗。"

景福二年春，[1]匡威帥精騎數萬，再來赴援，會匡威弟匡儔奪據兄位，[2]匡威退無歸路，鎔乃延入府第，館於寶壽佛寺。[3]鎔以匡威因己而失國，又感其援助之力，事之如父。五月，鎔謁匡威於其館，匡威陰遣部下伏甲劫鎔，抱持之。鎔曰："公戒部人勿造次。吾國爲晉人所侵，垂將覆滅，賴公濟援之力，幸而獲存。今日之事，本所甘心。"即並轡歸府舍，鎔軍拒之，竟殺匡威。鎔本疏瘦，時年始十七，當與匡威並轡之時，雷雨驟作，[4]屋瓦皆飛。有一人於缺垣中望見鎔，鎔就之，[5]遽挾於馬上，肩之而去。翌日，鎔但覺項痛頭偏，蓋因爲有力者所挾，不勝其苦故也。既而訪之，則曰墨君和，[6]乃鼓刀之士也，遂厚賞之。[7]

[1]景福：唐昭宗李曄年號（892—893）。

[2]匡儔：人名。即李匡儔。新、舊《唐書》作"李匡籌"。范陽（今河北涿州市）人。幽州節度使李全忠之子、李匡威之弟。唐末軍閥。傳見《舊唐書》卷一八〇、《新唐書》卷二一二。　會匡威弟匡儔奪據兄位：中華書局本有校勘記："'匡儔'原作'彥儔'，據殿本、劉本、本書卷二六《唐武皇紀下》改。"

[3]寶壽佛寺：佛寺名。位於今河北正定縣。　館於寶壽佛寺：《舊五代史考異》："《歐陽史》作館于梅子園。"見《新五代史》卷

三九《王鎔傳》。

[4]雷雨驟作：中華書局本有校勘記："'雷'原作'電'，據殿本、《册府》卷三九八、卷八七一改。"見明本《册府》卷三九八《將帥部·明天時門》、卷八七一《總録部·救患門二》。

[5]鎔就之：中華書局本有校勘記："《册府》卷三九八、卷八七一、《新五代史》卷三九《王鎔傳》作'識之'。"

[6]墨君和：人名。真定（今河北正定縣）人。唐末屠夫。事見本書本卷。　則曰墨君和：《輯本舊史》之影庫本粘籤："墨君和，原本作'君私'。考《通鑑》及《北夢瑣言》諸書俱作君和，今改正。"見《通鑑》卷二五九景福二年（893）四月條、《北夢瑣言》卷一三。亦見明本《册府》卷三九八《將帥部·明天時門》、卷八七一《總録部·救患門二》、《舊唐書》卷一八〇《李匡威傳》。

[7]鼓刀之士也，遂厚賞之：《舊五代史考異》："《太平廣記》引《劉氏耳目記》云：真定墨君和，幼名三旺。眉目稜岸，肌膚若鐵，年十五六，趙王鎔初即位，曾見之，悦而問曰：'此中何得崐崙兒也？'問其姓，與形質相應，即呼爲墨崐崙，因以皂衣賜之。是時，常山縣邑屢爲并州中軍所侵掠，趙之將卒疲于戰敵，告急于燕王，李匡威率師五萬來救之。并人攻陷數城，燕王聞之，躬領五萬騎徑與晉師戰于元氏，晉師敗績。趙王感燕王之德，椎牛灑酒，大犒于槀城，輦金二十萬以謝之。燕王歸國，比及境上，爲其弟匡儔所拒，趙人以其有德于我，遂營東圃以居之。燕王自以失國，又見趙王之幼，乃圖之，遂伏甲俟趙王，旦至，即使擒之。趙王請曰：'某承先代基構，主此山河，每被鄰寇侵漁，困于守備，賴大王武略，累挫戎鋒，獲保宗祧，實資恩力。顧惟幼懦，夙有卑誠，望不匆匆，可伸交讓。願與大王同歸衙署，即軍府必不拒違。'燕王以爲然，遂與趙王並轡而進。俄有大風并黑雲起于城上，大雨雷電，至東角門内，有勇夫袒臂旁來，拳毆燕之介士，即挾負趙王踰垣而走，遂得歸公府。問其姓名，君和恐其難記，但言曰：'硯中之物。'王心志之。左右軍士既見主免難，遂逐燕王。燕王退走于

東圃，趙人圍而殺之。趙王既免燕王之難，召墨生以千金賞之，兼賜上第一區，良田萬畝，仍恕其十死，奏授光禄大夫。"此條《考異》中華書局本有校勘記："'是時……趙人圍而殺之'，以上三百二十五字原闕，據殿本、劉本、《太平廣記》卷一九二引《劉氏耳目記》補。孔本略同；'仍恕其十死'，'十'原作'一'，據殿本、劉本、《太平廣記》卷一九二引《劉氏耳目記》改。"

　　鎔既失燕軍之援，會武皇出師以逼真定，[1]鎔遣使謝罪，出絹二十萬匹，及具牛酒犒軍，自是與鎔修好如初。[2]洎梁祖兼有山東，[3]虎視天下，鎔卑辭厚禮，以通和好。[4]光化三年秋，[5]梁祖將吞河朔，[6]乃親征鎮、定，縱其軍燔鎮之關城。鎔謂賓佐曰：[7]"事急矣，謀其所向。"判官周式者，[8]有口辯，出見梁祖。[9]梁祖盛怒，逆謂式曰："王令公朋附并汾，違盟爽信，敝賦業已及此，期於無捨！"式曰："公爲唐室之桓文，[10]當以禮義而成霸業，反欲窮兵黷武，天下其謂公何！"梁祖喜，引式袂而慰之曰："前言戲之耳。"即送牛酒貨幣以犒軍。式請鎔子昭祚及大將梁公儒、李弘規子各一人往質於汴。[11]梁祖以女妻昭祚。及梁祖稱帝，鎔不得已行其正朔。[12]

　　[1]真定：縣名。治所在今河北正定縣。
　　[2]"鎔既失燕軍之援"至"自是與鎔修好如初"：《新唐書》卷二一一《王鎔傳》："克用聞匡威死，自率兵傅城下。鎔大驚，納縑二十萬，乃退。匡籌攻樂壽、武强，克用出縛馬關，敗鎮兵於平山，因進攻鎔外壘。鎔内失幽州助，因乞盟，進幣五十萬，歸糧二十萬，請出兵助討存孝，乃得解。"

　　[3]梁祖：即朱温。宋州碭山（今安徽碭山縣）人。五代後梁太祖。紀見本書卷一至卷七、《新五代史》卷一至卷二。

　　[4]"洎梁祖兼有山東"至"以通和好"：《舊五代史考異》："《新唐書》：羅紹威諷鎔絕太原，共尊全忠，鎔依違，全忠不悦。"見《新唐書》卷二一一。《新五代史》卷三九《王鎔傳》："其後梁太祖下晋邢、洺、磁三州，乃爲書詔鎔，使絕晋而歸梁。鎔依違不决。"

　　[5]光化：唐昭宗李曄年號（898—901）。

　　[6]河朔：古地區名。泛指黄河以北地區。

　　[7]賓佐：即僚佐。官佐屬吏。

　　[8]判官：官名。唐、五代方鎮僚屬，位在行軍司馬下。分掌使衙内各曹事，並協助使職官員通判衙事。　周式：人名。籍貫不詳。王鎔幕僚，能言善辯。事見本書本卷。

　　[9]"光化三年秋"至"出見梁祖"："判官周式者"，《輯本舊史》之影庫本粘籤："周式，原本作'周成'，今據《新唐書》改正。"見《新唐書》卷二一一。《舊五代史考異》："案《新唐書》：李嗣昭攻洺州，全忠自將擊走之，得鎔與嗣昭書，全忠怒，引軍攻鎔。周式請見全忠，全忠即出書示式曰：'嗣昭在者，宜速遣。'式曰：'王公所與和者，息人鋒鏑間耳，况繼奉天子詔和解，能無一番紙墜北路乎？太原與趙本無恩，嗣昭庸肯入耶！'"見《新唐書》卷二一一。此條《考異》中華書局本有校勘記："'無'字原闕，據《新唐書》卷二一一《王鎔傳》補。"

　　[10]桓：即齊桓公。春秋時齊國國君，五霸之首。姜姓，名小白。傳見《史記》卷三二。　文：即晋文公。春秋時晋國君。春秋五霸之一。姬姓，名重耳。傳見《史記》卷三九。

　　[11]昭祚：人名。即王昭祚。王鎔長子。傳見本書本卷。　梁公儒：人名。籍貫不詳。唐末將領。事見《舊唐書》卷二〇上、卷一四二。　李弘規：人名。籍貫不詳。唐末、五代官員。事見《新五代史》卷三九、卷五七。　汴：州名。治所在今河南開封市。

式請鎔子昭祚及大將梁公儒、李弘規子各一人往質於汴："昭祚"，《輯本舊史》之影庫本粘籤："原本作'昭胙'，今據《五代會要》改正。"下文亦云"昭祚"。《會要》卷二公主條載"普寧公主降王昭祚"。

[12]鎔不得已行其正朔：《通鑑》卷二六二光化三年（900）九月甲寅條："成德判官張澤言於王鎔曰：'河東，勍敵也，今雖有朱氏之援，譬如火發於家，安能俟遠水乎！彼幽、滄、易定，猶附河東，不若説朱公乘勝兼服之，使河北諸鎮合而爲一，則可以制河東矣。'鎔復遣周式往説全忠。全忠喜，遣張存敬會魏博兵擊劉仁恭；甲寅，拔莫州。"

　　其後梁祖常慮河朔悠久難制，會羅紹威卒，[1]因欲除移鎮、定。先遣親軍三千，[2]分據鎔深、冀二郡，[3]以鎮守爲名。又遣大將王景仁、李思安率師七萬，[4]營於柏鄉。[5]鎔遣使告急莊宗，[6]莊宗命周德威率兵應之，[7]鎔復奉唐朝正朔，稱天祐七年。[8]及破梁軍於高邑，[9]我軍大振，自是遣大將王德明率三十七都從莊宗征伐，[10]收燕降魏，[11]皆預其功，然鎔未嘗親軍遠出。八年七月，鎔至承天軍，[12]與莊宗合宴同盟，奉觴獻壽，以申感概。莊宗以鎔父友，曲加敬異，爲之聲歌，鎔亦報之，謂莊宗爲四十六舅。中飲，莊宗抽佩刀斷衿爲盟，許以女妻鎔子昭誨，[13]因兹堅附於莊宗矣。

　　[1]羅紹威：人名。魏州貴鄉（今河北大名縣）人。唐末軍閥。傳見本書卷一四、《新五代史》卷三九。
　　[2]先遣親軍三千：中華書局本有校勘記："'親軍'，本書卷二七《唐莊宗紀一》作'魏軍'。《册府》卷五七敘其事云：'天祐七

年十一月，梁祖遣供奉官杜廷隱、丁延徽監魏將夏諲兵三千分入深、冀.'《新五代史》卷三九《王鎔傳》、《通鑑》卷二六七略同。"見《宋本册府》卷五七《帝王部·英斷門》，《通鑑》卷二六七開平四年（910）十一月、十二月諸條。此事亦見《宋本册府》卷四四五《將帥部·無謀門》。

[3]深：州名。治所在今河北深州市。　冀：州名。治所在今河北衡水市冀州區。

[4]王景仁：人名。廬州合淝（今安徽合肥市）人。本名王茂章。五代後梁將領。傳見本書卷二三、《新五代史》卷二三。　李思安：人名。陳留（今河南開封市陳留鎮）人。五代後梁將領。傳見本書卷一九。

[5]柏鄉：縣名。治所在今河北柏鄉縣。

[6]莊宗：即李存勗。小字亞子。沙陀部人，太原（今山西太原市）人。晋王李克用之子，後唐開國皇帝。紀見本書卷二七至卷三四及《新五代史》卷四、卷五。

[7]周德威：人名。朔州馬邑（今山西朔州市朔城區東北）人。唐末、五代河東將領。傳見本書卷五六、《新五代史》卷二五。

[8]天祐：唐昭宗李曄開始使用的年號（904）。唐哀帝李柷即位後沿用（904—907）。唐亡後，河東李克用、李存勗仍稱天祐，沿用至天祐二十年（923）。五代其他政權亦有行此年號者，如南吴、吴越等，使用時間長短不等。　稱天祐七年：《舊唐書》卷一四二《王鎔傳》："天祐七年，母魏國太夫人何氏卒，起復本官。"

[9]高邑：縣名。一作"鄗（hào）邑"。治所在今河北高邑縣。

[10]王德明：人名。即張文禮。張文禮被王鎔收爲義子後，賜姓王，名德明。傳見本書卷六二。

[11]魏：州名。此處代指唐末河北方鎮魏博軍。時羅弘信爲魏博軍節度使。治所在今河北大名縣。

[12]承天軍：方鎮名。治所在今山西平定縣。

[13]許以女妻鎔子昭誨：中華書局本有校勘記："'以'字原闕，據《册府》卷七六六、《新五代史》卷三九《王鎔傳》補。"見《宋本册府》卷七六六《總録部·攀附門二》。

　　鎔自幼聰悟，然仁而不武，征伐出於下，特以作藩數世，專制四州，高屏塵務，不親軍政，多以閹人秉權，出納決斷，悉聽所爲。皆雕靡第舍，崇飾園池，植奇花異木，遞相誇尚。人士皆褒衣博帶，高車大蓋，以事嬉遊，藩府之中，當時爲盛。[1]鎔宴安既久，惑於左道，專求長生之要，常聚緇黃，合鍊仙丹，或講説佛經，親授符籙。[2]西山多佛寺，[3]又有王母觀，[4]鎔增置館宇，雕飾土木。道士王若訥者，[5]誘鎔登山臨水，訪求仙迹，每一出，數月方歸，百姓勞弊。王母觀石路既峻，不通輿馬，每登行，命僕妾數十人維錦繡牽持而上。有閹人石希蒙者，[6]姦寵用事，爲鎔所嬖，恒與之卧起。

　　[1]"皆雕靡第舍"至"當時爲盛"：《舊五代史考異》："案《新唐書》云：鎔母何，有婦德，訓鎔嚴，至母亡，鎔始黷貨財。此事《薛史》不載。"見《新唐書》卷二一一《王鎔傳》。
　　[2]親授符籙：中華書局本有校勘記："'符籙'原作'符録'，據殿本、《通鑑》卷二七一改。"見《通鑑》卷二七一貞明六年（920）十二月條。
　　[3]西山：地名。位於今河北邢臺市西北。
　　[4]王母：即西王母。中國古代神話中的女仙，傳説她曾在瑤池宴請周穆王。
　　[5]王若訥：人名。唐末、五代方士。事見本書本卷、卷一三

五及《新五代史》卷三九。

[6]石希蒙：人名。籍貫不詳。王鎔寵幸的宦官。事見本書本卷、《新五代史》卷三九。

天祐十八年冬十二月，[1]鎔自西山迴，宿於鵲營莊，[2]將歸府第，希蒙勸之佗所。宦者李弘規謂鎔曰："方今晋王親當矢石，櫛沐風雨，王殫供軍之租賦，爲不急之遊盤，世道未夷，人心多梗，久虛府第，遠出遊從，如樂禍之徒，翻然起變，拒門不納，則王欲何歸！"鎔懼，促歸。希蒙譖弘規專作威福，多蓄猜防，鎔由是復無歸志。弘規聞之怒，使親事偏將蘇漢衡率兵擐甲遽至鎔前，[3]抽戈露刃謂鎔曰："軍人在外已久，願從王歸。"弘規進曰："石希蒙説王遊從，勞弊士庶，又結構陰邪，將爲大逆。臣已偵視情狀不虛，請王殺之，以除禍本。"鎔不聽。弘規因命軍士聚譟，斬希蒙首抵於前。鎔大恐，遂歸。是日，令其子昭祚與張文禮以兵圍李弘規及行軍司馬李藹宅，[4]並族誅之，詿誤者凡數十家。又殺蘇漢衡，收部下偏將下獄，窮其反狀，親軍皆恐，復不時給賜，衆益懼。文禮因其反側，密諭之曰："王此夕將坑爾曹，宜自圖之。"衆皆掩泣相謂曰："王待我如是，我等焉能効忠？"是夜，親事軍十餘人自子城西門踰垣而入，鎔方焚香受籙，軍士二人突入，斷其首，袖之而出，遂焚其府第，煙燄亘天，兵士大亂。鎔姬妾數百，皆赴水投火而死。軍校有張友順者，[5]率軍人至張文禮之第，請爲留後，遂盡殺王氏之族。鎔於昭宗朝賜號敦睦保定久大功臣，[6]位至成德軍節度使、守太師、中書令、趙王，[7]梁祖加尚書令。[8]初，鎔之遇害，不獲其屍，及莊宗攻下鎮州，鎔之舊人於所焚府第灰間方得鎔之殘骸。莊宗命幕客致祭，葬於王氏故塋。

[1]天祐十八年冬十二月：中華書局本有校勘記：“‘十八年’原作‘八年’，據劉本改。按本書卷二九《唐莊宗紀三》、《舊唐書》卷一四二《王鎔傳》、《通鑑》卷二七一皆繫其事於龍德元年，龍德元年即天祐十八年。‘十二月’，本書卷二九《唐莊宗紀三》、《通鑑》卷二七一作‘二月’。”

[2]鶻營莊：地名。位於今河北平山縣西。　宿於鶻營莊：《輯本舊史》之影庫本粘籤：“鶻營莊，原本作‘體榮莊’，今從《通鑑》改正。”見《通鑑》卷二七一貞明六年（920）十二月條。

[3]蘇漢衡：人名。籍貫不詳。王鎔親軍軍將。事見本書本卷、《新五代史》卷三九。

[4]張文禮：人名。即前文之王德明。燕（今河北北部）人。五代軍閥王鎔的義子。傳見本書卷六二。　行軍司馬：官名。節度使屬官。掌軍籍符伍、號令印信，是藩鎮重要的軍政官員。　李藹：人名。籍貫不詳。趙王鎔藩鎮僚佐。持權用事。事見本書卷六二、《通鑑》卷二七一。

[5]張友順：人名。籍貫不詳。唐末、五代將領。事見《通鑑》卷二七一。　軍校有張友順者：《輯本舊史》之影庫本粘籤：“張友順，原本作‘文順’，今從《通鑑》改正。”見《通鑑》卷二七一貞明六年十二月條。

[6]昭宗：即唐昭宗李曄，888年至904年在位。紀見《舊唐書》卷二〇上、《新唐書》卷一〇。

[7]太師：官名。與太傅、太保並爲三師。唐後期、五代多爲大臣、勳貴加官。正一品。

[8]尚書令：官名。秦始置。隋、唐前期爲尚書省長官，與中書

令、侍中並爲宰相。唐後期多爲大臣加銜，不參與政務。正二品。

　　鎔長子昭祚，亂之翌日，張文禮索之，斬於軍門。次子昭誨，[1]當鎔被禍之夕，昭誨爲軍人攜出府第，置之地穴十餘日，乃髡其髮，被以僧衣。屬湖南綱官李震南還，[2]軍士以昭誨託於震，震置之茶褚中。既至湖湘，乃令依南嶽寺僧習業，[3]歲給其費。昭誨年長思歸，震即齎送而還。時鎔故將符習爲汴州節度使，[4]會昭誨來投，即表其事曰：“故趙王王鎔小男昭誨，年十餘歲遇禍，爲人所匿免，今尚爲僧，名崇隱，謹令赴闕。”明宗賜衣一襲，[5]令脫僧服。頃之，昭誨稱前成德軍中軍使、檢校太傅，[6]詣中書陳狀，特授朝議大夫、檢校考功郎中、司農少卿，[7]賜金紫。[8]符習因以女妻之。其後，累歷少列，周顯德中，[9]遷少府監。[10]《永樂大典》卷一萬八千一百二十八。[11]

　　[1]昭誨：人名。即王昭誨。王鎔次子。傳見本書本卷。

　　[2]綱官：即漕運官。　李震：人名。五代時湖南漕運官。事見本書本卷。

　　[3]南嶽寺：寺院名。位於今湖南衡山縣。

　　[4]符習：人名。趙州昭慶（今河北隆堯縣）人。五代後唐將領。傳見本書卷五九、《新五代史》卷二六。　汴州：州名。治所在今河南開封市。

　　[5]明宗：即李嗣源。沙陀部人。李克用養子，逼宮李存勖後自立爲後唐皇帝。紀見本書卷三五至卷四〇、《新五代史》卷六。

　　[6]中軍使：官名。五代始置，供職於各州軍之胥吏。　檢校太傅：官名。爲散官或加官，以示恩寵，無實際執掌。

　　[7]朝議大夫：官名。文散官。正五品下。　檢校考功郎中：官名。爲散官或加官，以示恩寵，無實際執掌。　司農少卿：官名。北齊設司農寺。隋、唐、宋沿置。長官爲司農卿，以司農少卿佐之，掌倉廩、籍田、苑囿諸事。從四品。

　　[8]“明宗賜衣一襲”至“賜金紫”：《輯本舊史》卷四二《唐明宗紀八》長興二年（931）八月丙寅：“以故鎮州節度使、趙王王鎔男昭誨爲朝議大夫、司農少卿，賜紫金魚袋，繼絶也。”《宋本册府》卷九〇六《總録部·假告門》：“王昭誨爲司農少卿。長興二年七月乙巳，御史臺奏：‘昭誨自寒食請假歸鎮州灑掃，已滿百日，准例停官。’敕旨：‘王昭誨方念繼絶，特授殊恩，久別丘園，許歸祭奠。雖違假限，宜示優宏，不停見任。’”

　　[9]顯德：五代後周太祖郭威年號（954）。世宗柴榮、恭帝柴宗訓沿用（955—960）。

　　[10]少府監：官名。少府監長官。隋初置，唐初廢，太宗時復置。掌百工技巧之事。從三品。

　　[11]《大典》卷一八一二八“將”字韻“後唐將（一）”事目。

　　　王處直[1]　子都　郁　兄處存　附李繼陶

　　[1]《輯本舊史》之原輯者案語：“《薛史·王處直傳》，《永樂大典》止存王都廢立之事，而處直事闕佚。”下録《舊唐書》卷一八二《王處存傳》。

　　處直，字允明，處存母弟也。初爲定州後院軍都知兵馬使。[1]汴人入寇，處直拒戰不利而退，三軍大譟，推處直爲帥。及鄴出奔，乃權留後事。汴將張存敬攻城，梯衝雲合，處直登城呼曰：“敝邑於朝廷未嘗不忠，於藩鄰未嘗失禮，不虞君之涉吾地，何也？”朱温遣人報之曰：“何以附太原而弱鄰道？”處直報曰：“吾兄與太原同時立勳王室，地又親鄰，脩好往來，常道也。請從此改圖。”温許之。仍歸罪於孔目吏梁問，[2] 出絹十萬匹、牛酒以犒汴軍，存敬脩盟而退。温因表授旄鉞，檢校左僕射。[3] 天祐元年，加太保，封太原王。後仕僞梁，授北平王，檢校太尉。不數歲，復於莊宗。後十餘年，爲其子都廢歸私第，尋卒，年六十一。[4]

[1]都知兵馬使：官名。唐、五代方鎮自置之部隊統率官，稱兵馬使，其權尤重者稱兵馬大使或都知兵馬使。掌兵馬訓練、指揮。

[2]孔目吏：吏職名。唐置，爲各府州及方鎮孔目院屬員，掌文書簿籍或財計出納事務，隸都孔目。因軍府細事皆經其手，一孔一目無不綜理，故名。　梁問：人名。本書僅此一見。

[3]檢校左僕射：官名。左僕射爲隋唐宰相名號。檢校左僕射爲散官或加官，以示恩寵，無實際執掌。

[4]“處直”至“年六十一”：　《舊唐書》卷一八二《王處直傳》。

都，本姓劉，小字雲郎，中山陘邑人也。[1] 初，有祅人李應之得於村落間，[2] 養爲己子。及處直有疾，應之以左道醫之，不久病間，處直神之，待爲羽人。始假幕職，出入無間，漸署爲行軍司馬，軍府之事，咸取決焉。處直時未有子，應之以都遺於處直曰：“此子生而有異。”因是都得爲處直之子。其後應之閱白丁於管内，[3]別置新軍，起第於博陵坊，[4]面開一門，動皆鬼道。處直信重日隆。將校相慮，變在朝夕，言既先其禍。[5]會燕師假道，伏甲於外城，以備不虞，昧旦入郭，諸校因引軍以圍其第，應之死於亂兵，咸云不見其屍。衆不解甲，乃逼牙帳請殺都，處直堅靳之，久乃得免。翌日賞勞，籍其兵於卧内，自隊長已上，記於別簿，漸以佗事孥戮。迨二十年，別簿之記，略無孑遺。都既成長，總其兵柄，姦詐巧佞，生而知之。處直愛養，漸有付託之意，時處直諸子尚幼，乃以都爲節度副大使。[6]

[1]中山：地名。位於今河北定州市。　陘邑：縣名。治所在今河北定州市。　中山陘邑人也：中華書局本有校勘記："'陘邑'，原作'徑邑'，據殿本、劉本、《永樂大典》卷六八五〇引《五代薛史》、《册府》卷八六三改。"見《宋本册府》卷八六三《總録部·爲人後門》。

[2]李應之：人名。定州（今河北定州市）人。王處直僚屬，善妖術。事見本書本卷、《新五代史》卷三九。　有祆人李應之得於村落間：《輯本舊史》之影庫本粘籤："李應之，原本作'鷹之'，今從《通鑑》改正。"見《通鑑》卷二七一龍德元年（921）十月條。"祆人"，《輯本舊史》原作"妖人"，《册府》卷八六三《總録部·爲人後門》作"幼人"，今據《大典》卷六八五〇改。

[3]白丁：魏晋南北朝隋唐時期，服兵役者常有專門的兵籍，征發一般平民爲兵時則特稱爲發白丁。

[4]博陵坊：李應之府第所在。位於今河北定州市。

[5]言既先其禍：《輯本舊史》原作"欲先事爲難"。中華書局本有校勘記："孔本、《永樂大典》卷六八五〇引《五代薛史》作'言既先其禍'，殿本作'謀先事爲禍'。"但未改。今據《大典》

回改。

　　[6]節度副大使：官名。方鎮中僅次於節度使之使職，如持節，則位同於節度使。

　　　王郁者，亦處直之孽子也。[1]無寵，奔晋，晋王克用以女妻之，累遷至新州團練使。[2]

　　[1]王郁者，亦處直之孽子也：《輯本舊史》原輯者案語：“以下有闕文。”據《大典》所録，未見有闕文。《遼史》卷七五亦有《王郁傳》。

　　[2]新州：州名。治所在今河北涿鹿縣。　團練使：官名。唐代中期以後，於不設節度使的地區設團練使，掌本區各州軍事。“無寵”至“累遷至新州團練使”：《通鑑》卷二七一龍德元年十月條。

　　　天祐十八年三月，河中節度使朱友謙、昭義節度使李嗣昭、滄州節度使李存審、定州節度使王處直、邢州節度使李嗣源、成德軍兵馬留後張文禮、遥領天平軍節度使閻寶、大同軍節度使李存璋、新州節度使王郁、振武節度使李存進、同州節度使朱令德，[1]各遣使勸進，請帝紹唐帝位，帝報書不允。[2]

　　[1]河中：方鎮名。治所在河中府（今山西永濟市）。　朱友謙：人名。許州（今河南許昌市）人。朱温養子，唐末、五代軍閥。傳見本書卷六三、《新五代史》卷四五。　昭義：方鎮名。治所在潞州（今山西長治市）。　李嗣昭：人名。汾州（今山西汾陽市）人。唐末、五代李克用義子、部將。傳見本書卷五二、《新五

代史》卷三六。　滄州：州名。治所在今河北滄縣舊州鎮。　李存
審：人名。陳州宛丘（今河南淮陽縣）人。原姓符，名存。五代後
唐將領。傳見本書卷五六、《新五代史》卷二五。　邢州：州名。
治所在今河北邢臺市。　天平軍：方鎮名。治所在鄆州（今山東東
平縣）。　閻寶：人名。鄆州（今山東東平縣）人。五代後梁、後
唐將領。傳見本書卷五九、《新五代史》卷四四。　大同：方鎮名。
治所在雲州（今山西大同市）。　李存璋：人名。雲中（今山西大
同市）人。五代後唐將領。傳見本書卷五三、《新五代史》卷三
六。　振武：方鎮名。後梁貞明二年（916）以前，治所位於單于
都護府城（今内蒙古和林格爾縣）。貞明二年，單于都護府城爲契
丹占據。此後至後唐清泰三年（936），治所位於朔州（今山西朔州
市朔城區）。後晉隨燕雲十六州割予契丹，改名順義軍。　李存進：
人名。振武（今内蒙古和林格爾縣）人。本姓孫，名重進，李克用
以之爲義兒軍使，賜姓名。五代後唐將領。傳見本書卷五三、《新
五代史》卷三六。　同州：州名。治所在今陝西大荔縣。　朱令
德：人名。許州（今河南許昌市）人。五代後唐將領。朱友謙之
子。事見本書《朱友謙傳》、《新五代史》卷四五《朱友謙傳》。

　　[2]"天祐十八年三月"至"帝報書不允"：《輯本舊史》卷二
九《唐莊宗紀三》。《輯本舊史》之影庫本粘籤："李存進，原本脱
'存'字，今據列傳增入。"

　　及晉王存勗討張文禮，處直以平日鎮、定相爲唇
齒，恐鎮亡而定孤，固諫，以爲方禦梁寇，宜且赦文
禮。晉王答以文禮弑君，義不可赦；又潛引梁兵，恐於
易定亦不利。處直患之，以新州地鄰契丹，乃潛遣人語
郁，使賂契丹，召令犯塞，務以解鎮州之圍；[1]其將佐
多諫，不聽。郁素疾都冒繼其宗，乃邀處直求爲嗣，處
直許之。[2]

　　〔1〕易：州名。治所在今河北易縣。　契丹：古部族、政權名。
公元4世紀中葉宇文部爲前燕攻破，始分離而成單獨的部落，自號
契丹。唐貞觀中，置松漠都督府，以其首領爲都督。唐末强盛，
916年迭剌部耶律阿保機建立契丹國（遼）。先後與五代、北宋並
立，保大五年（1125）爲金所滅。參見張正明《契丹史略》，中華
書局1979年版。

　　〔2〕“及晋王存勗討張文禮”至“處直許之”：《通鑑》卷二七
一龍德元年十月條。

　　軍府之人皆不欲召契丹，都亦慮郁奪其處，乃陰與
書吏和昭訓謀劫處直。[1]會處直與張文禮宴於城東，暮
歸，都以新軍數百伏於府第，大譟劫之，曰：“將士不
欲以城召契丹，請令公歸西第。”乃並其妻妾幽之西第。
盡殺處直子孫在中山及將佐之爲處直腹心者。都自爲留
後，具以狀白晋王。晋王因以都代處直。[2]

　　〔1〕和昭訓：人名。籍貫不詳。王都親信。事見本書本卷、
《新五代史》卷三九。

　　〔2〕“軍府之人皆不欲召契丹”至“晋王因以都代處直”：《通
鑑》卷二七一龍德元年十月條。《考異》云：“按張文禮時已受兵，
安能至定州與王處直宴！處直所與宴者必文禮使者也。‘文禮’之
下當有‘使’字。”

　　十八年十二月辛未，郁誘契丹阿保機寇幽州，遂引
軍涿州，陷之。[1]又寇定州，王都遣使告急，帝自鎮州
率五千騎赴之。[2]

［1］阿保機：人名。姓耶律，契丹迭剌部人。唐末契丹族首領、遼開國太祖。紀見《遼史》卷一、卷二。 涿州：州名。治所在今河北涿州市。

［2］"十八年十二月辛未"至"帝自鎮州率五千騎赴之"：《輯本舊史》卷二九《唐莊宗紀三》原輯者案語："契丹國志：王處直在定州，以鎮、定爲脣齒，恐鎮亡而定孤，乃潛使人語其子王郁，使賂契丹，令犯寨以救鎮州之圍。王郁説太祖曰：'鎮州美女如雲，金帛似山，天皇速往，則皆爲己物也，不然，則爲晉王所有矣。'太祖以爲然，率衆而南。又案：契丹陷涿州在天祐十八年，李嗣弼傳作天祐十九年，紀傳互異。"

　　天祐十八年十二月，[1]莊宗親征鎮州，敗契丹於沙河。[2]明年正月，乘勝追虜，[3]過定州，都馬前奉迎，莊宗幸其府第曲晏。[4]都有愛女，十餘歲，莊宗與之論婚，許爲皇子繼岌妻之，[5]自是恩寵特異，奏請無不從。同光三年，莊宗幸鄴都，[6]都來朝覲，[7]留宴旬日，錫賚鉅萬，遷太尉、侍中。[8]時周玄豹見之曰：[9]"形若鯉魚，難免刀机。"[10]及明宗嗣位，加中書令，[11]然以其奪據父位，深心惡之。

［1］天祐十八年十二月：中華書局本有校勘記："原作'天祐十三年'，據殿本、孔本、《永樂大典》卷六八五〇引《五代薛史》改。"《輯本舊史》卷二九《唐莊宗紀三》天祐十八年（921）十月辛酉條："閻寶上言，定州節度使王處直爲其子都幽於別室，都自稱留後。"

［2］莊宗親征鎮州，敗契丹於沙河：《輯本舊史》卷二九《唐莊宗紀三》天祐十八年："十二月辛未，王郁誘契丹阿保機寇幽州，

遂引軍涿州，陷之。又寇定州，王都遣使告急，帝自鎮州率五千騎赴之。”

［3］乘勝追虜：“虜”，《輯本舊史》原作“敵”。此因清輯者忌諱而篡改，今據《大典》卷六八五〇回改。

［4］莊宗幸其府第曲晏：“晏”，《輯本舊史》原作“宴”，據《大典》卷六八五〇改。

［5］繼岌：人名。即李繼岌。後唐莊宗長子，時封魏王。傳見本書卷五一、《新五代史》卷一四。

［6］鄴都：地名。治所在今河北大名縣。五代後唐同光元年（923）改魏州爲興唐府，建號東京。三年，改東京爲鄴都。

［7］都來朝覲：《輯本舊史》卷三二《唐莊宗紀六》同光三年二月丙寅條：“定州節度使王都來朝。”

［8］遷太尉、侍中：《輯本舊史》卷二九《唐莊宗紀三》同光元年閏四月丁丑條：“定州節度使王都加檢校侍中。”卷三二《唐莊宗紀六》同光三年二月丙戌條：“定州節度使、檢校太尉、兼侍中王都進封開國公，加食邑實封。”

［9］周玄豹：人名。燕地（今河北北部）人。五代後唐時術士、官員。傳見本書卷七一。

［10］難免刀机：中華書局本有校勘記：“‘机’原作‘機’，據孔本、彭校、《永樂大典》卷六八五〇引《五代薛史》、《册府》（宋本）卷八六〇改。”見《宋本册府》卷八六〇《總錄部·相術門》。明本《册府》作“几”。明本《册府》此條亦有：“王都爲定州節度，臨戎數年，惟以慘虐爲務，不敢並語。”

［11］及明宗嗣位，加中書令：《輯本舊史》卷三八《唐明宗紀四》天成二年（927）九月辛亥條：“義武軍節度使、檢校太尉、兼中書令王都加食邑實封。”

　　初，同光中，[1]祁、易二州刺史，[2]都奏部下將校爲之，不進户口，租賦自贍本軍，天成初仍舊。[3]既而安重誨用事，[4]稍以朝政釐之。時契丹犯塞，諸軍多屯幽易間，大將往來，都陰爲之備，屢廢迎送，漸成猜間。和昭訓爲都籌畫曰：[5]“主上新有四海，其勢易離，可圖自安之計。”會朱守殷據汴州反，[6]鎮州節度使王建立與安重誨不協，[7]心懷怨嫉。都陰知之，乃遣人説建立謀叛，建立僞許之，密以狀聞。都又與青、徐、岐、潞、梓五帥蠟書以離間之。[8]三年四月，制削都在身官爵，遣宋州節度使王晏球率師討之。[9]都急與王郁謀，引契丹爲援。洎王師攻城，契丹將奚首禿餒率虜騎萬人來援，[10]都與虜合兵大戰於嘉山，[11]爲王師所敗，唯禿餒以二千騎奔入定州。[12]都仗之守城，呼爲餒王，[13]屈身瀝懇，冀其盡力，孤壘周年，亦甚有備。諸校或思歸嚮，以其訪察嚴密，殺人相繼，人無宿謀，故數構不就。

[1]同光：後唐莊宗李存勗年號（923—926）。

[2]祁：州名。治所在今河北無極縣。

[3]天成：後唐明宗李嗣源年號（926—930）。

[4]安重誨：人名。應州（今山西應縣）人。五代後唐大臣。傳見本書卷六六、《新五代史》卷二四。

[5]和昭訓：人名。籍貫不詳。王都親信。事見《新五代史》卷三九。《舊五代史考異》：“《宋史·趙上交傳》作和少微。”見《宋史》卷二六二。

[6]朱守殷：人名。籍貫不詳。五代後唐將領。傳見本書卷七四、《新五代史》卷五一。

[7]王建立：人名。遼州榆社（今山西榆社縣）人。五代後

唐、後晉大臣。傳見本書卷九一、《新五代史》卷四六。

[8]青：州名。治所在今山東青州市。　徐：州名。治所在今江蘇徐州市。　岐：唐州名。治雍縣（今陝西鳳翔縣）。唐中後期稱鳳翔府，五代因之。此爲舊稱。　潞：州名。治所在今山西長治市。　梓：州名。治所在今四川三臺縣。　都又與青、徐、岐、潞、梓五帥蠟書以離間之：《輯本舊史》之影庫本粘籤："潞梓，原本作‘潞粹’。考《通鑑》作潞梓，胡三省注云：梓帥，謂董璋也。今改正。"又《舊五代史考異》："《通鑑》作青、徐、潞、益、梓五帥。胡三省注云：是時，青帥霍彥威，徐帥房知溫，潞帥毛璋，益帥孟知祥，梓帥董璋。《薛史》有岐帥而無益帥，與《通鑑》異。《歐陽史》從《薛史》。"見《通鑑》卷二七六天成三年（928）四月條及胡注。

[9]宋州：州名。治所在今河南商丘市睢陽區。　王晏球：人名。洛陽（今河南洛陽市）人。五代將領。傳見本書卷六四、《新五代史》卷四六。　"三年四月"至"遣宋州節度使王晏球率師討之"："遣宋州節度使王晏球率師討之"，中華書局本有校勘記："‘率’字原闕，據殿本、劉本補。"《大典》亦無"率"字。《輯本舊史》卷三九《唐明宗紀五》天成三年四月庚子條："北面副招討、宋州節度使王晏球以定州節度使王都反狀聞。庚子，制義武軍節度使、檢校太尉、兼中書令、太原王王都削奪官爵。"

[10]禿餒：人名。一作托諾，奚人。契丹將領。事見本書本卷、卷三九、卷四〇、卷六四、卷九五、卷一二三、卷一三七。

[11]嘉山：地名。位於今河北曲陽縣東北。

[12]"都急與王郁謀"至"唯禿餒以二千騎奔入定州"："契丹將奚首禿餒率虜騎萬人來援"，原作"契丹將禿餒率騎萬人來援"，中華書局本有校勘記："‘禿餒’上《永樂大典》卷六八五〇引《五代薛史》有‘奚首’二字。‘騎’，《永樂大典》卷六八五〇引《五代薛史》作‘虜騎’。"但未改。今據《大典》回改。下"都與虜合兵"之"虜"同。《輯本舊史》卷三九《唐明宗紀五》

天成三年五月壬申條：“王晏球奏，今月二十一日，大破定州賊軍及契丹於曲陽，斬獲數千人，王都與禿餒以數十騎復入於定州。”

[13]呼爲餒王：中華書局本有校勘記：“‘餒’字原闕，據《永樂大典》卷六八五〇引《五代薛史》、《新五代史》卷三九《王處直傳》補。孔本作‘呼爲納王’，殿本、劉本作‘呼爲諸王’。影庫本批校：呼爲納王，脫‘納’字。”

　　都好聚圖書，自常山始破，[1]梁國初平，令人廣將金帛收市，以得爲務，不責貴賤，書至三萬卷，名畫樂器各數百，皆四方之精妙者，萃於其府。四年三月，晏球拔定州，時都校馬讓能降於曲陽門，[2]都巷戰而敗，奔馬歸於府第，縱火焚之，府庫妻孥，一夕俱燼，唯擒禿餒并其男四人、弟一人獻於行在。[3]

　　[1]常山：即鎮州，治所在今河北正定縣。
　　[2]馬讓能：人名。籍貫不詳。王都部將。事見《通鑑》卷二七六。　曲陽門：即曲陽縣城門。
　　[3]“四年三月”至“弟一人獻於行在”：“四年三月”，中華書局本有校勘記：“本書卷四〇《唐明宗紀六》、《新五代史》卷六《唐本紀》、卷三九《王處直傳》、《通鑑》卷二七六皆繫其事於天成四年二月。”《輯本舊史》卷四〇《唐明宗紀六》天成四年（929）二月乙巳條：“王晏球奏，此月三日收復定州，獲王都首級，生擒契丹禿餒等二千餘人。百僚稱賀。”同月辛酉條：“帝御咸安樓受定州俘馘，百官就列，宣露布於樓前，禮畢，以王都首級獻於太社。王都男四人、弟一人，禿餒父子二人，並磔於市。”

　　王處存，京兆萬年縣勝業里人。[1]世隸神策軍，[2]爲京師富族，財産數百萬。父宗，自軍校累至檢校司空、金吾大將軍、左街使，[3]遥領興元節度。[4]宗善興利，乘時貿易，由是富擬王者，仕宦因貲而貴，侯服玉食，僮奴萬指。處存起家右軍鎮使，[5]累至驍衛將軍、左軍巡使。[6]乾符六年十月，[7]檢校刑部尚書、義武軍節度使。[8]

[1]京兆：府名。治所在今陝西西安市長安區。　萬年縣：縣名。治所在今陝西西安市長安區。　勝業里：地名。位於今陝西西安市。

[2]神策軍：禁軍名。唐後期爲宦官控制。天復三年（903）朱温誅殺宦官，神策軍遂廢。

[3]宗：人名。即王宗。王處存之父。事見本書本卷、《舊唐書》卷一八二。　檢校司空：官名。爲散官或加官，以示恩寵加此官，無實際執掌。　金吾大將軍：官名。唐置，掌宮禁宿衛。正三品。　街使：官名。分左、右職。掌京城街道治安，以及修橋種樹等事，常以金吾將軍充任，故亦稱金吾街使。

[4]興元：府名。治所在今陝西漢中市。

[5]鎮使：官名。縣鎮遏使省稱，即鎮將。掌治賊盜等軍事。

[6]驍衛將軍：官名。唐置，掌宮禁宿衛。唐代置十六衛之一。從三品。　左軍巡使：官名。唐末始置。五代後梁在開封府置左、右軍巡使，以牙校充任。掌京城内争鬥等事。

[7]乾符：唐僖宗李儇年號（874—879）。

[8]檢校刑部尚書：官名。爲散官或加官，以示恩寵加此官，無實際執掌。　義武軍：方鎮名。治所在定州（今河北定州市）。

明年，黄巢犯闕，僖宗出幸，[1]處存號哭累日，不俟詔命，即率本軍入援。遣二千人間道往山南，衛從車駕。時李都守河中降賊，[2]會王重榮斬僞使，[3]通使於處存，乃同盟誓師，營於渭北。[4]時巢賊借號，天下藩鎮，多受其僞命，唯鄭畋守鳳翔，[5]鄭從讜守太原。[6]處存、王重榮首倡義舉，以招太原。俄而鄭畋破賊前鋒，王鐸自行在至，[7]故諸鎮翻然改圖，以出勤王之師。

[1]黃巢：人名。曹州冤句（今山東菏澤市）人。唐末農民起義領袖。傳見《舊唐書》卷二〇〇下、《新唐書》卷二二五下。僖宗：即李儇，873 年至 888 年在位。紀見《舊唐書》卷一九下、《新唐書》卷九。

[2]李都：人名。籍貫不詳。五代後梁將領。事見本書卷一八、卷六〇。

[3]王重榮：人名。太原祁（今山西祁縣）人。唐末將領、軍閥。傳見《舊唐書》卷一八二、《新唐書》卷一八七。

[4]渭北：即渭河以北地區。

[5]鄭畋：人名。滎陽（今河南滎陽市）人。唐末宰相、軍閥。傳見《舊唐書》卷一七八、《新唐書》卷一八五。 鳳翔：方鎮名。治所在鳳翔府（今陝西鳳翔縣）。

[6]鄭從讜：人名。滎陽（今河南滎陽市）人。唐僖宗時宰相，曾任太原尹、宣武軍節度使、嶺南節度使等職。傳見《舊唐書》卷一五八、《新唐書》卷一六五。 太原：府名。治所在今山西太原市。

[7]王鐸：人名。太原（今山西太原市）人。唐末軍閥，曾積極參與平定黃巢起義。傳見《舊唐書》卷一六四、《新唐書》卷一八五。

中和元年四月，涇原行軍唐弘夫敗賊將林言、尚讓軍，[1]乘勝進逼京師。處存自渭北親選驍卒五千，皆以白繒爲號，夜入京城，賊已遁去。京師故人見處存，遮道慟哭，歡呼塞路。軍人皆釋兵，爭據第宅，坊市少年多帶白號雜軍。翌日，賊偵知，自灞上復襲京師，[2]市人以爲王師，歡呼迎之。處存爲賊所迫，收軍還營。賊怒，召集兩市丁壯七八萬，併殺之，血流成渠。

[1]涇原：方鎮名。又名彰義軍。治所在涇州（今甘肅涇川縣）。　行軍：官名。即行軍司馬。出征將領及節度使的屬官。掌軍籍符伍、號令印信，是藩鎮重要的軍政官員。　唐弘夫：人名。籍貫不詳。唐末將領。事見《通鑑》卷二五二、卷二五四。　林言：人名。籍貫不詳。唐末黃巢軍將。一説爲黃巢甥。初隨黃巢起事，中和四年（884），隨黃巢敗退至狼虎谷（位於今山東萊蕪市西南），斬巢兄弟妻子首將詣唐軍，旋爲沙陀軍所殺。事見《舊唐書》卷一九下、卷一八二、卷二〇〇下。　尚讓：人名。黃巢部將，後被時溥所殺。事見《舊唐書》卷二〇〇下、《新唐書》卷二二五下。

[2]灞上：地名。即霸上。在今陝西西安市東北白鹿原北首。

處存家在京師，世受國恩，以賊寇未平，鑾輿出狩，每言及時事，未嘗不喑嗚流涕，諸軍義之。前後遣使十輩迎李克用，[1]既奕世姻好，特相款昵。洎收京師，王鐸第其功，勤王舉義，處存爲之最；收城破賊，克用爲之最。以功檢校司空。後又遣大將張公慶率勁兵三千，[2]合諸軍滅賊巢於泰山，[3]以功檢校司徒。[4]

[1]李克用：人名。沙陀部人，生於神武川新城（一説是今山西朔州市朔城區之梵王寺村，一説是今山西應縣縣城，一説在今山西懷仁縣之日中城）。唐末軍閥，後唐太祖。紀見本書卷二五、卷二六，《新五代史》卷四。

[2]張公慶：人名。籍貫不詳。唐末大將。事見《新唐書》卷一八六。

[3]泰山：山名。黃巢死於泰山狼虎谷（今山東萊蕪市西南）。

[4]檢校司徒：官名。爲散官或加官，以示恩寵，無實際執掌。

田令孜討王重榮，[1]詔處存爲河中節度，處存上章申理，言："重榮無罪，有大功於國，不宜輕有除改，以搖藩鎮之心。"初，幽、鎮兩藩，兵甲彊盛，易、定於其間，[2]疲於侵寇。及匡威得志驕盈，恒欲兼并之，賴與太原姻好，每爲之援。處存亦睦鄰以禮，優撫軍民，折節下士，人多歸之，以至抗衡列鎮。累加侍中、檢校太尉。[3]乾寧二年九月卒，[4]年六十五，贈太子太師，[5]謚曰忠肅。

[1]田令孜：人名。蜀（今四川一帶）人。唐末宦官首領。傳見《舊唐書》卷一八四、《新唐書》卷二〇八。

[2]定：州名。治所在今河北定州市。

[3]侍中：官名。秦始置。隋、唐前期爲門下省長官。唐後期多爲大臣加銜，不參與政務，實際職務由門下侍郎執行。正二品。

檢校太尉：官名。爲散官或加官，以示恩寵加此官，無實際執掌。

[4]乾寧：唐昭宗李曄年號（894—898）。

[5]太子太師：官名。與太子太傅、太子太保統稱太子三師。

隋唐以後多作加官或贈官。從一品。

　　三軍以河朔舊事，推其子副大使郜爲留後，[1]朝廷從而命之，授以旄鉞，尋加檢校司空、同平章事，[2]累至太保。[3]光化三年七月，汴將張存敬進寇幽州，[4]旋入祁溝。[5]郜遣馬步都將王處直將兵拒之，[6]爲存敬所敗，退營沙河。[7]汴人進擊，營於懷德驛，[8]處直之衆奔撓，城中大恐。十月，郜委城攜族奔於太原，太原累表授檢校太尉。天復初，[9]卒於晋陽。[10]其弟郱，[11]克用以女妻之，歷嵐、石、沔三州刺史、大同軍防禦使。[12]天祐中卒。[13]

　　[1]郜：人名。即王郜。京兆萬年（今陝西西安市長安區）人。唐末軍閥。事見本書本卷、卷二六、卷五二。

　　[2]同平章事：官名。"同中書門下平章事"之簡稱。唐高宗以後，凡實際任宰相之職者，常在其本官後加同平章事的職銜。後成爲宰相專稱。後晋天福五年（940），升中書門下平章事爲正二品。

　　[3]太保：官名。與太師、太傅並爲三師。唐後期、五代多爲大臣、勳貴加官。正一品。

　　[4]張存敬：人名。譙郡（今安徽亳州市）人。唐末、五代將領。傳見本書卷二〇、《新五代史》卷二一。

　　[5]祁溝：關隘名。又名岐溝關。位於今河北涿州市西南。

　　[6]馬步都將：官名。馬步軍統兵將領。

　　[7]沙河：河流名。此河發源於今山西靈丘縣，流經河北阜平、曲陽、新樂、定州等縣市，係白洋淀上游的重要河流。

　　[8]懷德驛：地名。位於今河北定州市懷德村。

［9］天復：唐昭宗李曄年號（901—904）。

［10］晋陽：縣名。治所在今山西太原市。

［11］鄩：人名。即王鄩。京兆萬年（今陝西西安市長安區）人。王處存之子。事見《新五代史》卷三九。

［12］嵐：州名。治所在今山西嵐縣。　石：州名。治所在今山西呂梁市離石區。　沔：州名。“沔”字或爲“汾”字之訛。汾州治所在今山西汾陽縣。　刺史：官名。漢武帝始置。州一級行政長官，總掌考核官吏、勸課農桑、地方教化等事。唐中期以後，節度使、觀察使轄州而設，刺史爲其屬官，職任漸輕。從三品至正四品下。　防禦使：官名。唐代始置，設有都防禦使、州防禦使兩種。常由刺史或觀察使兼任，實際上爲唐代後期州或方鎮的軍政長官。

［13］“王處存”至“天祐中卒”：《舊唐書》卷一八二《王處存傳》。

　　李繼陶者，莊宗初略地河朔，俘而得之，收養於宮中，故名曰得得。天成初，安重誨知其本末，付段佪養之爲兒，[1]佪知其不稱，許其就便。王都素蓄異志，潛取以歸，呼爲莊宗太子。及都叛，遂借其服裝，時俾乘埤，欲惑軍士，人咸知其僞，競詬辱之。城陷，晏球獲之，拘送於闕下，行至邢州，遣使戮焉。[2]《永樂大典》卷六千八百五十。[3]

　　［1］段佪：人名。籍貫不詳。五代後唐官員，時任樞密承旨。事見本書本卷、卷三二、卷三三。

　　［2］“李繼陶者”至“遣使戮焉”：《輯本舊史》之影庫本粘籤：“‘繼陶’，原本作‘繼陳’，今從《北夢瑣言》改正。”未見《北夢瑣言》記載。《輯本舊史》卷四〇《唐明宗紀六》天成四年

（929）二月丙辰條：“邢州奏，定州送到僞太子李繼陶，已處置訖。”《新五代史》卷三九《王處直傳》：“莊宗軍中闌得一男子，愛之，使冒姓李，名繼陶，養於宮中以爲子。”

　　[3]《大典》卷六八五〇“王”字韻“姓氏（三五）”事目。

　　史臣曰：王鎔據鎮冀以稱王，[1]治將數世；處直分易定以爲帥，亦既重侯。一則惑佞臣而覆其宗，一則嬖孽子而失其國，其故何哉？蓋富貴斯久，仁義不修，目眩於妖妍，耳惑於絲竹，故不能防姦於未兆，察禍於未萌，相繼敗亡，又誰咎也。《永樂大典》卷六千八百五十。[2]

　　[1]王鎔據鎮冀以稱王：“稱王”之“王”，《大典》作“正”。
　　[2]《大典》卷六八五〇“王”字韻“姓氏（三五）”事目。

舊五代史　卷五五

唐書三十一

列傳第七

康君立

康君立，蔚州興唐人，[1]世爲邊豪。乾符中，[2]爲雲州牙校，[3]事防禦使段文楚。[4]時羣盜起河南，[5]天下將亂，代北仍歲阻饑，[6]諸部豪傑，咸有嘯聚邀功之志。會文楚稍削軍人儲給，戍兵咨怨。君立與薛鐵山、程懷信、王行審、李存璋等謀曰：[7]“段公儒人，[8]難與共事。方今四方雲擾，皇威不振，[9]丈夫不能於此時立功立事，非人豪也。吾等雖權部衆，[10]然以雄勁聞於時者，莫若沙陀部，復又李振武父子勇冠諸軍，[11]吾等合勢推之，則代北之地，旬月可定，功名富貴，事無不濟也。”君立等乃夜謁武皇言曰：[12]“方今天下大亂，天子付將臣以邊事，歲偶饑荒，便削儲給，我等邊人，焉能守死！公家父子，素以威惠及五部，當共除虐帥，以謝邊人，孰敢異議者！”武皇曰：“明天子在上，舉事當有朝典，公等勿輕議。予家尊遠在振武，萬一相迫，俟予稟命。”君立等曰：“事機已泄，遲則變生，曷俟千里咨稟！”[13] 衆因聚譟，擁武皇，比及雲州，衆且萬人，師營鬭雞臺，[14] 城中械文楚以應武皇之軍。[15] 既收城，推武皇爲大同軍防禦留後。[16] 衆狀以聞，朝廷不悅，詔徵兵來討。俄而獻祖失振武，[17] 武皇失雲州，[18] 朝廷命招討使李鈞、幽州李可舉加兵於武皇，[19] 攻武皇於蔚州，君立從擊可舉之師屢捷。[20] 及獻祖入達靼，[21] 君立保感義軍。[22] 武皇授雁門節度，[23] 以君立爲左都押牙，[24] 從入關，逐黃孽，[25] 收長安。[26] 武皇還鎮太原，[27] 授檢校工部尚書、先鋒軍使。[28]

[1]蔚州：州名。治所在今河北蔚縣。按，唐天寶元年（742），改蔚州爲安邊郡，並將州治自靈丘徙至安邊城（今河北蔚縣）。至德二載（757），改安邊郡爲興唐郡，並改安邊縣爲興唐縣。乾元元年（758），復置蔚州，並置橫野軍。　興唐：縣名。治所即今河北蔚縣。五代梁改名隆化縣。後唐復名安邊縣。後晉改名靈仙縣。

[2]乾符：唐僖宗李儇年號（874—879）。

[3]雲州：州名。治所在今山西大同市。　牙校：爲低級武官。

[4]防禦使：官名。唐代始置，設有都防禦使、州防禦使兩種。常由刺史或觀察使兼任，實際上爲唐代後期州或方鎮的軍政長官。　段文楚：人名。汧陽（今陝西千陽縣）人。唐末將領。事見《舊唐書》卷一九上。

[5]河南：泛指黃河以南地區。

[6]代北：方鎮名。治所在代州（今山西代縣）。

[7]薛鐵山：人名。籍貫不詳。唐末李克用從者。事見《新五代史》卷二五。　程懷信、王行審：人名。籍貫不詳。唐末、五代李克用部將。事見本書本卷。　李存璋：人名。雲中（今山西大同市）人。唐末、五代後唐將領。傳見本書卷五三、《新五代史》卷三六。

[8]段公儒人：中華書局本有校勘記：“‘儒’原作‘懦’，據《册府》卷三四七、卷七六六改。《通鑑》卷二五三《考異》引張昭遠《莊宗功臣列傳》作‘段公儒者’，《新唐書》卷二一八《沙陀傳》敘其事作‘段公乃儒者’。”見明本《册府》卷三四七《將帥部·佐命門八》、卷七六六《總録部·攀附門二》，《通鑑》卷二五三乾符五年（878）二月甲戌條。

[9]皇威不振：中華書局本有校勘記：“‘皇’，原作‘武’，據《册府》卷三四七、卷七六六，《通鑑》卷二五三《考異》引張昭遠《莊宗功臣列傳》改。”

[10]吾等雖權部衆：中華書局本有校勘記：“‘權’下原有‘係’字，據《册府》卷三四七、卷七六六删。影庫本粘籤：‘權係部衆，原本脱“係”字，今從《通鑑考異》所引《薛史》增人。’今檢《通鑑》卷二五三《考異》引《薛史》無此句，《通鑑》卷二五三《考異》引張昭遠《莊宗功臣列傳》作‘吾等雖擁部衆’。”

[11]沙陀：唐、五代時部族名。西突厥別部，即沙陀突厥。李振武：人名。即振武節度使李國昌，又名朱邪赤心。沙陀部首領。唐末軍閥。李克用之父。其孫五代後唐莊宗李存勖即帝位後，追謚其爲文皇，廟號獻祖。事見《舊唐書》卷一九上、卷一九下。

[12]武皇：即李克用。沙陀部人，生於神武川新城（一説是今山西朔州市朔城區之梵王寺村，一説是今山西應縣縣城，一説在今山西懷仁縣之日中城）。唐末軍閥，受封晋王。五代後唐太祖。紀見本書卷二五、卷二六，《新五代史》卷四。

[13]“君立等乃夜謁武皇言曰”至“曷俟千里咨稟”：《舊五代史考異》：“案《通鑑考異》引趙鳳《紀年録》云：邊校程懷信、

康君立等十餘帳，日譁於太祖之門。疑非事實。《新唐書》作夜謁克用，《通鑑》作潛詣蔚州説克用，皆以《薛史》爲據。”見《通鑑》卷二五三乾符五年二月甲戌條《考異》。

［14］鬬雞臺：地名。位於今山西大同市東城外。

［15］城中械文楚以應武皇之軍：《輯本舊史》卷二五《唐武皇紀上》：“乾符三年，朝廷以段文楚爲代北水陸發運、雲州防禦使。時歲薦饑，文楚稍削軍食，諸軍咸怨。武皇爲雲中防邊督將，部下爭訴以軍食不充，邊校程懷素、王行審、蓋遇、李存璋、薛鐵山、康君立等，即擁武皇入雲州，衆且萬人，營於鬬雞台，城中械文楚出，以應於外。”《新唐書》卷九《僖宗本紀》載乾符五年“二月癸酉，雲中守捉使李克用殺大同軍防禦使段文楚”。而《舊唐書》卷一九上《懿宗本紀》載咸通十三年（872）十二月“李國昌小男克用殺雲中防禦使段文楚，據雲州，自稱防禦留後”。《新五代史》卷四《唐莊宗紀上》亦作咸通十三年“國昌已拒命，克用乃殺大同軍防禦使段文楚，據雲州，自稱留後”。

［16］大同軍：方鎮名。治所在雲州（今山西大同市）。　留後：官名。唐、五代節度使多以子弟或親信爲留後，以代行節度使職務，亦有軍士、叛將自立爲留後者。掌一州或數州軍政。　推武皇爲大同軍防禦留後：《輯本舊史》卷二五《唐武皇紀上》作：“乾符五年，黃巢渡江，其勢滋蔓，天子乃悟其事，以武皇爲大同軍節度使、檢校工部尚書。”《新五代史》卷四《唐莊宗紀上》作拜“克用大同軍防禦使”。

［17］獻祖：即前文“李振武”，廟號獻祖。　振武：方鎮名。治所在朔州（今山西朔州市朔城區）。

［18］俄而獻祖失振武，武皇失雲州：《輯本舊史》卷二五《唐武皇紀上》乾符五年：“冬，獻祖出師討党項，吐渾赫連鐸乘虛陷振武，舉族爲吐渾所擄。武皇至定邊軍迎獻祖歸雲州，雲州守將拒關不納。”

［19］招討使：官名。唐始置。戰時任命，兵罷則省。常以大

臣、將帥或地方軍政長官兼任。掌招撫、討伐等事務。　李鈞：人名。李業之孫。唐末將領。事見《舊唐書》卷一九下。　幽州：州名。治所在今北京市。　李可舉：人名。回紇族阿布思部人。唐末幽州節度使李茂勳之子，襲父位爲幽州節度副使，累官至檢校太尉。傳見《舊唐書》卷一八〇。

[20]"朝廷命招討使李鈞"至"君立從擊可舉之師屢捷"："君立從擊可舉之師屢捷"，中華書局本有校勘記："'可舉'，《册府》卷三四七作'鈞舉'。"《册府》卷三四七《將帥部·佐命門八》作："朝廷命招討使李鈞、幽州李舉加兵于武皇，攻武皇於蔚州，君立從擊鈞、舉之師屢敗。"與本傳文字略異。《輯本舊史》卷二五《唐武皇紀上》："乾符六年春，朝廷以昭義節度使李鈞充北面招討使，將上黨、太原之師過石嶺關，屯於代州，與幽州李可舉會赫連鐸同攻蔚州。獻祖以一軍禦之，武皇以一軍南抵遮虜城以拒李鈞。"

[21]達靼：部族名。其名始見於唐開元二十年（732）突厥文《闕特勤碑》。唐末活躍於陰山一帶。參見白玉冬《九姓達靼游牧王國史研究》，中國社會科學出版社2017年版。　及獻祖入達靼：《輯本舊史》卷二五《唐武皇紀上》廣明元年（880）："六月，李涿引大軍攻蔚州，獻祖戰不利，乃率其族奔於達靼部。"

[22]感義軍：唐方鎮名。治所在鳳州（今陝西鳳縣東北鳳州鎮）。

[23]雁門：方鎮名。治所在代州（今山西代縣）。　節度：即節度使。　武皇授雁門節度：《輯本舊史》卷二五《唐武皇紀上》中和三年（883）三月："王鐸承制授武皇雁門節度使、檢校尚書左僕射。"

[24]左都押牙：官名。"押牙"即"押衙"。唐、五代時期節度使辟署的屬官，有稱左、右都押衙或都押衙者。掌領方鎮儀仗侍衛、統率軍隊。參見劉安志《唐五代押牙（衙）考略》，武漢大學魏晉南北朝隋唐史研究室編《魏晉南北朝隋唐史資料》第16輯，武漢大學出版社1998年版。

[25]黄蘗：《輯本舊史》之影庫本粘籤：“‘黄蘗’，原本作‘黄辟’，考《薛史》前後多稱黄巢餘黨爲黄蘗，今改正。”

[26]長安：縣名。治所在今陝西西安市。

[27]太原：府名。治所在今山西太原市。

[28]檢校工部尚書：官名。爲散官或加官，以示恩寵，無實際執掌。　先鋒軍使：官名。所部統兵將領，位次於都指揮使。先鋒爲部隊番號。

　　文德初，[1]李罕之既失河陽，[2]來歸於武皇，且求援焉。乃以君立充南面招討使，[3]李存孝副之，[4]帥師二萬，助罕之攻取河陽。[5]三月，與汴將丁會、牛存節戰於沇河，[6]臨陣之次，騎將安休休叛入汴軍，[7]君立引退。八月，授汾州刺史。[8]大順元年，[9]潞州小校安居受反，[10]武皇遣君立討平之，授檢校左僕射、昭義節度使。[11]自是武皇之師連歲略地於邢、洺，[12]攻孟方立，[13]君立常率澤潞之師以爲掎角。[14]

[1]文德：唐僖宗李儇年號（888）。

[2]李罕之：人名。陳州項城（今河南沈丘縣）人。唐末五代軍閥。傳見《新唐書》卷一八七、本書卷一五、《新五代史》卷四二。　河陽：方鎮名。全稱“河陽三城”。治所在孟州（今河南孟州市）。

[3]南面招討使：官名。不常置，爲一路或數路地區統兵官。掌招撫討伐等事務。兵罷則省。

[4]李存孝：人名。本名安敬思。代州飛狐（今河北淶源縣）人。唐末李克用養子、部將。傳見本書卷五三、《新五代史》卷三六。

[5]助罕之攻取河陽：《輯本舊史》卷二五《唐武皇紀上》文德元年（888）三月：“河南尹張全義潛兵夜襲李罕之於河陽，城陷，舉族爲全義所擄，罕之踰垣獲免，來歸於武皇。遣李存孝、薛阿檀、史儼兒、安金俊、安休休將七千騎送罕之至河陽。”

[6]汴：州名。治所在今河南開封市。　丁會：人名。壽春（今安徽壽縣）人。唐末將領。傳見本書卷五九、《新五代史》卷四四。　牛存節：人名。青州博昌（今山東博興縣）人。唐末將領。傳見本書卷二二、《新五代史》卷二二。　沇（yǎn）河：即沇水。當爲今山西垣曲縣東之沇西河。

[7]安休休：人名。籍貫不詳。五代後唐將領。事見本書本卷、卷二五。

[8]汾州：州名。治所在今山西汾陽市。　刺史：官名。州一級行政長官。漢武帝時始置，總掌考覈官吏、勸課農桑、地方教化等事。唐中期以後，節度使、觀察使轄州而設，刺史爲其屬官，職任漸輕。從三品至正四品下。

[9]大順：唐昭宗李曄年號（890—891）。

[10]潞州：州名。治所在今山西長治市。　安居受：人名。籍貫不詳。唐末方鎮將領。事見本書卷五〇、《新五代史》卷一四。

[11]檢校左僕射：官名。左僕射爲隋唐宰相名號。檢校左僕射爲散官或加官，以示恩寵，無實際執掌。　昭義：方鎮名。治所在潞州（今山西長治市）。　節度使：官名。唐時在重要地區所設掌握一州或數州軍、民、財政的長官。　“大順元年”至“昭義節度使”：《輯本舊史》卷二五《唐武皇紀上》大順元年（890）五月：“武皇遣大將康君立、李存孝等攻之，汴將朱崇節、葛從周率兵入潞州以固之。”而《舊唐書》卷二〇上《昭宗紀》大順元年七月：“太原將康君立率兵二萬攻潞州。”同年九月：“九月甲申，幽州、雲州藩、漢兵三萬攻雁門，太原將李存信、薛阿檀擊敗之。汴將葛從周棄上黨，康君立入據之，克用以君立爲澤潞兵馬留後。”“兵馬留後”與本傳記載不同。《輯本舊史》卷二五《唐武皇紀上》

則載:"九月,汴將葛從周棄潞州而遁,武皇以康君立爲潞州節度使,以李存孝爲汾州刺史。"本傳載君立任汾州刺史,與《武皇本紀》不同。

[12]邢:州名。治所在今河北邢臺市。　洺:州名。治所在今河北邯鄲市永年區。　自是武皇之師連歲略地於邢、洺:中華書局本有校勘記:"'是'字原闕,據《册府》卷三八七補。"

[13]孟方立:人名。邢州(今河北邢臺市)人。唐末將領。傳見《新唐書》卷一八七、本書卷六二、《新五代史》卷四二。

[14]澤:州名。治所在今山西澤州縣。

景福初,[1]檢校司徒,[2]食邑千户。二年,李存孝據邢州叛,武皇命君立討之,以功加檢校太保。[3]乾寧初,[4]存孝平,班師。[5]存孝既死,武皇深惜之,怒諸將無解愠者。初,李存信與存孝不叶,[6]屢相傾奪,而君立素與存信善。九月,君立至太原,武皇會諸將酒博,因語及存孝事,流涕不已。時君立以一言忤旨,武皇賜酖而殂,[7]時年四十八。明宗即位,[8]以念舊之故,詔贈太傅。[9]《永樂大典》卷一萬八千一百一十八。[10]

[1]景福:唐昭宗李曄年號(892—893)。

[2]檢校司徒:官名。爲散官或加官,以示恩寵加此官,無實際執掌。

[3]檢校太保:官名。爲散官或加官,以示恩寵,無實際執掌。太保,與太師、太傅合稱三師。

[4]乾寧:唐昭宗李曄年號(894—898)。

[5]乾寧初,存孝平,班師:《輯本舊史》卷二六《唐武皇紀下》:"乾寧元年三月,邢州李存孝出城首罪,縶歸太原,轘於市。

邢、洺、磁三州平。"

[6]李存信：人名。本姓張。回鶻人。唐末、五代後唐將領。傳見本書卷五三、《新五代史》卷三六。

[7]武皇賜酖而俎：《舊五代史考異》："案：《通鑑考異》引《唐遺録》作君立被杖死，與《薛史》異。"見《通鑑》卷二五九乾符元年（874）九月庚申條《考異》。《輯本舊史》卷二六《唐武皇紀下》乾寧元年（894）："九月，潞州節度使康君立以酖死。"

[8]明宗：即李嗣源。沙陀部人，應州金城（今山西應縣）人。李克用養子，逼宮李存勗後自立爲後唐皇帝。926年至933年在位。紀見本書卷三五至卷四〇、《新五代史》卷六。

[9]太傅：官名。與太師、太保合稱三師。唐後期、五代多爲大臣、勳貴加官。正一品。

[10]《大典》卷一八一一八爲"將"字韻"唐將（一〇）"事目，與本傳内容不符。據陳垣《舊五代史輯本引書卷數多誤例》謂應爲卷一八一二八"將"字韻"後唐將（一）"事目。

薛志勤

薛志勤，蔚州奉誠人，[1]小字鐵山。初爲獻祖帳中親信，乾符中，與康君立共推武皇定雲中，[2]以功授右牙都校，[3]從入達靼。武皇授節雁門，志勤領代北軍使，從入關，收京城，以功授檢校工部尚書、河東右都押牙、先鋒右軍使。[4]從武皇救陳、許，[5]平黄巢。[6]

[1]奉誠：縣名。位於今河北蔚縣。
[2]雲中：縣名。治所在今山西大同市。
[3]都校：官名。禁軍統兵官。

[4]河東：方鎮名。治所在太原（今山西太原市）。　右都押
牙：官名。“押牙”即“押衙”。唐、五代時期節度使辟署的屬官，
有稱左、右都押衙或都押衙者。掌領方鎮儀仗侍衛、統率軍隊。參
見劉安志《唐五代押牙（衙）考略》，武漢大學魏晋南北朝隋唐史
研究室編《魏晋南北朝隋唐史資料》第 16 輯，武漢大學出版社
1998 年版。　軍使：武官名。五代時侍衛諸軍及禁軍將領。

[5]陳：州名。治所在今河南淮陽縣。　許：州名。治所在今
河南許昌市。

[6]黄巢：人名。曹州冤句（今山東菏澤市）人。唐末農民起
義領袖。傳見《舊唐書》卷二〇〇下、《新唐書》卷二二五下。

　　武皇遇難於上源驛，[1]汴將楊彦洪連車樹柵，[2]遮絶
巷陌，時騎從皆醉，宴席既闌，汴軍四面攻傳舍。志勤
虓勇冠絶，復酒膽激壯，因獨登驛樓大呼曰：“朱僕射
負恩無行，[3]邀我司空圖之，[4]吾三百人足以濟事！”因
彎弧發射，矢無虛發，汴人斃者數十。志勤私謂武皇
曰：“事急矣，如至五鼓，吾屬無遺類矣，[5]可速行！”
因扶武皇而去。雷雨暴猛，汴人扼橋，志勤以其屬血戰
擊敗之，得侍武皇還營，由是恩顧益厚。

[1]上源驛：地名。位於今河南開封市。

[2]楊彦洪：人名。籍貫不詳。朱温部將，後被朱温射殺。事
見《通鑑》卷二五五。

[3]朱僕射：即朱温。宋州碭山（今安徽碭山縣）人。後梁開
國皇帝。紀見本書卷一至卷七、《新五代史》卷一。

[4]司空：指李克用。

[5]吾屬無遺類矣：《輯本舊史》之影庫本粘籤：“原本脱‘遺’

字，今從《册府元龜》增入。”明本《册府》卷三四七《將帥部·佐命門八》、《宋本册府》卷三七四《將帥部·忠門五》均作“無類矣”，與影庫本粘籤異。

大順初，張濬以天子之師來侵太原。[1]十月，大軍入陰地，[2]志勤與李承嗣率騎三千抗之，[3]敗韓建之軍於蒙坑，[4]進收晉、絳，[5]以功授忻州刺史。[6]二年，從討鎮州，[7]收天長、臨城，[8]志勤皆先登陷陣，勇敢無前。王暉據雲州叛，[9]討平之，[10]以志勤爲大同軍防禦使、檢校司空。[11]乾寧初，代康君立爲昭義節度使。光化元年十二月，[12]以疾卒於潞，時年六十二。《永樂大典》卷二萬一千三百六十六。[13]

[1]張濬：人名。河間（今河北河間市）人。唐僖宗時爲户部侍郎、同中書門下平章事，唐昭宗時爲尚書左僕射，後爲朱温所殺。傳見《舊唐書》卷一七九、《新唐書》卷一八五。

[2]陰地：關隘名。位於今山西靈石縣西南。

[3]李承嗣：人名。代州雁門（今山西代縣）人。唐末、五代將領。傳見本書本卷。

[4]韓建：人名。許州長社（今河南許昌市）人。唐末、五代軍閥。傳見本書卷一五、《新五代史》卷四〇。　蒙坑：地名。位於今山西襄汾縣南。

[5]晉：州名。治所在今山西臨汾市。　絳：州名。治所在今山西新絳縣。

[6]忻州：州名。治所在今山西忻州市。

[7]鎮州：州名。治所在今河北正定縣。

[8]天長：地名。又名天長鎮。位於今河北井陘礦區西南。

臨城：縣名。治所在今河北臨城縣。

［9］王暉：人名。籍貫不詳。時爲代州刺史，以城降契丹。事見本書卷一〇七《史弘肇傳》、《通鑑》卷二八五。

［10］王暉據雲州叛，討平之：《輯本舊史》卷五三《李存璋傳》及明本《册府》卷三四七《將帥部·佐命門八》均記載討平王暉於光化二年（899）之後，《輯本舊史》卷五二《李承嗣傳》記此事於乾寧五年（898）。若討平王暉在光化二年後，則與本傳牴牾。

［11］檢校司空：官名。爲散官或加官，以示恩寵加此官，無實際執掌。司空，與太尉、司徒並爲三公。　大同軍防禦使：明本《册府》卷三八七《將帥部·褒異門一三》作“大同軍節度”。

［12］光化：唐昭宗李曄年號（898—901）。

［13］《大典》卷二一三六六“薛”字韻“姓氏（五）”事目。

史建瑭

史建瑭，字國寶。父敬思，[1] 雁門人，仕郡至牙校。武皇節制雁門，敬思爲九府都督，[2] 從入關，定京師。及鎮太原，爲裨將。[3] 中和四年，[4] 從援陳、許，爲前鋒，敗黃巢於汴上，追賊至徐、兗，[5] 常將騎挺身酣戰，勇冠諸軍。是時，天下之師雲集，軍中無不推伏。六月，衛從武皇入汴州，[6] 舍於上源驛。是夕爲汴人所攻，敬思方大醉，因蹶然而興，操弓與汴人鬬，矢不虛發，汴人死者數百。夜分冒雨方達汴橋，[7] 左右扶武皇決圍而去，敬思後拒，血戰而歿。武皇還營，知失敬思，流涕久之。

［1］敬思：人名。即史敬思。唐末五代李克用部將。事見本書本卷、《通鑑》卷二五五。

［2］敬思爲九府都督：《輯本舊史》之影庫本粘籤：“‘九府’，原本作‘凡府’，考《新唐書》，唐官制有九府都督，《歐陽史》亦作九府，今改正。”見《新五代史》卷二五本傳，《新唐書》未見。《宋本册府》卷三七四《將帥部・忠門五》作“先鋒都督”，卷三九六《將帥部・勇敢門三》作“元府都督”。

［3］禆將：指副將。

［4］中和：唐僖宗李儇年號（881—885）。

［5］徐：州名。治所在今江蘇徐州市。　兖：州名。治所在今山東濟寧市兖州區。

［6］汴州：州名。治所在今河南開封市。

［7］汴橋：橋名。位於今河南開封市。

　　建瑭以父廕少仕軍門。光化中，典昭德軍。[1]與李嗣昭攻汾州，[2]率先登城，擒叛將李瑭以獻，[3]授檢校工部尚書。李思安之圍上黨也，[4]建瑭爲前鋒，與總管周德威赴援。[5]時汴人夾城深固，援路斷絕，建瑭日引精騎，設伏擒生，夜犯汴營，驅斬千計，敵人不敢芻牧。汴將王景仁營於柏鄉，[6]建瑭與周德威先出井陘。[7]高邑之戰，[8]日已晡晚，汴軍有歸志，建瑭督部落精騎先陷其陣，夾攻魏、滑之間，[9]遂長驅追擊，夜入柏鄉，俘斬數千計，論功加檢校左僕射，師旋，留戍趙州。[10]汴將氏延賞數犯趙之南鄙，[11]建瑭設伏柏鄉，獲延賞，獻之。

［1］昭德軍：方鎮名。治所在相州（今河南安陽市）。

［2］李嗣昭：人名。汾州（今山西汾陽市）人。唐末、五代李克用義子、部將。傳見本書卷五二、《新五代史》卷三六。

［3］李瑭：人名。籍貫不詳。唐末李克用部將，汾州刺史，後投降朱溫，爲李嗣昭擒斬。事見本書卷二六、《新五代史》卷三六。

［4］李思安：人名。陳留（今河南開封市陳留鎮）人。五代後梁將領。傳見本書卷一九。　上黨：即潞州。治所在今山西長治市。

［5］總管：官名。即“蕃漢内外馬步軍總管”。五代後唐置，爲蕃漢馬步軍總指揮官。　周德威：人名。馬邑（今山西朔州市朔城區）人。唐末、五代河東將領。傳見本書卷五六、《新五代史》卷二五。

［6］王景仁：人名。廬州合淝（今安徽合肥市）人。本名王茂章。五代後梁將領。傳見本書卷二三、《新五代史》卷二三。　柏鄉：縣名。治所在今河北柏鄉縣。

［7］井陘：關隘名。位於今河北井陘礦區北井陘山上。　建瑭與周德威先出井陘：《輯本舊史》之影庫本粘籤：“井陘，原本作‘井除’，今從《通鑑》改正。”見《通鑑》卷二六七開平四年（910）十一月條，又見明本《册府》卷三八七《將帥部·褒異門一三》、《新五代史》卷二五本傳。

［8］高邑：縣名。一作“鄗（hào）邑”。治所在今河北高邑縣。　高邑之戰：五代時後梁與後晋之間一場重要的戰役。此戰後，梁軍失去河北戰場的主動權。

［9］魏：州名。治所在今河北大名縣。　滑：州名。治所在今河南滑縣。

［10］趙州：州名。治所在今河北趙縣。

［11］氏延賞：人名。籍貫不詳。五代將領。事見本書本卷、卷二九、卷六五、卷一〇六。

九年，[1]梁祖親攻蓨縣，[2]時王師并攻幽州，聲言汴軍五十萬，將寇鎮、定。[3]都將符存審謂建瑭曰：[4]"梁軍倘以五十萬來，我等何以待之？"裨將趙行實曰：[5]"走入土門爲上策。"[6]存審曰："事未可知，但老賊在東，別將西來，尚可徐圖。"不旬日，楊師厚圍棗彊，[7]賀德倫圍蓨縣。[8]梁祖自至，攻城甚急。存審曰："吾王方事北面，南鄙之事，付我等數人。今西道無兵，坐滋賊勢，何以爲謀。老賊若不下蓨、阜，必西攻深、冀，與公等料閲騎軍，偵視賊勢。"乃選精騎八百趨信都，[9]存審扼下博橋，[10]建瑭與李嗣肱分道擒生。[11]建瑭乃分麾下三百騎爲五軍，[12]自將一軍深入，各命俘掠梁軍之芻牧者還，會下博橋。翌日，諸軍皆至，獲芻牧者數百人，聚而殺之，緩數十人，令其逸去，各曰："沙陀軍大至矣！"梁軍震恐。明日，建瑭、嗣肱爲梁軍服色，與芻牧者相雜，晡晚，及賀德倫寨門，[13]殺守門者，縱火大譟，俘斬而去。是夜，梁祖燒營而遁，比至貝州，[14]迷失道路，委棄兵仗，不可勝計。

[1]九年：《輯本舊史》卷二八《唐莊宗紀二》繫此事於"九年三月"。

[2]梁祖：即後梁太祖朱温。　蓨縣：縣名。治所在今河北景縣。

[3]定：州名。治所在今河北定州市。

[4]符存審：人名。陳州宛丘（今河南淮陽縣）人。五代後唐將領。傳見本書卷五六、《新五代史》卷二五。

[5]趙行實：人名。籍貫不詳。五代將領。事見本書本卷、卷

二八、卷八四。

[6]土門：關隘名。即井陘關。位於今河北井陘礦區北井陘山上。

[7]楊師厚：人名。潁州斤溝（今安徽太和縣阮橋鎮斤溝村）人。唐末、五代將領。傳見本書卷二二、《新五代史》卷二三。棗彊：縣名。治所在今河北棗强縣。

[8]賀德倫：人名。其先係河西部落人，後居滑州（今河南滑縣）。後梁將領。傳見本書卷二一、《新五代史》卷四四。中華書局本有校勘記：“原作‘貨德倫’，據殿本、劉本、孔本、邵本校、彭校改。”

[9]信都：縣名。治所在今河北衡水市冀州區。

[10]下博橋：地名。位於今河北深州市東南下博鄉。

[11]李嗣肱：人名。沙陀部人。李克修之子。五代後唐將領。傳見本書卷五〇、《新五代史》卷一四。

[12]建瑭乃分麾下三百騎爲五軍：《舊五代史考異》案：“《歐史》：建瑭分其麾下五百騎爲五隊，一之衡水，一之南宮，一之信都，一之阜城，而自將其一。《薛史》作三百騎，史異文也。”見《新五代史》卷二五本傳。《宋本册府》卷三六七《將帥部·機略門七》亦作“五百騎”。

[13]及賀德倫寨門：中華書局本有校勘記：“‘寨’，原作‘塞’，據殿本、劉本、孔本、邵本校、彭校改。影庫本批校：‘“寨”訛“塞”。’”

[14]貝州：州名。治所在今河北清河縣。　比至貝州：中華書局本有校勘記：“‘比’，原作‘北’，據殿本改。按貝州位於信都、下博之南。”

　　十二年，魏博歸款，[1]建瑭與符存審前軍屯魏縣。[2]十三年，敗劉鄩於故元城，[3]收澶州，[4]以建瑭爲刺史、檢校司空、外衙騎軍都將，尋歷貝、相二州刺史，[5]屯於德勝。[6]十八年，與閻寶討張文禮，[7]爲馬軍都將。[8]八月，收趙州，獲刺史王鋌。[9]進逼鎮州，爲流矢所中，[10]卒於軍，時年四十六。[11]《永樂大典》卷一萬一百八十三。[12]

[1]魏博：方鎮名。唐廣德元年（763）所置河北三鎮之一。治所在魏州（今河北大名縣）。天祐三年（906）號天雄軍。五代後梁乾化二年（912）爲梁所併。　魏博歸款：《輯本舊史》之影庫本粘籤：“‘歸款’，原本作‘歸隸’，今據文改正。”

[2]魏縣：縣名。治所在今河北魏縣。

[3]劉鄩：人名。密州安丘（今山東安丘市）人。後梁將領。傳見本書卷二三、《新五代史》卷二二。　元城：縣名。治所在今河北大名縣。　敗劉鄩於故元城：“故”字，中華書局本沿《輯本舊史》闕，據《輯本舊史》卷八《梁末帝紀上》貞明二年（916）三月條、卷二八《唐莊宗紀二》天祐十三年三月條以及《通鑑》卷二六九貞明二年二月條、《新五代史》卷二五本傳補。

[4]澶州：州名。唐、五代初，治所在河南清豐縣。後晉天福四年（939），移治於今河南濮陽縣。

[5]相：州名。治所在今河南安陽市。　尋歷貝、相二州刺史：中華書局本有校勘記：“‘貝’，《册府》（宋本）卷三九六作‘洺’。”《宋本册府》卷三九六《將帥部·勇敢門三》作“累立戰勳，歷澶、洺、相三州刺史”。明本《册府》“洺”作“洛”。

[6]德勝：地名。位於今河南濮陽縣。原爲黃河渡口，晉軍筑德勝南、北二城於此，遂爲城名。

[7]閻寶：人名。鄆州（今山東東平縣）人。後梁、後唐將領。傳見本書卷五九、《新五代史》卷四四。　張文禮：人名。被王鎔收爲義子後，賜姓王，名德明。燕（今河北北部）人。五代將

領。傳見本書卷六二。

　　[8]馬軍都將：即馬軍統兵將領。

　　[9]王鋌：人名。籍貫不詳。五代後唐將領。本書僅此一見。

　　[10]爲流矢所中：中華書局本有校勘記：“‘所’字原闕，據殿本、孔本補。影庫本批校：‘爲流矢所中，脱“所”字。’”又，明本《册府》卷四二五《將帥部・死事門二》作：“日以輕騎逼門，爲伏弩所中，歸營而卒。”

　　[11]時年四十六：《輯本舊史》之案語：“《歐陽史》作四十二。”見《新五代史》卷二五本傳。《輯本舊史》卷七六《晉高祖紀二》天福二年十月：“故相州刺史史建瑭、故代州刺史王建及並贈太保。”

　　[12]《大典》卷一〇一八三“史”字韻“姓氏（一）”事目。

　　　李承嗣

　　李承嗣，代州雁門人。[1]父佐方。[2]承嗣少仕郡，補右職。中和二年，從武皇討賊關輔，[3]爲前鋒。王師之攻華陰，[4]黃巢令僞客省使王汀會軍機於黃揆，[5]承嗣擒之以獻。賊平，以功授汾州司馬，[6]改榆次鎮將。[7]光啓初，[8]從討蔡賊於陳、許。[9]上源之難，遣承嗣奉表行在，陳訴其事，觀軍容田令孜館而慰諭，[10]令達情於武皇，姑務叶和，仍授以左散騎常侍。[11]朱玫之亂，[12]遣承嗣率軍萬人援鄜州，[13]至渭橋迎扈車駕。[14]王行瑜既殺朱玫，[15]承嗣會鄜、夏之師入定京城，[16]獲僞相裴徹、鄭昌圖，[17]函送朱玫、襄王首獻於行在。[18]駕還宮，賜號迎鑾功臣、檢校工部尚書、守嵐州刺史，[19]賜犒軍錢二萬貫。

[1]代州：州名。治所在今山西代縣。

[2]佐方：人名。即李佐方。本書僅此一見。

[3]關輔：地名。漢景帝二年（155）分内史爲左、右内史，與主爵中尉（不久改爲主爵都尉）同治長安，管轄京畿地區，合稱“三輔”。

[4]華陰：縣名。治所在今陝西華陰市。

[5]客省使：官名。客省長官。唐代宗時始置，五代沿置。掌接待四方奏計及外族使者。　王汀：人名。本書僅此一見。　黄揆：人名。曹州冤句（今山東菏澤市）人。黄巢堂弟、部將。事見本書本卷、《通鑑》卷二五三、卷二五五、卷二五六。

[6]司馬：官名。州郡佐官，名義上紀綱衆務、通判列曹、品高俸厚，實際上無具體職事，多用以安置貶謫官員，或用作遷轉官階。上州從五品下，中州正六品下，下州從六品上。

[7]榆次：縣名。治所在今山西晉中市榆次區。　鎮將：官名。鎮的長官。五代時，節度使自補親隨爲鎮將，與縣令分庭抗禮，公事得以專達於州。

[8]光啓：唐僖宗李儇年號（885—888）。

[9]蔡賊：指秦宗權。許州（今河南許昌市）人。唐末軍閥。唐僖宗廣明年間（880—881）割據蔡州。傳見《舊唐書》卷二〇〇下、《新唐書》卷二二五下。

[10]田令孜：人名。蜀（今四川）人。唐末宦官首領。傳見《舊唐書》卷一八四、《新唐書》卷二〇八。

[11]左散騎常侍：官名。門下省屬官。掌侍奉規諷，備顧問應對。正三品下。

[12]朱玫：人名。邠州（今陝西彬縣）人。唐末軍閥。傳見《新唐書》卷二二四下。

［13］鄜州：州名。治所在今陝西富縣。

［14］渭橋：漢、唐時長安渭水上所建橋梁。參見辛德勇《古代交通與地理文獻研究》，商務印書館 2018 年版。

［15］王行瑜：人名。邠州（今陝西彬縣）人。唐末軍閥。傳見《舊唐書》卷一七五、《新唐書》卷二二四下。

［16］夏：州名。治所在今陝西靖邊縣。

［17］裴徹：人名。籍貫不詳。唐末大臣。嗣襄王李熅稱帝所署宰相。事見《舊唐書》卷一九下。　鄭昌圖：人名。唐末大臣。嗣襄王李熅稱帝所署宰相。事見《舊唐書》卷一九下。《輯本舊史》之影庫本粘籤：“原本作‘易圖’，今從《新唐書》改正。”見《新唐書》卷九《僖宗本紀》光啓三年（887）三月癸未條。

［18］襄王：即嗣襄王李熅。光啓二年，田令孜劫走僖宗。邠寧節度使朱玫於鳳翔擁李熅監國，隨即稱帝，年號建貞。後爲亂軍所殺。傳見《舊唐書》卷一七五、《新唐書》卷八二。

［19］嵐州：州名。治所在今山西嵐縣。

時車駕初還，三輔多盜，[1]承嗣按兵警禦，輦轂乂安。及還屯於鄜，留別將馬嘉福五百騎宿衛。[2]孟方立之襲遼州也，[3]武皇遣承嗣設伏於榆社以待之，[4]邢人既至，承嗣發伏，擊其歸兵，大敗之，獲其將奚忠信，[5]以功授洺州刺史。[6]及張濬之加兵於太原也，[7]時鳳翔軍營霍邑，[8]承嗣帥一軍攻之，岐人夜遁，追擊至趙城，[9]合大軍攻平陽，[10]旬有三日而拔。[11]師旋，改教練使、檢校司徒。[12]

［1］三輔：地區名。漢代時以京兆、左馮翊、右扶風爲三輔，轄境相當於陝西省中部地區。至唐代仍沿襲此稱呼。

[2]別將：官名。一般也作偏將代稱。唐軍設有別將一職，各折衝府亦設別將。　馬嘉福：人名。籍貫不詳。本書僅此一見。

[3]遼州：州名。治所在今山西左權縣。

[4]榆社：縣名。治所在山西榆社縣。

[5]奚忠信：人名。孟方立部將。籍貫不詳。事見本書本卷、卷二五，《通鑑》卷二五七、卷二五八。

[6]洺州：州名。治所在今河北邯鄲市永年區。

[7]及張濬之加兵於太原也：《輯本舊史》卷二五《唐武皇紀上》大順元年（890）：“十月，張浚之師入晉州，遊軍至汾、隰。武皇遣薛鐵山、李承嗣將騎三千出陰地關，營於洪洞，遣李存孝將兵五千，營於趙城。”《通鑑》卷二五八大順元年十月條《考異》引《薛史·武皇紀》同。

[8]鳳翔軍：方鎮名。治所在今陝西鳳翔縣。　霍邑：地名。位於今山西霍州市。

[9]趙城：縣名。治所在今山西洪洞縣北。

[10]平陽：地名。位於今山西臨汾市。

[11]“時鳳翔軍營霍邑”至“旬有三日而拔”：《通鑑》卷二五八大順元年十月條《考異》引《薛史·李承嗣傳》：“初，大軍入陰地，薛志勤與承嗣率騎三千抗之，敗韓建之軍於蒙坑，進收晉、絳，以功授忻州刺史。時鳳翔軍營霍邑，承嗣帥一軍收之，岐人夜遁，追擊至趙城，合大軍攻平陽，旬有三日而拔。”

[12]教練使：官名。唐末、五代方鎮軍將。分左、右兩員，多選善兵法武藝者，掌軍事訓練。

　　乾寧二年，兗、鄆爲汴人所攻，[1]勢漸危蹙，遣使乞師於武皇，武皇遣承嗣帥三千騎假道於魏，渡河援之。時李存信屯於莘縣，[2]既而羅弘信背盟，[3]掩擊王師，因茲隔絕。[4]及瑄、瑾失守，[5]承嗣與朱瑾、史儼同入淮南。[6]承嗣、史儼皆驍將也，淮人得之，軍聲大振。武皇深惜之，如失左右手，乃遣趙岳間道使於淮南，[7]請歸承嗣等，楊行密許之，[8]遣使陳令存請修好於武皇。[9]其年九月，汴將龐師古、葛從周出師，[10]將收淮南，朱瑾率淮南軍三萬，與承嗣設伏於清口，[11]大敗汴人，生獲龐師古。行密嘉其雄才，留而不遣，仍奏授檢校太尉，[12]領鎮海軍節度使。[13]天祐九年，[14]淮人聞莊宗有柏鄉之捷，乃以承嗣爲楚州節度使，[15]以張掎角。十七年七月，卒於楚州，時年五十五。《永樂大典》卷二萬三百五十。[16]

[1]鄆：州名。治所在今山東東平縣。

[2]莘縣：縣名。治所在今山東莘縣。

[3]羅弘信：人名。魏州貴鄉（今河北大名縣）人。唐末、五代軍閥。傳見《舊唐書》卷一八一、《新唐書》卷二一〇。

[4]“乾寧二年”至“因兹隔絕”：“遣使乞師於武皇，武皇遣承嗣”，中華書局本有校勘記：“‘使’上原無‘遣’字，‘遣承嗣’上原無‘武皇’二字，據《册府》卷三四七、卷四四四補。”見明本《册府》卷三四七《將帥部·佐命門八》、《宋本册府》卷四四四《將帥部·陷没門》。又，“三千騎”，《新五代史》卷四二《朱瑾傳》作“騎兵五千”。《輯本舊史》卷二六《唐武皇紀下》載：“乾寧三年正月，汴人大舉以攻兖、鄆，朱瑄、朱瑾再乞師於武皇，假道於魏州，羅弘信許之。乃令都指揮使李存信將步騎三萬與李承嗣、史儼會軍，以拒汴人。存信軍於莘，與朱瑾合勢，頻挫汴軍，汴帥患之，乃間魏人。存信御兵無法，稍侵魏之芻牧者，弘信乃與汴帥通，出師三萬攻存信軍。存信揭營而退，保於洺州。”

[5]瑄：人名。即朱瑄。一作朱宣。宋州下邑（今河南夏邑

縣）人。唐末、五代軍閥，後爲天平軍節度使。傳見《舊唐書》卷一八二、《新唐書》卷一八八、本書卷一三、《新五代史》卷四二。 瑾：名。即朱瑾。宋州下邑（今河南夏邑縣）人。唐末軍閥。傳見《舊唐書》卷一八二、本書卷一三、《新五代史》卷四二。

[6]史儼：人名。代州雁門（今山西代縣）人。李克用部將。傳見本書本卷。 淮南：方鎮名。治所在揚州（今江蘇揚州市）。

承嗣與朱瑾、史儼同入淮南：《舊五代史考異》：“案《十國春秋·吳列傳》：太祖署爲淮南行軍副使。”《新唐書》卷一八八《楊行密傳》：“未幾，泰寧節度使朱瑾率部將侯瓚來歸，太原將李承嗣、史儼、史建章亦來奔。”《輯本舊史》卷二六《唐武皇紀下》乾寧四年（897）正月：“汴軍陷兗、鄆，騎將李承嗣、史儼與朱瑾同奔於淮南。”

[7]趙岳：人名。籍貫不詳。李克用僚佐。事見本書本卷、卷八二。

[8]楊行密：人名。廬州合淝（今安徽合肥市）人。唐末軍閥，五代十國吳國政權奠基者，後被追尊爲吳國太祖。傳見《新唐書》卷一八八、本書卷一三四、《新五代史》卷六一。

[9]陳令存：人名。籍貫不詳。本書僅此一見。

[10]龐師古：人名。曹州（今山東菏澤市）人。唐末將領。事朱温甚謹，未曾離左右，屢有戰功。唐昭宗乾寧四年伐楊行密，死於陣中。傳見本書卷二一、《新五代史》卷二一。 葛從周：人名。濮州甄城（今山東鄄城縣）人。唐末、五代後梁將領。傳見本書卷一六、《新五代史》卷二一。

[11]清口：地名。原爲泗水入淮之口，位於今江蘇淮安市淮陰區。 與承嗣設伏於清口：《輯本舊史》之影庫本粘籤：“‘清口’，原本作‘請口’，今從《十國春秋》改正。”見《通鑑》卷二六一乾寧四年十一月條。

[12]檢校太尉：官名。爲散官或加官，以示恩寵，無實際

執掌。

[13]鎮海軍：方鎮名。治所在潤州（今江蘇鎮江市）。

[14]天祐：唐昭宗李曄開始使用的年號（904）。唐哀帝李柷即位後沿用（904—907）。唐亡後，河東李克用、李存勗仍稱天祐，沿用至天祐二十年（923）。五代其他政權亦有行此年號者，如南吳、吳越等，使用時間長短不等。

[15]楚州：州名。治所在今江蘇淮安市。

[16]《大典》卷二〇三五〇爲“戚”字韻“姓氏”事目，與本傳內容無關，誤。

史儼

史儼，代州雁門人。以便騎射給事於武皇，爲帳中親將。驍果絶衆，善擒生設伏，望塵揣敵，所向皆捷。自武皇入定三輔，誅黃巢，每出師皆從。乾寧中，從討王行瑜，師次渭北，遣儼率五百騎護駕石門。[1]時京城大擾，士庶奔迸，散布南山，[2]儼分騎警衛，比駕還京，盜賊不作。以功授檢校右散騎常侍，[3]屯於三橋者累月，[4]昭宗寵錫優異。[5]明年，與李承嗣率騎渡河援兗、鄆。時汴軍雄盛，自青、徐、兗、鄆，[6]柵壘相望，儼與騎將安福順等，[7]每以數千騎直犯營壘，[8]左俘右斬，汴軍爲之披靡。及朱瑾失守，與李承嗣等奔淮南。淮人比善水軍，不閑騎射，既得儼等，軍聲大振。尋挫汴軍於清口。其後併鍾傳，[9]擒杜洪，[10]削錢鏐，[11]成行密之霸跡者，皆儼與承嗣之力也。淮人館遇甚厚，妻孥第舍必推其甲，故儼等盡其死力。[12]天祐十三年，卒於廣陵。[13]《永樂大典》卷一萬一百八十三。[14]

[1]石門：地名。即石門鎮，唐時爲橫水柵。《讀史方輿紀要》卷四四：“橫水柵，在府（大同府）北。”即今山西大同市北。　遣儼率五百騎護駕石門：“五百騎”，《輯本舊史》卷二六《唐武皇紀下》、《宋本册府》卷七《帝王部·創業門三》、《新唐書》卷二一八《沙陀傳》、《通鑑》卷二六〇乾寧二年（895）八月辛卯條作“三千騎”，《舊唐書》卷二〇上《唐昭宗紀》乾寧二年八月條、明本《册府》卷三四七《將帥部·佐命門八》、卷三九〇《將帥部·警備門》作“五百騎”。

[2]南山：山名。位於今河南洛陽市。　士庶奔迸，散布南山：中華書局本有校勘記：“‘奔迸’，原作‘多’，據《册府》卷三四七、卷三八七、卷三九〇改。殿本、孔本作‘奔逃’。”見《宋本册府》卷三八七《將帥部·褒異門一三》。

[3]檢校右散騎常侍：官名。爲散官或加官，以示恩寵，無實際執掌。　以功授檢校右散騎常侍：中華書局本有校勘記：“‘授’字原闕，據殿本、彭校、《册府》卷三四七補。”

[4]三橋：地名。位於今陝西西安市西北三橋鎮。

[5]昭宗：即唐昭宗李曄，888年至904年在位。紀見《舊唐書》卷二〇上、《新唐書》卷一〇。

[6]青：州名。治所在今山東青州市。

[7]安福順：人名。籍貫不詳。李克用部下番將。事見《通鑑》卷二五九、卷二六〇。　儼與騎將安福順等：《舊五代史考異》：“案：史儼援兗、鄆在乾寧二年冬。《薛史·梁太祖紀》：正月，擒蕃將安福順。然則安福順不當與史儼同行，疑傳文有訛字。”

[8]每以數千騎直犯營壘：“數千騎”，《宋本册府》卷四一四《將帥部·赴援門》作“數十騎”。

[9]鍾傳：人名。洪州高安（今江西高安市）人。唐末軍閥。

傳見《新唐書》卷一九〇、本書卷一七、《新五代史》卷四一。

[10]杜洪：人名。鄂州（今湖北武漢市武昌區）人。唐末軍閥，出身伶人。傳見《新唐書》卷一九〇、本書卷一七。 擒杜洪：《輯本舊史》之影庫本粘籤：“‘杜洪’，原本作‘社珙’，今從《新唐書》改正。”見《新唐書》卷一八八《楊行密傳》。

[11]錢鏐：人名。杭州臨安（今浙江杭州市臨安區）人。五代時期吳越國的建立者。傳見本書卷一三三、《新五代史》卷六七。

[12]故儼等盡其死力：《舊五代史考異》：“案《十國春秋》云：儼累官滁州刺史。”《通鑑》卷二六七開平二年（908）十一月載：“淮南遣滁州刺史史儼拒之，彥卿引歸。”

[13]廣陵：地名。位於今江蘇揚州市。

[14]《大典》卷一〇一八三“史”字韻“姓氏（一）”事目。

蓋寓

蓋寓，蔚州人。祖祚，[1]父慶，世爲州之牙將。[2]武皇起雲中，寓與康君立等推轂佐佑之，因爲腹心。武皇節制雁門，署職爲都押牙，領嵐州刺史。洎移鎮太原，改左都押牙、檢校左僕射。武皇與之決事，言無不從，凡出征伐，靡不衛從。[3]乾寧二年，從入關討王行瑜，特授檢校太保、開國侯，食邑一千户，領容管觀察經略使。[4]光化初，車駕還京，授檢校太傅，[5]封成陽郡公。

[1]祚：人名。即蓋祚。本書僅此一見。

[2]慶：人名。即蓋慶。本書僅此一見。 牙將：官名。古代軍隊中的中低級軍官。

[3]凡出征伐，靡不衞從：《輯本舊史》之案語：“案《通鑑》：光啓二年，駕幸興元，大將蓋寓説克用曰：‘鑾輿播遷，天下皆歸咎於我，今不誅朱玫，黜李熅，無以自湔洗。’克用從之。又，《通鑑考異》引《紀年録》云：僞使至太原，太祖詰其事狀，曰：‘皆朱玫所爲。’將斬之以徇，大將蓋寓等言云云。太祖燔僞詔，械其使，馳檄喻諸鎮曰：‘今月二十日，得襄王僞詔及朱玫文字，云：“田令孜脅遷鑾駕，播越梁、洋，行至半途，六軍變擾，遂至蒼黄而晏駕，不知弑逆者何人。永念丕基不可無主，昨四鎮藩后推朕纂承，已於正殿受册畢，改元大赦者。”李熅出自贅疣，名汗藩邸，智昏菽麥，識昧機權。李符擄之以塞辭，朱玫賣之以爲利。吕不韋之奇貨，可見姦邪；蕭世誠之土囊，期於匪夕。近者，當道徑差健步，奉表起居，行朝現住巴、梁，宿衞比無騷動。而朱玫脅其孤駛，自號台衡，敢首亂階，明言晏駕，熒惑藩鎮，凌弱廟朝’云云。案：此事甚有關係，不知《薛史》何以不載，今附録於此。”見《通鑑》卷二五六。　　左都押牙：諸書記載同，唯明本《册府》卷四〇七《將帥部・諫静門》作“右都押牙”。

[4]容管：方鎮名。“容州管内經略使”簡稱“容管經略使”。治所在容州（今廣西容縣）。　　“乾寧二年”至“領容管觀察經略使”：“乾寧二年”，《宋本册府》卷三八七《將帥部・褒異門一三》作“乾化三年”，誤。《舊唐書》卷二〇上《昭宗紀》乾寧二年（895）八月：“辛丑，制削奪王行瑜在身官爵。改授李克用邠寧四面行營都統。其大將蓋寓李存信閻鍔、判官王讓李襲吉等，並降詔錫賚。”《通鑑》卷二六〇乾寧二年十二月：“乙未，進李克用爵晋王，加李罕之兼侍中，以河東大將蓋寓領容管觀察使。”又，《通鑑》卷二六一乾寧四年六月：“置寧遠軍于容州，以李克用大將蓋寓領節度使。”

[5]檢校太傅：官名。爲散官或加官，以示恩寵，無實際執掌。

寓性通黠，多智數，善揣人主情。武皇性嚴急，左右難事，無委遇者，小有違忤，即置於法，唯寓承顏希旨，規其趨向，[1]婉辭順意，以盡參裨。武皇或暴怒將吏，事將不測，寓欲救止，必佯佐其怒以責之，武皇怡然釋之。有所諫諍，必徵近事以爲喻。自武皇鎮撫太原，最推親信，中外將吏，無不景附，朝廷藩鄰，信使結託，先及武皇，次入寓門。既總軍中大柄，其名振主，梁祖亦使姦人離間，暴揚於天下，言蓋寓已代李，聞者寒心，武皇略無疑間。[2]

[1]規其趨向：“趨向”，明本《册府》卷三四七《將帥部·佐命門八》、卷四〇五《將帥部·識略門四》作“趣向”。

[2]“自武皇鎮撫太原”至“武皇略無疑間”：“武皇鎮撫太原”，明本《册府》卷九九《帝王部·親信門》作“武皇初鎮撫太原”；“言蓋寓已代李”，明本《册府》卷九九作“言蓋寓已代李克用”。

初，武皇既平王行瑜，旋師渭北，暴雨六十日，[1]諸將或請入覲，且云：“天顏咫尺，安得不行覲禮。”武皇意未決，寓白曰：“車駕自石門還京，[2]寢未安席，比爲行瑜兄弟驚駭乘輿，[3]今京師未寧，姦宄流議，大王移兵渡渭，必恐復動宸情。君臣始終，不必朝覲，[4]但歸藩守，姑務勤王，是忠臣之道也。”武皇笑曰：“蓋寓尚阻吾入覲，況天下人哉！”即日班師。

[1]暴雨六十日：《通鑑》卷二六〇乾寧二年（895）載，十一

月丁卯平邠州，不久旋軍渭北，十二月辛亥東歸，前後不及三十日。

[2]車駕自石門還京：《輯本舊史》之影庫本粘籤："原本作'右門'，今從《通鑑》改正。"《通鑑》未見記載，而見於明本《册府》卷三四七《將帥部·佐命門八》、卷四〇七《將帥部·諫諍門》以及《新五代史》卷四《唐莊宗紀上》乾寧二年十一月條。

[3]比爲行瑜兄弟驚駭乘輿：中華書局本有校勘記："'驚'原作'警'，據殿本、《册府》卷三四七、卷四〇七改。"

[4]不必朝覲："必"字，明本《册府》卷三四七、卷四〇七作"在"。

天祐二年三月，寓病篤，武皇日幸其第，手賜藥餌。初，寓家每事珍膳，窮極海陸，精於厨饌，[1]武皇非寓家所獻不食，每幸寓第，其往如歸，恩寵之洽，時無與比。及其卒也，[2]哭之彌慟。莊宗即位，[3]追贈太師。[4]《永樂大典》卷一萬八千一百二十八。[5]

[1]精於厨饌："厨饌"，原作"府饌"，據彭校、明本《册府》卷九九《帝王部·親信門》改。

[2]及其卒也：《通鑑》卷二六五天祐二年（905）三月："壬辰，河東都押牙蓋寓卒，遺書勸李克用省營繕，薄賦斂，求賢俊。"

[3]莊宗：即後唐莊宗李存勖。沙陀部人。五代後唐王朝的建立者。紀見本書卷二七至卷三四、《新五代史》卷五。

[4]太師：官名。與太傅、太保合稱三師，唐後期、五代多爲大臣、勳貴加官。正一品。

[5]《大典》卷一八一二八"將"字韻"後唐將（一）"事目。

伊廣　附李承勳

伊廣，字言，[1]元和中右僕射慎之後。[2]廣，中和末除授忻州刺史，遇天下大亂，乃委質於武皇。廣襟情灑落，善占對，累歷右職，授汾州刺史。時武皇主盟，諸侯景附，軍機締結，聘遺旁午，廣奉使稱旨，累遷至檢校司徒。乾寧四年，從征劉仁恭，[3]武皇之師不利於成安寨，[4]廣歿於賊。

[1]字言：《輯本舊史》之案語：“原本闕一字。”

[2]右僕射：官名。秦始置。隋、唐前期以左、右僕射佐尚書令總理六官，綱紀庶務，如不置尚書令，則總判省事，爲宰相之職。唐後期多爲大臣加銜。從二品。　慎：人名。即伊慎。唐後期將領。傳見《舊唐書》卷一五一、《新唐書》卷一七〇。

[3]劉仁恭：人名。深州（今河北深州市）人。唐末、五代軍閥。傳見《新唐書》卷二一二。

[4]成安寨：地名。今地不詳。　武皇之師不利於成安寨：“成安寨”，《輯本舊史》卷二六《唐武皇紀下》、卷五三《李存信傳》以及《新五代史》卷四《唐莊宗紀上》作“安塞”，《輯本舊史》卷一三五《劉守光傳》、《通鑑》卷二六一乾寧四年（897）九月丁丑條作“安塞軍”。

有女爲莊宗淑妃。[1]子承俊，[2]歷貝、遼二州刺史。《永樂大典》卷一萬八千一百二十八。[3]

[1]有女爲莊宗淑妃：《會要》卷一内職條，《輯本舊史》卷三二《唐莊宗紀六》同光二年（924）六月甲申條、卷四九《伊德妃

傳》、卷八一《晉少帝紀一》天福八年（943）正月條，《新五代史》卷一四《德妃伊氏傳》皆作伊氏爲德妃，非淑妃。

　　[2]承俊：人名。即伊承俊。本書僅此一見。

　　[3]《大典》卷一八一二八"將"字韻"後唐將（一）"事目。

　　李承勳者，與廣同爲牙將，善於奉使，名聞軍中。承勳累遷至太原少尹。[1]劉守光之借號也，[2]莊宗遣承勳往使，伺其釁端。[3]承勳至幽州，見守光，如藩方聘問之禮。謁者曰："燕王爲帝矣，可行朝禮。"[4]承勳曰："吾大國使人，太原亞尹，是唐帝除授，燕主自可臣其部人，安可臣我哉！"守光聞之不悦，拘留於獄，數日而出，訊之曰：[5]"臣我乎？"承勳曰："燕君能臣我王，則我臣之，吾有死而已，安敢辱命！"會王師討守光，承勳竟殁於燕。[6]《永樂大典》卷一萬八千一百二十八。[7]

　　[1]少尹：官名。唐、五代於三京、鳳翔等府均置少尹，爲尹的副職。協助尹通判列曹諸務。從四品下。

　　[2]劉守光：人名。深州樂壽（今河北獻縣）人。唐末五代幽州節度使劉仁恭之子。劉守光囚父自立，號大燕皇帝，後爲晉王李存勗俘殺。傳見本書卷一三五、《新五代史》卷三九。

　　[3]伺其釁端："伺"，原作"問"，據《御覽》卷二五二引《五代史·後唐書》、明本《册府》卷六六一《奉使部·守節門》改。

　　[4]可行朝禮：《輯本舊史》之影庫本粘籤："'朝禮'，原本作'廟禮'，考《通鑑》作朝禮，《契丹國志》亦云：李承勳使于燕，燕人請以朝禮見。今改正。"《通鑑》《契丹國志》均不記"朝禮"，

而明本《册府》卷六六一《奉使部·守節門》、《輯本舊史》卷二七《唐莊宗紀一》天祐八年（911）十月條作“朝禮”。

　　[5]訊之曰：“訊”，原作“詰”，據《御覽》卷二五二引《五代史·後唐書》、明本《册府》卷六六一改。

　　[6]承勳竟殁於燕：李承勳出使劉守光事，見於《輯本舊史》卷二七《唐莊宗紀一》天祐八年（911）十月條、明本《册府》卷六六一《奉使部·守節門》、《新五代史》卷三九《劉守光傳》、《通鑑》卷二六八乾化元年（911）十月條。然，《輯本舊史》卷二七《唐莊宗紀一》記載此事於莊宗征討劉守光之前，與他書異。

　　[7]《大典》卷一八一二八“將”字韻“後唐將（一）”事目。

史敬鎔

　　史敬鎔，太原人。事武皇爲帳中綱紀，[1]甚親任之。莊宗初嗣晋王位，李克寧陰搆異圖，[2]將害莊宗。事發有日矣，克寧密引敬鎔，以邪謀告，[3]既而敬鎔上白貞簡太后，[4]太后惶駭，[5]召張承業、李存璋等圖之。[6]克寧等伏誅，以功累歷州郡。同光初，[7]爲華州節度使，[8]移鎮安州。[9]天成中，[10]入爲金吾上將軍。[11]期年，復授鄧州，[12]至鎮數月卒。贈太尉。[13]《永樂大典》卷一萬一百八十三。[14]

　　[1]綱紀：亦作紀綱。泛指僕從。

　　[2]李克寧：人名。沙陀部人。李克用之弟。唐末、五代後唐將領。傳見本書卷五〇、《新五代史》卷一四。

　　[3]以邪謀告：殿本、孔本、明本《册府》卷七五九《總録

部 · 忠門二》作“以邪謀諭之”。

[4]貞簡太后：即後唐莊宗生母曹太后。貞簡，諡號。傳見本書卷四九、《新五代史》卷一四。

[5]太后惶駭：中華書局本有校勘記：“‘太后’二字原闕，據《册府》卷七五九補。”

[6]張承業：人名。同州（今陝西大荔縣）人。唐末五代宦官，河東監軍。傳見本書卷七二、《新五代史》卷三八。

[7]同光：後唐莊宗李存勖年號（923—926）。

[8]華州：州名。治所在今陝西渭南市華州區。 同光初，爲華州節度使：《輯本舊史》卷三〇《唐莊宗紀四》同光元年（923）十一月：“壬戌，以左金吾衛大將軍史敬鎔爲左街使。”同書卷三三《唐莊宗紀七》同光三年十二月壬戌：“以左金吾大將軍史敬鎔爲華州節度使。”史敬鎔任華州節度使在同光三年十二月，稱“同光初”不準確。

[9]安州：州名。治所在今湖北安陸市。 移鎮安州：《輯本舊史》卷三七《唐明宗紀三》天成元年（926）八月辛丑：“以前華州節度使史敬鎔爲安州節度使。”

[10]天成：後唐明宗李嗣源年號（926—930）。

[11]金吾上將軍：官名。即金吾衛上將軍。唐置，掌宮禁宿衛。唐代十六衛之一。從二品。 天成中，入爲金吾上將軍：《輯本舊史》卷三九《唐明宗紀五》天成三年六月己卯：“以前安州節度使史敬鎔爲右金吾上將軍。”同書卷四〇《唐明宗紀六》天成四年十月：“庚子，以右金吾上將軍史敬鎔爲左金吾上將軍。”

[12]鄧州：州名。治所在今河南鄧州市。 期年，復授鄧州：《輯本舊史》卷三八《唐明宗紀四》天成二年九月：“己巳，鄧州節度使史敬鎔加檢校太保。”同書卷六四《劉玘傳》：“明宗即位，遷鄧州節度使。天成末，以史敬鎔代之。”同書卷四一《唐明宗紀七》長興元年（930）四月：“庚申，以左金吾上將軍史敬鎔爲鄧州節度使。”

　　[13]太尉：官名。與司徒、司空並爲三公，唐後期、五代多爲大臣、勳貴加官。正一品。

　　[14]《大典》卷一○一八三“史”字韻“姓氏（一）”事目。

舊五代史　卷五六

唐書三十二

列傳第八

周德威

　　周德威，字鎮遠，小字陽五，[1]朔州馬邑人也。[2]初事武皇爲帳中騎督，[3]驍勇便騎射，膽氣智數皆過人，久在雲中，[4]諳熟邊事，望煙塵之警，懸知兵勢。乾寧中，[5]爲鐵林軍使，[6]從武皇討王行瑜，[7]以功加檢校左僕射，[8]移内衙軍副。[9]光化二年三月，[10]汴將氏叔琮率衆逼太原，[11]有陳章者，[12]以虓勇知名，衆謂之“夜叉”，言於叔琮曰：“晋人所恃者周陽五，願擒之，請賞以郡。”[13]陳章嘗乘驄馬朱甲以自異。武皇戒德威曰：“我聞陳夜叉欲取爾求郡，宜善備之。”德威曰：“陳章大言，未知鹿死誰手。”他日致師，戒部下曰：“如陣上見陳夜叉，爾等但走。”德威微服挑戰，部下僞退，陳章縱馬追之，[14]德威背揮鐵檛擊墮馬，生獲以獻，[15]由是知名。

[1]小字陽五：中華書局本有校勘記："'陽五'，《册府》卷三九三同，邵本、《册府》卷三四七、卷三九六、《通鑑》卷二六一作'楊五'。本書各處同。《舊五代史考異》卷二：'案《葛從周碑》作楊五。'今檢葛從周墓碑（拓片刊《北京圖書館藏中國歷代石刻拓本匯編》第三十六册）作'揚五'。"明本《册府》卷三九三《將帥部·威名門二》、《新五代史》卷二五《周德威傳》作"陽五"；明本《册府》卷三四七《將帥部·佐命門八》、宋本與明本《册府》卷三九六《將帥部·勇敢門三》，《通鑑》卷二六一光化二年（899）三月壬午條及胡注、卷二六八乾化二年（912）五月甲申條、卷二六九貞明元年（915）八月條及胡注均作"楊五"。"楊"與"揚"可通。

[2]朔州：州名。治所在今山西朔州市朔城區。　馬邑：縣名。治所在今山西朔州市朔城區東北馬邑村。

[3]武皇：後唐太祖李克用謚號。此指李克用。莊宗即位，追謚武皇帝，廟號太祖，陵在雁門。李克用，沙陀部人，生於神武川新城（一説今山西朔州市朔城區之梵王寺村，一説今山西應縣縣城，一説今山西懷仁縣之日中城）。五代後唐實際奠基者。紀見本書卷二五、卷二六，《新五代史》卷四。　帳中騎督：官名。掌管騎兵的中級軍官。

[4]雲中：縣名。治所在今山西大同市。

[5]乾寧：唐昭宗李曄年號（894—898）。

[6]鐵林軍使：官名。所部統兵將領。鐵林爲部隊番號。

[7]王行瑜：人名。邠州（今陝西彬縣）人。唐末軍閥。傳見《舊唐書》卷一七五、《新唐書》卷二二四下。

[8]檢校左僕射：官名。左僕射爲隋唐宰相名號。檢校左僕射爲散官或加官，以示恩寵，無實際執掌。　以功加檢校左僕射：

"加",《册府》卷三四七《將帥部・佐命門八》作"授"。

[9]内衙軍副：官名。中級統兵官。

[10]光化：唐昭宗李曄年號（898—901）。

[11]氏叔琮：人名。河南尉氏（今河南尉氏縣）人。唐末將領。傳見本書卷一九、《新五代史》卷四三。　太原：府名。治所在今山西太原市。

[12]陳章：人名。一作陳璋。潁川（今河南許昌市）人。唐末藩鎮將領。事見《新唐書》卷一〇、卷一八九。

[13]"光化二年三月"至"請賞以郡"：《輯本舊史》之影庫本粘籤："光化，原本作'先作'，今從《新唐書》改正。"查《新唐書》，未見此記載。《册府》卷三九三《將帥部・威名門二》、卷三九六《將帥部・勇敢門三》均作"光化二年三月"，而《舊唐書》卷二〇上《昭宗紀》則繫此事於"四月"。"願擒之，請賞以郡"，《舊五代史考異》："《歐陽史》作梁軍圍太原，令軍中曰：'能生得周陽五者爲刺史。'與《薛史》微異。"見《新五代史》卷二五。

[14]陳章縱馬追之：中華書局本有校勘記："'馬'字原闕，據《册府》卷三九三、卷三九六補。"

[15]生獲以獻：《舊五代史考異》："《通鑑》作'以戟擒之'，與《薛史》異。"《通鑑》卷二六一光化二年（899）三月壬午條："德威微服往挑戰，謂其屬曰：'汝見陳夜叉即走。'章果逐之，德威奮鐵檛擊之墜馬，生擒以獻。"未言"以戟"。

天復中，[1]我師不利於蒲縣，[2]汴將朱友寧、氏叔琮來逼晉陽。[3]時諸軍未集，城中大恐，德威與李嗣昭選募鋭兵分出諸門，[4]攻其壘，擒生斬馘，汴人枝梧不暇，乃退。[5]

　　［1］天復：唐昭宗李曄年號（901—904）。

　　［2］蒲縣：縣名。治所在今山西蒲縣。中華書局本有校勘記："'蒲縣'，原作'潘縣'，據劉本、本書卷二六《唐武皇紀下》、卷三五《唐明宗紀一》、《册府》卷三四七、《通鑑》卷二六三改。"

　　［3］朱友寧：人名。朱温之侄，唐末、五代將領。傳見《新五代史》卷一三。　晋陽：縣名。治所在今山西太原市。

　　［4］李嗣昭：人名。汾州（今山西汾陽市）人。唐末、五代李克用義子、部將。傳見本書卷五二、《新五代史》卷三六。

　　［5］"天復中"至"乃退"："德威與李嗣昭選募鋭兵分出諸門"，中華書局本有校勘記："'分'字原闕，據本書卷五二《李嗣昭傳》、《册府》卷三四七、卷四〇〇補。"見明本《册府》卷三四七《將帥部・佐命門八》、《宋本册府》卷四〇〇《將帥部・固守門二》。《通鑑》卷二六三天復二年（902）二月己丑條："嗣昭等屯蒲縣。"《輯本舊史》卷二六《唐武皇紀下》天復二年二月諸條："李嗣昭、周德威領大軍自慈、隰進攻晋、絳，營於蒲縣。乙未，汴將朱友寧、氏叔琮將兵十萬，營於蒲縣之南。乙巳，汴帥自領軍至晋州，德威之軍大恐。"同年三月諸條："丁巳，有虹貫德威之營。戊午，氏叔琮率軍來戰，德威逆擊，爲汴人所敗，兵仗、輜車委棄殆盡。朱友寧長驅至汾州，慈、隰二州復爲汴人所據。辛酉，汴軍營於晋陽之西北，攻城西門，周德威、李嗣昭緣山保其餘衆而旋。武皇驅丁壯登陴拒守，汴軍攻城日急，武皇召李嗣昭、周德威等謀將出奔雲州，嗣昭以爲不可。李存信堅請且入北蕃，續圖進取，嗣昭等固爭之，太妃劉氏亦極言於内，乃止。居數日，亡散之士復集，軍城稍安。李嗣昭與李嗣源夜入汴軍，斬將搴旗，敵人扞禦不暇，自相驚擾。丁卯，朱友寧燒營而遁，周德威追至白壁關，俘斬萬計，因收復慈、隰、汾等三州。"卷三五《唐明宗紀一》天復中："昭宗之幸鳳翔也，梁祖率衆攻圍岐下，武皇奉詔應援，遣李嗣昭、周德威出師晋、絳，營於蒲縣。"

天祐三年,[1]與李嗣昭合燕軍攻潞州,[2]降丁會,[3]以功加檢校太保、代州刺史,[4]代嗣昭爲蕃漢都將。[5]李思安之寇潞州也,[6]德威軍於余吾。[7]時汴軍十萬築夾城,圍潞州,內外斷絕,德威以精騎薄之,屢敗汴人,進營高河,[8]令遊騎邀其芻牧。汴軍閉壁不出,乃自東南山口築甬道樹柵以通夾城,[9]德威之騎軍,倒牆堙塹,日數十戰,前後俘馘,不可勝紀。梁有驍將黃角鷹、方骨崙,[10]皆生致之。

[1]天祐:唐昭宗李曄開始使用的年號(904)。唐哀帝李柷即位後沿用(904—907)。唐亡後,河東李克用、李存勗仍稱天祐,沿用至天祐二十年(923)。五代其他政權亦有行此年號者,如南吳、吳越等,使用時間長短不等。

[2]潞州:州名。治所在今山西長治市。

[3]丁會:人名。壽春(今安徽壽縣)人。唐末將領。傳見本書卷五九、《新五代史》卷四四。

[4]檢校太保:官名。爲散官或加官,以示恩寵加此官,無實際執掌。太保,與太師、太傅合稱三師。 代州:州名。治所在今山西代縣。

[5]"天祐三年"至"代嗣昭爲蕃漢都將":《宋本册府》卷三八七《將帥部‧襃異門一三》同,卷四一四《將帥部‧赴援門》:"天祐三年,幽州求援,德威與李嗣昭合燕軍五萬攻潞州,降丁會。明年正月,授德威檢校太保、代州刺史,督內外衙蕃漢馬步諸軍。"

[6]李思安:人名。河南陳留(今河南開封市陳留鎮)人。後梁將領。傳見本書卷一九。

[7]余吾:地名。位於山西屯留縣城西北余吾鎮。

[8]高河:水名。位於今山西長治市西南高河。

[9]乃自東南山口築甬道樹柵以通夾城：中華書局本有校勘記：
"'南'原作'門'，據本書卷二六《唐武皇紀下》、《册府》卷三
四七、《通鑑》卷二六六改。"見《輯本舊史》卷二六《唐武皇紀
下》天祐四年（907）五月條、明本《册府》卷三四七《將帥部·
佐命門八》、《通鑑》卷二六六開平元年（907）八月丁巳條。開平
元年即天祐四年。

[10]黃角鷹、方骨崙：人名。本書皆僅此一見。中華書局本有
校勘記："'方骨崙'，《册府》卷三四七作'房骨崙'。"

　　五年正月，武皇疾篤，德威退營亂柳。[1]武皇厭代，
四月，命德威班師。時莊宗初立，[2]德威外握兵柄，頗
有浮議，内外憂之。德威既至，單騎入謁，伏靈柩哭，
哀不自勝，由是羣情釋然。是月二十四日，從莊宗再援
潞州。二十九日，德威前軍營橫碾，[3]距潞四十五里。
五月朔，晨霧晦暝，王師伏於三垂崗下，[4]翌日，直趨
夾城，斬關破壘，梁人大敗，解潞州之圍。初，德威與
李嗣昭有私憾，武皇臨終顧謂莊宗曰："進通忠孝不負
我，重圍累年，似與德威有隙，以吾命諭之，若不解重
圍，歿有遺恨。"莊宗達遺旨，德威感泣，由是勵力堅
戰，竟破强敵，與嗣昭歡愛如初。以功加檢校太保、同
平章事、振武節度使。[5]

[1]亂柳：地名。位於今山西沁縣南。

[2]莊宗：即李存勗。五代後唐開國皇帝。紀見本書卷二七至
卷三四，《新五代史》卷四、卷五。

[3]橫碾：《輯本舊史》之影庫本粘籤："《通鑑》作黃展，今考
《册府元龜》引《薛史》亦作橫碾，姑仍其舊。"又《舊五代史考

異》："《莊宗紀》作黃展。"此粘籤及《考異》之"黃碾"，中華書局本云原作"黃展"，並據卷二七《唐莊宗紀一》、《通鑑》卷二六六改。見《輯本舊史》卷二七《唐莊宗紀一》天祐五年（908）四月己巳條、《通鑑》卷二六六開平二年（908）四月己巳條。明本《册府》卷三四七《將帥部·佐命門八》作"橫碾"，宋本及明本《册府》卷四一四《將帥部·赴援門》均作"橫碾"，《宋本册府》卷四五《帝王部·謀略門》唐莊宗條天祐四年四月作"黃碾"，《新五代史》卷二二《康懷英傳》作"北黃碾"。

　　[4]三垂崗：山名。一作"三垂岡"，又名三垂山。位於今山西潞城市。

　　[5]同平章事：官名。"同中書門下平章事"之簡稱。唐高宗以後，凡實際任宰相之職者，常在其本官後加同平章事的職銜。後成爲宰相專稱。後晉天福五年（940），升中書門下平章事爲正二品。　振武：方鎮名。治所在金河縣（今内蒙古和林格爾縣）。節度使：官名。唐時在重要地區所設掌握一州或數州軍、民、財政的長官。

　　七年，[1]岐人攻靈、夏，[2]遣使來求助，德威渡河以應之，師還，授蕃漢馬步總管。[3]七年十一月，汴人據深、冀，[4]汴將王景仁軍八萬次柏鄉，[5]鎮州節度使王鎔來告難，[6]帝遣德威率前軍出井陘，[7]屯於趙州。[8]十二月，帝親征，二十五日，進薄汴營，距柏鄉五里，[9]營於野河上。[10]汴將韓勍率精兵三萬，[11]鎧甲皆被繒綺，金銀炫曜，望之森然，我軍懼形於色。德威謂李存璋曰：[12]"賊結陣而來，觀其形勢，志不在戰，欲以兵甲燿威耳。我軍人乍見其來，謂其鋒不可當，此時不挫其銳，吾軍不振矣！"乃遣存璋諭諸軍曰："爾見此賊軍否？是汴州天武健兒，[13]皆屠沽傭販，虛有表耳，縱被精甲，[14]十不當一，擒獲足以爲資。"德威自率精騎擊其兩偏，左馳右決，出没數四。是日，獲賊百餘人，賊渡河而退。德威謂莊宗曰："賊驕氣充盛，宜按兵以待其衰。"[15]莊宗曰："我提孤軍，救難解紛，三鎮烏合之衆，利在速戰，卿欲持重，吾懼其不可使也。"德威曰："鎮、定之士，[16]長於守城，列陣野戰，素非便習。我師破賊，唯恃騎軍，平田廣野，易爲施功。今壓賊營，令彼見我虛實，則勝負未可必也。"莊宗不悦，退臥帳中。德威患之，謂監軍張承業曰：[17]"王欲速戰，將烏合之徒，欲當劇賊，所謂不量力也。去賊咫尺，限此一渠水，彼若早夜以略彴渡之，吾族其爲俘矣。若退軍鄗邑，[18]引賊離營，彼出則歸，[19]復以輕騎掠其芻餉，不踰月，敗賊必矣。"承業入言，莊宗乃釋然。德威得降人問之，曰"景仁下令造浮橋數百"，[20]果如德威所料。二十七日，乃退軍保鄗邑。

[1]七年：《輯本舊史》原作"六年"，中華書局本有校勘記："殿本、孔本、本書卷二七《唐莊宗紀一》、《册府》卷三四七作'七年'。《通鑑》卷二六七繫其事於開平四年，按開平四年即天祐七年。"但未改，今據改。

[2]靈：州名。治所在今寧夏吴忠市。　夏：州名。治所在今陝西靖邊縣。

[3]蕃漢馬步總管：官名。五代後唐置，爲蕃漢馬步軍總指揮官。

[4]深：州名。治所在今河北深州市。　冀：州名。治所在今

河北衡水市冀州區。

[5]王景仁：人名。合淝（今安徽合肥市）人。後梁將領。傳見本書卷二三、《新五代史》卷二三。　　柏鄉：縣名。治所在今河北柏鄉縣。　　汴將王景仁軍八萬次柏鄉："八萬"，《新五代史》卷二五《周德威傳》作"七萬"。

[6]鎮州：州名。治所在今河北正定縣。　　王鎔：人名。回鶻人。唐末、五代軍閥，朱温後封趙王。傳見本書卷五四、《新五代史》卷三九。

[7]井陘：關隘名。位於今河北井陘礦區。

[8]趙州：州名。治所在今河北趙縣。

[9]距柏鄉五里：《輯本舊史》之影庫本粘籤："五里，原本作'互里'，考《通鑑》及《歐陽史》俱作五里，今改正。"見《新五代史》卷二五《周德威傳》、《通鑑》卷二六七開平四年（910）十二月壬午條，亦見《輯本舊史》卷二七《唐莊宗紀一》天祐七年（910）十二月壬午條、明本《册府》卷三四七《將帥部·佐命門八》。

[10]營於野河上：中華書局本有校勘記："'上'，《册府》卷三四七、《新五代史》卷二五《周德威傳》、《通鑑》卷二六七作'北'。"作"北"較優。

[11]韓勍：人名。籍貫不詳。後梁將領。事見本書卷七、《新五代史》卷四五。

[12]李存璋：人名。雲中（今山西大同市）人。唐末、五代後唐將領。傳見本書卷五三、《新五代史》卷三六。

[13]汴州：州名。治所在今河南開封市。　　天武：部隊番號。《輯本舊史》之影庫本粘籤："天武，原本作'太武'，考《薛史》前後俱作天武，今改正。"明本《册府》卷三四七《將帥部·佐命門八》、卷四二八《將帥部·料敵門》，《通鑑》卷二六七開平四年十二月癸未條均作"天武"。

[14]縱被精甲：《册府》卷三四七《將帥部·佐命門八》、卷

四二八《將帥部・料敵門》作"徒被精甲"。

[15]"德威謂莊宗曰"至"宜按兵以待其衰":《舊五代史考異》:"《歐陽史》祇載德威勉諭其衆,即告莊宗曰:'賊兵甚銳,未可與爭。'不載精騎擊退賊兵之事。考下文有'去賊咫尺,限此一渠水'云云,則賊渡河而退一節,紀載殊不可闕。"見《新五代史》卷二五。

[16]定:州名。治所在今河北定州市。

[17]監軍:官名。爲臨時差遣,代表朝廷協理軍務、督察將帥。五代時常以宦官爲監軍。 張承業:人名。同州(今陝西大荔縣)人。唐末五代宦官,河東監軍。傳見本書卷七二、《新五代史》卷三八。

[18]鄗邑:縣名。治所在今河北高邑縣。

[19]彼出則歸:《册府》卷三四七《將帥部・佐命門八》、卷四二八《將帥部・料敵門》及《通鑑》卷二六七開平四年十二月條於其後均有"彼歸則出"四字。

[20]曰"景仁下令造浮橋數百":中華書局本有校勘記:"'曰'字原闕,據《册府》卷三四七、卷四二八補。'數百',原作'數日',據《册府》卷三四七、卷四二八改。按《新五代史》卷二五《周德威傳》敘其事作:'曰:"治舟數百,將以爲浮梁。"'"亦見《通鑑》卷二六七開平四年十二月條。

八年正月二日,德威率騎軍致師於柏鄉,設伏於村塢間,令三百騎以壓汴營。[1]王景仁悉其衆結陣而來,德威轉戰而退,汴軍因而乘之,至於鄗邑南。時步軍未成列,德威陣騎河上以抗之。亭午,兩軍皆陣,莊宗問戰時,德威曰:"汴軍氣盛,可以勞逸制之,造次較力,[2]殆難與敵。古者師行不踰一舍,蓋慮糧餉不給,士有饑色。今賊遠來決戰,縱挾糗糒,亦不遑食。晡晚之後，饑渴內侵，戰陣外迫，士心既倦，將必求退。乘其勞弊，以生兵制之，縱不大敗，偏師必喪。以臣所籌，利在晡晚。”諸將皆然之。時汴軍以魏博之人爲右廣，[3]宋汴之人爲左廣，[4]自未至申，陣勢稍却，德威麾軍呼曰：“汴軍走矣！”塵埃漲天，魏人收軍漸退，莊宗與史建瑭、安金全等因衝其陣，[5]夾攻之，大敗汴軍，殺戮殆盡，王景仁、李思安僅以身免，獲將校二百八十人。[6]

[1]令三百騎以壓汴營：《輯本舊史》之影庫本粘籤：“三百騎，原本作‘七百’，考《通鑑》及《歐陽史》俱作三百，今改正。”《新五代史》卷二五《周德威傳》：“德威晨遣三百騎，叩梁營挑戰，自以勁兵三千繼之。”《通鑑》卷二六七乾化元年（911）正月丁亥條：“周德威與別將史建瑭、李嗣源將精騎三千壓梁壘門而詬之，王景仁、韓勍怒，悉衆而出。”《輯本舊史》卷二七《唐莊宗紀一》天祐八年（911）正月丁亥條：“周德威、史建瑭帥三千騎致師於柏鄉，設伏於村塢間，遣三百騎直壓其營。”

[2]造次較力：中華書局本有校勘記：“‘較’原作‘輕’，據《册府》卷三四七、卷三六七改。”見明本《册府》卷三四七《將帥部·佐命門八》、《宋本册府》卷三六七《將帥部·機略門七》。

[3]魏博：方鎮名。治所在魏州貴鄉縣（今河北大名縣）。右廣：春秋楚軍制。分左右廣，各有兵車十五乘，一説各有三十乘。

[4]宋：州名。治所在今河南商丘市睢陽區。　汴：州名。治所在今河南開封市。

[5]史建瑭：人名。雁門（今山西代縣）人。唐九府都督史敬思之子。五代後唐將領。傳見本書卷五五、《新五代史》卷二五。

安金全：人名。代北（今山西北部）人。後唐將領。傳見本書卷六一、《新五代史》卷二五。

[6]獲將校二百八十人：《輯本舊史》卷二七《唐莊宗紀一》天祐八年正月丁亥條“擒梁將陳思權以下二百八十五人”，《新五代史》卷五《唐本紀》作“三百人”。

八月，劉守光僭稱大燕皇帝。[1]十二月，遣德威率步騎三萬出飛狐，[2]與鎮州將王德明、定州將程嚴等軍進討。[3]九年正月，收涿州，[4]降刺史劉知溫。[5]五月七日，劉守光令驍將單廷珪督精甲萬人出戰，[6]德威遇於龍頭崗。[7]初，廷珪謂左右曰：“今日擒周陽五。”既臨陣，見德威，廷珪單騎持槍，窮追德威，[8]垂及，德威側身避之，廷珪少退，德威奮檛擊墜其馬，生獲廷珪，賊黨大敗，斬首三千級，獲大將李山海等五十二人。[9]十二日，德威自涿州進軍良鄉、大城。[10]守光既失廷珪，自是奪氣。德威之師，屢收諸郡，降者相繼。十年十一月，擒守光父子，幽州平。[11]十二月，授德威檢校侍中、幽州盧龍等軍節度使。[12]

[1]劉守光：人名。深州樂壽（今河北獻縣）人。唐末幽州節度使劉仁恭之子。劉守光囚父自立，後號大燕皇帝，爲後唐莊宗李存勗俘殺。傳見本書卷一三五、《新五代史》卷三九。

[2]飛狐：路名。北起今山西大同市，南抵今河北定州市。

[3]王德明：人名。即張文禮。張文禮被王鎔收爲義子後，賜姓王，名德明。傳見本書卷六二。　程嚴：人名。本書僅此一見。

[4]涿州：州名。治所在今河北涿州市。

[5]刺史：官名。漢武帝始置。州一級行政長官，總掌考核官

吏、勸課農桑、地方教化等事。唐中期以後，節度、觀察使轄州而
設，刺史爲其屬官，職任漸輕。從三品至正四品下。　劉知溫：人
名。籍貫不詳。五代官員。事見本書本卷。

[6]單廷珪：人名。籍貫不詳。劉守光麾下將領。事見本書本
卷、卷七〇。《輯本舊史》之影庫本粘籤：“單廷珪，《薛史·唐本
紀》作單無敵，前後異名，辨證在《唐紀》。”查《唐本紀》未有
此記載。但《輯本舊史》卷二《梁太祖紀二》光化二年（899）三
月條之原輯者案語：“《通鑑》：單可及，幽州驍將，號‘單無敵’。
《舊唐書》作生擒單可及，《薛史·梁紀》作單無敵蓋仍當時軍檄
之文也。”此案語所言“薛史梁紀”實錄自明本《册府》卷一八
七，未可遽言“薛史”；所言《通鑑》見卷二六一，《舊唐書》見
卷二〇上。

[7]龍頭崗：地名。位於今北京市東南。

[8]窮追德威：中華書局本有校勘記：“‘窮’原作‘躬’，據
彭校、《册府》卷三四七、卷三九六改。”見明本《册府》卷三四
七《將帥部·佐命門八》、《宋本册府》卷三九六《將帥部·勇敢
門三》。

[9]李山海：人名。本書僅此一見。

[10]良鄉：縣名。治所在今北京房山區。　大城：縣名。治所
在今河北大城縣。　德威自涿州進軍良鄉、大城：《輯本舊史》之
影庫本粘籤：“良鄉，原本作‘宜卿’，今從《通鑑》改正。”亦見
《册府》卷三四七。又，“大城”，《通鑑》卷二六八乾化二年
（912）五月《考異》引《莊宗實錄》及《薛史》之《莊宗紀》
《周德威傳》均作“大城莊”，疑脱“莊”字。

[11]幽州：州名。治所在今北京市。

[12]檢校侍中：官名。爲以示恩寵的散官或加官，無實職。
盧龍：方鎮名。治所在幽州（今北京市）。　十二月，授德威檢校
侍中、幽州盧龍等軍節度使：《輯本舊史》卷二八《唐莊宗紀二》
天祐十年（913）十二月庚午條：“墨制授周德威幽州節度使。”

德威性忠孝，感武皇獎遇，嘗思臨難忘身。[1]十二年，[2]汴將劉鄩自洹水乘虛將寇太原，[3]德威在幽州聞之，徑以五百騎馳入土門，[4]聞鄩軍至樂平不進，[5]德威徑至南宮以候汴軍。[6]初，劉鄩欲據臨清以扼鎮、定轉餉之路，[7]行次陳宋口，[8]德威遣將擒數十人，皆傳刃於背，繫而遣之。[9]既至，謂劉鄩曰："周侍中已據宗城矣！"[10]德威其夜急騎扼臨清，劉鄩乃入貝州。[11]是時德威若不至，則勝負未可知也。

[1]嘗思臨難忘身：《舊五代史考異》："案《遼史》：周德威初至鎮，盧文進引遼師攻之，城幾陷，以救得免。此事《薛史》列傳不載。"見《遼史》卷一《太祖紀》神册二年（917）二月、三月條。

[2]十二年：《輯本舊史》原作"十二月"。中華書局本有校勘記："本書卷二八《唐莊宗紀二》繫其事於天祐十二年。《通鑑》卷二六九繫其事於貞明元年，按貞明元年即天祐十二年。"但未改，今據改。

[3]劉鄩：人名。密州安丘（今山東安丘市）人。唐末、五代將領。傳見本書卷二三、《新五代史》卷二二。　洹水：水名。即今河南北部衛河支流安陽河。

[4]土門：關隘名。即井陘關。位於今河北井陘礦區北井陘山上。　徑以五百騎馳入土門："五百騎"，《新五代史》卷二五《周德威傳》作"千騎"。

[5]樂平：縣名。治所在今山西昔陽縣。

[6]南宮：縣名。治所在今河北南宮市。

[7]臨清：縣名。治所在今河北臨西縣。　劉鄩欲據臨清以扼鎮、定轉餉之路：中華書局本有校勘記："'鎮'，原作'真'，據殿

本、《册府》卷三四七、卷三六七改。"見明本《册府》卷三四七
《將帥部・佐命門八》、《宋本册府》卷三六七《將帥部・機略門七》。

[8]陳宋口：地名。位於今河北邢臺市西北、黄榆嶺北。

[9]"德威遣將擒數十人"至"繫而遣之"：《舊五代史考異》：
"《通鑑》從《莊宗實録》作擒其斥候者數十人，斷腕而縱之。"見
《通鑑》卷二六九貞明元年（915）七月條。

[10]周侍中已據宗城矣：中華書局本有校勘記："句下《通鑑》
卷二六九《考異》引《薛史》有'鄆軍大駭'四字。""宗城"，
《舊五代史考異》："《通鑑》作臨清，《考異》曰：'劉鄩見在宗城，
《薛史》云周侍中據宗城，蓋臨清字誤耳。'"見《通鑑》卷二六
九貞明元年七月條。

[11]貝州：州名。治所在今河北清河縣。

十四年三月，契丹寇新州，[1]德威不利，退保范
陽。[2]敵衆攻城僅二百日，[3]外援未至，德威撫循士衆，
晝夜乘城，竟獲保守。十五年，我師營麻口渡，[4]將大
舉以定汴州。德威自幽州率本軍至，十二月二十三日，
軍次胡柳陂。[5]詰旦，騎報曰："汴軍至矣！"莊宗使問
戰備，德威奏曰："賊倍道而來，未成營壘，我營栅已
固，守備有餘，既深入賊疆，須決萬全之策。此去大梁
信宿，[6]賊之家屬，盡在其間，人之常情，孰不以家國
爲念？以我深入之衆，抗彼激憤之軍，不以方略制之，
恐難必勝。王但按軍保栅，臣以騎軍疲之，使彼不得下
營，際晚，糧餉不給，[7]進退無據，因以乘之，破賊之
道也。"莊宗曰："河上終日挑戰，恨不遇賊，今款門不
戰，非壯夫也。"乃率親軍成列而出，德威不獲已，從
之。謂其子曰："吾不知其死所矣！"莊宗與汴將王彦章

接戰，[8]大敗之。德威之軍在東偏，汴之游軍入我輜重，[9]衆駭，奔入德威軍，因紛擾無行列。德威兵少，不能解，父子俱戰歿。先是，鎮星犯上將，[10]星占者云，不利大將。是夜收軍，德威不至，莊宗慟哭，謂諸將曰：“喪我良將，吾之咎也。”

[1]契丹：古部族、政權名。公元 4 世紀中葉宇文部爲前燕攻破，始分離而成單獨的部落，自號契丹。唐貞觀中，置松漠都督府，以其首領爲都督。唐末强盛，916 年迭剌部耶律阿保機建立契丹國（遼）。先後與五代、北宋並立，保大五年（1125）爲金所滅。參見張正明《契丹史略》，中華書局 1979 年版。　新州：州名。治所在今河北涿鹿縣。

[2]范陽：縣名。三國魏黄初七年（226）改涿郡置。治所在今河北涿州市。　“十四年三月”至“退保范陽”：《舊五代史考異》：“《遼史·太祖紀》：神册二年三月辛亥，攻幽州，節度使周德威以幽、并、鎮、定、魏五州兵拒戰于居庸關之西，戰于新州東，大破之，斬首三萬級。又《通鑑》：契丹主帥衆三十萬，德威衆寡不敵，大爲契丹所敗。”此《考異》中華書局本有校勘記：“‘戰于新州東’，‘新州’原作‘西州’，據殿本、劉本、《遼史》卷一《太祖紀上》改。”

[3]敵衆攻城僅二百日：中華書局本有校勘記：“‘城’字原闕，據《册府》卷四〇〇補。”見《宋本册府》卷四〇〇《將帥部·固守門二》。

[4]麻口渡：地名。五代黄河渡口。位於今山東鄄城縣。《新五代史》卷二五《周德威傳》作“麻家渡”。

[5]胡柳陂：地名。位於今河南濮陽縣。

[6]大梁：地名。指開封。　信宿：謂兩三日。

[7]糧餉不給：中華書局本有校勘記：“‘餉’，《册府》卷五六

同，《册府》卷一二五、卷三四七、卷三六七、卷四四四、《武經總要後集》卷二作‘爨’。”見《宋本册府》卷五六《帝王部·節儉門》、卷三六七《將帥部·機略門七》、卷四四四《將帥部·陷沒門》，明本《册府》卷一二五《帝王部·料敵門》、卷三四七《將帥部·佐命門八》。

［8］王彦章：人名。鄆州壽張（今山東梁山縣壽張集）人。五代後梁將領。傳見本書卷二一、《新五代史》卷三二。

［9］汴之游軍入我輜重：《輯本舊史》之影庫本粘籤：“輜重，原本作‘輕重’，今從《通鑑》改正。”見《通鑑》卷二七〇貞明四年（918）十二月條。

［10］鎮星：星名。即土星。約二十八年行經黄道二十八宿一周天，每年經一宿，似輪流坐鎮，故名。星占家認爲，鎮星五行屬土，時令屬夏，方位屬中央，主宫庭。故鎮星必待四星有失而後動。　上將：星名。太微垣東蕃南邊第四星或西蕃南邊第一星。上將，《宋本册府》卷三七四《將帥部·忠門五》、明本《册府》卷四二五《將帥部·死事門二》作“文昌上將”。

德威身長面黑，笑不改容，凡對敵列陣，凛凛然有蕭殺之風，中興之朝，號爲名將。及其歿也，人皆惜之。同光初，[1]追贈太師。[2]天成中，[3]詔與李嗣昭、符存審配饗莊宗廟廷。[4]晋高祖即位，[5]追封燕王。[6]

［1］同光：後唐莊宗李存勗年號（923—926）。

［2］太師：官名。與太保、太傅並爲三師。唐後期、五代多爲大臣、勳貴加官。正一品。

［3］天成：後唐明宗李嗣源年號（926—930）。　天成中：《輯本舊史》卷四二《唐明宗紀八》長興二年（931）四月戊戌條：“故昭義節度使李嗣昭、故幽州節度使周德威、故汴州節度使符存

審，並配饗莊宗廟庭。”非“天成中”。

[4]符存審：人名。陳州宛丘人（今河南淮陽縣）。後唐將領。傳見本書本卷、《新五代史》卷二五。

[5]晋高祖：即石敬瑭，沙陀部人。五代後唐將領、後晉開國皇帝。紀見本書卷七五至卷八〇、《新五代史》卷八。

[6]追封燕王：《輯本舊史》卷七六《晋高祖紀二》天福二年（937）十月條：“故幽州節度使周德威追封燕王。”

　　子光輔，[1]歷汾、汝州刺史。[2]《永樂大典》卷九千九百九十七。[3]

[1]光輔：人名。即周光輔。周德威之子。五代後唐、後晉將領。《輯本舊史》卷九一有《周光輔傳》。但注録自《大典》卷五四一〇，爲“橋”字韻“橋名”事目，誤。

[2]汾：州名。治所在今山西汾陽市。　　汝州：州名。治所在今河南汝州市。

[3]《大典》卷九九九七爲“占”字韻“占法（二〇）”事目，與本傳無涉。據陳垣《舊五代史輯本引書卷數多誤例》謂應作卷八九九七爲“周”字韻“姓氏（八）”事目。

　　符存審　子彦超等

　　符存審，字德詳，陳州宛丘人，[1]舊名存。父楚，[2]本州牙將。[3]存審少豪俠，多智算，言兵家事。乾符末，[4]河南盜起，[5]存審鳩率豪右，庇捍州里。會郡人李罕之起自羣盜，[6]授光州刺史，[7]因往依之。中和末，[8]罕之爲蔡寇所逼，棄郡投諸葛爽，[9]存審從至河陽，[10]

爲小校，[11]屢戰蔡賊有功。諸葛爽卒，罕之爲其部將所逼，出保懷州，[12]部下分散，存審乃歸於武皇。武皇署右職，令典義兒軍，賜姓名。

[1]陳州：州名。治所在今河南淮陽縣。　宛丘：縣名。治所在今河南淮陽縣。　陳州宛丘人：《輯本舊史》之原輯者案語："《歐陽史·義兒傳》，唯符存審不在其列，別自爲傳。蓋存審子彥卿有女爲宋太宗后，故存其本姓也。"見《新五代史》卷二五《符存審傳》。

[2]楚：人名。即符楚。本書僅此一見。

[3]牙將：官名。古代軍隊中的中低級軍官。

[4]乾符：唐僖宗李儇年號（874—879）。

[5]河南：泛指黃河以南地區。

[6]李罕之：人名。陳州項城（今河南沈丘縣）人。唐末五代軍閥。傳見《新唐書》卷一八七、本書卷一五、《新五代史》卷四二。

[7]光州：州名。治所在今河南潢川縣。

[8]中和：唐僖宗李儇年號（881—885）。

[9]諸葛爽：人名。青州博昌（今山東博興縣）人。唐末軍閥，時爲河陽節度使。傳見《舊唐書》卷一八二、《新唐書》卷一八七。

[10]河陽：方鎮名。治所在孟州（今河南孟州市）。

[11]小校：即低級軍官。

[12]懷州：州名。治所在今河南沁陽市。　出保懷州：《輯本舊史》之影庫本粘籤："懷州，原本作'淮州'，今從《新唐書》改正。"見《新唐書》卷一八七《李罕之傳》，亦見《通鑑》卷二五九乾寧元年（894）十二月甲寅條胡注。

存審性謹厚，寵遇日隆，自是武皇四征，[1]存審常從，所至立功。從討赫連鐸，[2]冒刃死戰，血流盈袖，武皇手自封瘡，日夕臨問。[3]乾寧初，討李匡儔，[4]存審前軍拔居庸關。[5]明年，從討邠州。[6]時邠之勁兵屯龍泉寨，[7]四面懸崖，石壁險固，存審奮力拔之。師旋，授檢校左僕射。副李嗣昭討李瑭於汾州，[8]擒之，以功改左右廂步軍都指揮使。[9]天祐三年，授蕃漢馬步副指揮使，[10]與李嗣昭降丁會於上黨，[11]從周德威破賊於夾城，以功加檢校司徒，[12]授忻州刺史，領蕃漢馬步都指揮使。[13]七年，加檢校太保，充蕃漢副總管。[14]莊宗擊汴人於柏鄉，留存審守太原。八年三月，代李存璋戍趙州。[15]九年，梁祖攻蓚縣，[16]存審與史建瑭、李嗣肱赴援，[17]屯下博橋，[18]汴人驚亂，燒營而遁，以功遙領邢洺磁團練使。[19]

[1]自是武皇四征：中華書局本有校勘記：“‘四’原作‘西’，據殿本、《册府》卷三四七、《續世說》卷五改。”見明本《册府》卷三四七《將帥部・佐命門八》。

[2]赫連鐸：人名。唐末代北吐谷渾首領。咸通九年（868）隨唐軍鎮壓龐勛起義，勢力漸强。乾符五年（878），襲占沙陀李國昌父子所據之振武（治今内蒙古和林格爾縣西北）、雲州（今山西大同市）。與李國昌父子爭奪代北，官至雲州刺史、大同軍防禦使，守雲州十餘年。後爲李克用擒殺。事見《舊唐書》卷一九下、本書卷二五、《新五代史》卷四。

[3]“從討赫連鐸”至“日夕臨問”：《宋本册府》卷三九六《將帥部・勇敢門三》李存審條前有：“李存審，事太祖爲五院都知兵馬使。”

[4]李匡儔：人名。范陽（今北京市）人。幽州節度使李全忠之子、李匡威之弟。唐末軍閥。傳見《舊唐書》卷一八〇、《新唐書》卷二一二。

[5]居庸關：關隘名。位於今北京市昌平區。 乾寧初，討李匡儔，存審前軍拔居庸關：《輯本舊史》卷二六《唐武皇紀下》乾寧元年（894）十二月壬子條：“燕兵復合于居庸關拒戰，武皇命精騎以疲之，令步將李存審由他道擊之，自午至晡，燕軍復敗。”

[6]邠州：州名。治所在今陝西彬縣。 明年，從討邠州：《輯本舊史》卷二六《唐武皇紀下》乾寧二年八月條：“武皇進營渭北，遣史儼將三千騎往石門扈駕，遣李存信、李存審會鄜、延之兵攻行瑜之梨園寨。”

[7]龍泉寨：地名。即龍泉鎮。位於今陝西旬邑縣。

[8]李瑭：人名。籍貫不詳。唐末李克用部將，汾州刺史，後投降朱溫，爲李嗣昭擒斬。事見本書本卷、卷一四、卷一五、卷二六、卷五五。中華書局本有校勘記：“‘李瑭’原作‘李康’，據殿本、劉本、本書卷五二《李嗣昭傳》、《册府》卷三四七、《新五代史》卷二五《周德威傳》改。”見明本《册府》卷三四七《將帥部·佐命門八》、《新五代史》卷二五《符存審傳》。

[9]左右厢步軍都指揮使：官名。五代時侍衛親軍長官。多由皇帝親信擔任。

[10]蕃漢馬步副指揮使：官名。馬步軍統兵將領。

[11]上黨：即潞州。治所在今山西長治市。

[12]檢校司徒：官名。爲散官或加官，以示恩寵，無實際執掌。 以功加檢校司徒：中華書局本有校勘記：“‘以功’二字原闕，據殿本、孔本、《册府》卷三八七補。”見《宋本册府》卷三八七《將帥部·褒異門一三》。

[13]都指揮使：官名。唐末五代軍隊多置都指揮使、指揮使，爲統兵將領。

[14]七年，加檢校太保，充蕃漢副總管：中華書局本有校勘

記：“‘加’字原闕，據《册府》卷三八七補；‘副’字原闕，據《册府》卷三四七、卷三八七補。據本卷下文，天祐十六年，符存審方代周德威爲内外蕃漢馬步總管。”

[15]八年三月，代李存璋戍趙州：《宋本册府》卷四一四《將帥部·赴援門》作：“天祐八年，存審以三千騎屯趙州。”此“三月”當爲“八年三月”。今據補。

[16]梁祖：即後梁太祖朱温。　蓨縣：縣名。治所在今河北景縣。

[17]李嗣肱：人名。沙陀部人。李克修之子。五代後唐將領。傳見本書卷五〇、《新五代史》卷一四。　存審與史建瑭、李嗣肱赴援：《輯本舊史》之影庫本粘籤：“嗣肱，原本作‘嗣臆’，考《通鑑》及《歐陽史》俱作‘肱’，今改正。”見《新五代史》卷一四《李嗣肱傳》、《通鑑》卷二六八乾化二年（912）三月諸條。五代無“李嗣臆”。

[18]下博橋：地名。位於今河北深州市東南下博鄉。

[19]邢：州名。治所在今河北邢臺市。　洺：州名。治所在今河北邯鄲市永年區。　磁：州名。治所在今河北磁縣。　團練使：官名。唐代中期以後，於不設節度使的地區設團練使，掌本區各州軍事。　以功遥領邢洺磁團練使：《舊五代史考異》：“《歐陽史》作遷領邢州團練使。”見《新五代史》卷二五。《宋本册府》卷三六七《將帥部·機略門七》：“符存審爲蕃漢馬步都指揮使。天祐九年，莊宗討劉守光於幽州，梁太祖因此北伐，至于棗疆（當爲棗彊，下同）。存審以騎軍三千屯于趙州。初，梁軍聲言五十萬，存審以兵少不敵，心頗憂之，謂裨將趙行實曰：‘朱公儻以五十萬來，義軍少，我作何禦待？’行實曰：‘誠如是，走入土門爲上策。’存審曰：‘賊軍未至，難便從公之上策。但得老賊在東，別將西來，尚可從容畫策。’不旬日，楊師厚攻棗强，賀德倫寇蓨縣，攻城甚急。存審謂趙行實、史建瑭曰：‘吾王方事北面，南鄙之事，付我等數人。今西道無兵，蓨縣危急，我等坐觀其弊，何以自安？老賊

既下蓨城，必西寇深、冀。不預爲方略，則滋曼難圖。與公等輕騎而行，偵其所向。'乃選精騎八百，急趨信都，扼下博橋道。存審令史建瑭、李都督分道擒生。建瑭分麾下五百騎爲五軍，一軍之衡水，一軍之南宫，一軍之信都，一軍之阜城，自將一軍深入，各命俘賊討芻糧者十人，而會于下博橋。翊日，諸軍所至皆獲賊芻蕘者數百，聚而殺之，内緩縶一人，令其逸去。或教其去者云：'可以報朱公，碼爾戰地，礪爾戈矛，晋王大軍至矣。'諸軍逸去者皆教以是言，賊聞大駭。李都督、史建瑭各領百餘騎，爲賊旗幟服色，與芻糧者相雜而行，至暮，及賀德倫營門，殺其門者，縱火大呼，俘斬而旋。其芻蕘者斷手臂，得歸皆言我兵大至，朱温大駭，遂命夜遁，趨於貝郡。蓨人持樏鋤白梃，追擊汴軍，收其輜車鎧仗，不可勝計。朱温先氣痼發動，因是愈甚，留貝州旬日，不能乘肩輿，疾作暴怒，其將張正言、許從實、朱彦柔皆斬於軍門，以其亡師蓨縣故也。"

十二年，魏博歸款於莊宗，莊宗遣存審率前鋒據臨清，[1]以俟進取。莊宗入魏，存審屯魏縣以抗劉鄩。[2]六月，鄩營莘縣，[3]存審與鎮、定之師營莘西三十里，[4]一日數戰。八月，率師攻張源德於貝州。[5]十三年二月，劉鄩自莘悉衆來襲我魏州，[6]存審以大軍躍其後，戰於故元城，[7]大敗汴人，從收澶、衛、磁、洺等州。[8]秋，邢州閻寶降，[9]授存審安國軍節度、邢洺磁等州觀察使。[10]十月，戴思遠棄滄州，[11]毛璋以城降，[12]授存審檢校太傅、横海軍節度使，[13]兼領魏博馬步軍都指揮使。[14]明年，就加平章事。

[1]莊宗遣存審率前鋒據臨清：中華書局本有校勘記："'莊宗'

二字原闕，據《册府》卷三四七補。"見明本《册府》卷三四七《將帥部·佐命門八》。《輯本舊史》卷二八《唐莊宗紀二》天祐十二年（915）三月條："帝命馬步副總管李存審自趙州帥師屯臨清，帝自晉陽東下，與存審會。"

[2]魏縣：縣名。治所在今河北魏縣。

[3]莘縣：縣名。治所在今山東莘縣。

[4]存審與鎮、定之師營莘西三十里：中華書局本有校勘記："'鎮'原作'真'，據殿本、《册府》卷三四七改。影庫本批校云：'真定，原本係鎮、定。'"

[5]張源德：人名。籍貫不詳。五代後梁將領。傳見本書附録、《新五代史》卷三三。

[6]魏州：州名。治所在今河北大名縣。

[7]元城：縣名。治所在今河北大名縣。

[8]澶：州名。唐大曆七年（772）治今河南清豐縣，後晉天福四年（939）移治今河南濮陽縣。 衛：州名。治所在今河南衛輝市。

[9]閻寶：人名。鄆州（今山東東平縣）人。後梁、後唐將領。傳見本書卷五九、《新五代史》卷四四。

[10]安國軍：方鎮名。治所在邢州（今河北邢臺市）。 授存審安國軍節度、邢洺磁等州觀察使：《舊五代史考異》："《五代會要》，同光元年始改邢州爲安國軍，據《薛史》此傳，則晉人得邢州即改軍額，疑《會要》誤也。詳見《通鑑考異》。"《會要》卷二四《諸道節度使軍額》條："邢州，梁開平二年六月，建爲保義軍節度，割洺、惠二州隸之。至後唐同光元年，改爲歸德軍。"《通鑑》卷二六九貞明二年（916）八月條："以李存審爲安國節度使，鎮邢州。"胡注："邢州，梁保義軍；既入于晉，自此遂改爲安國軍。《考異》曰：王溥《五代會要》、《薛史·地理志》、樂史《寰宇記》皆云'梁建保義軍，唐同光元年改爲安國軍'。而《莊宗》、《明宗實録·列傳》《薛史·存審傳》皆云'次年授安國節度使'。

恐是纔屬晋即改軍額，《會要》等書誤云同光元年。"

[11]戴思遠：人名。籍貫不詳。五代後梁、後唐將領。傳見本書卷六四。　滄州：州名。治所在今河北滄縣舊州鎮。

[12]毛璋：人名。滄州（今河北滄縣舊州鎮）人。五代後唐將領。傳見本書卷七三、《新五代史》卷二六。

[13]檢校太傅：官名。爲散官或加官，以示恩寵，無實際執掌。　橫海軍：方鎮名。治所在滄州（今河北滄縣舊州鎮）。

[14]"十月"至"兼領魏博馬步軍都指揮使"：《輯本舊史》卷二八《唐莊宗紀二》天祐十三年八月條："以忻州刺史、蕃漢副總管李存審爲邢州節度使。"同年九月條："梁滄州節度使戴思遠棄城遁去，舊將毛璋入據其城。"又："以李存審爲滄州節度使。"《通鑑》同《輯本舊史·本紀》，繫此事於九月。明本《册府》卷三六九《將帥部·攻取門二》："符存審遙領邢洺磁團練使。唐昭宗天祐十二年八月，將兵五千討張源德於貝州。時城中賊衆三千，每夜分出剽掠，州民苦之，皆願塹其城以安耕作。及存審至，賊保壁自固，因以八縣丁壯塹而圍之。九月，賊衆三千披甲出城，我將甘言諭之，俱釋兵解甲。既而四面陳兵，皆殺之，貝州平。"

十四年八月，將兵援周德威於幽州，敗契丹之衆。冬，破汴將安彦之於楊劉，[1]諸軍進營麻口。時梁將謝彦章營行臺村，[2]莊宗勇於接戰，每以輕騎當之，[3]遇窘者數四。存審每俟其出，必叩馬諫曰：[4]"王將復唐宗社，宜爲天下自愛，搴旗挑戰，一劍之任，無益聖德，請責効於臣。古人不以賊遺君父，[5]臣雖不武，敢不代君之憂。"莊宗即時迴駕。

[1]安彦之：人名。籍貫不詳。後梁將領。事見本書本卷、卷

一八。　楊劉：地名。唐宋時期黃河渡口。位於今山東東阿縣。

〔2〕謝彥章：人名。許州（今河南許昌市）人。五代後梁將領。傳見本書卷一六、《新五代史》卷二三。　行臺村：地名。位於今河南濮陽市濮城鎮東北。參見《讀史方輿紀要》卷三四、本書卷二八。

〔3〕每以輕騎當之：“當之”，《宋本冊府》卷三七四《將帥部・忠門五》作“當賊”。

〔4〕存審每俟其出，必叩馬諫曰：《冊府》卷三七四《將帥部・忠門五》作“存審凌旦俟其出，必叩馬泣諫曰”。

〔5〕古人不以賊遺君父：《冊府》卷三七四《將帥部・忠門五》作“昔耿弇不以賊遺君父”。

　　十五年十二月，[1]戰於胡柳，[2]晡晚之後，存審引所部銀槍効節軍，[3]敗梁軍於土山下。是日辰巳間，周德威戰殁，一軍逗撓，梁軍四集，存審與其子彥圖冒刃血戰，[4]出沒賊陣，與莊宗軍合。午後，師復集，擊敗汴人。

〔1〕十五年十二月：《輯本舊史》原無“十五年”三字。中華書局本有校勘記：“‘十二月’，本書卷二八《唐莊宗紀二》、《新五代史》卷五《唐本紀》繫其事於天祐十五年十二月。本書卷九《梁末帝紀中》、《新五代史》卷三《梁本紀》、《通鑑》卷二七〇繫其事於貞明四年十二月，按貞明四年即天祐十五年。”但未補，今據補。本書同卷《周德威傳》亦繫此事於天祐十五年（918）。

〔2〕胡柳：地名。位於今河南濮陽市東南。

〔3〕存審引所部銀槍効節軍：《輯本舊史》之影庫本粘籤：“銀鎗，原本作‘行鎗’，考《通鑑》：唐莊宗初得魏博，以其降卒置銀鎗効節都。《歐陽史》亦作銀鎗，今改正。”然《新五代史》卷

二三《楊師厚傳》、《通鑑》卷二六九貞明元年（915）三月丁卯條實作"銀槍"，今回改。

[4]彥圖：人名。即符彥圖。符存審子。事見本書本卷、《新五代史》卷二五。　存審與其子彥圖冒刃血戰："彥圖"，《宋本冊府》卷三九六《將帥部·勇敢門三》作"彥饒、彥圖"。

十六年春，[1]代周德威爲内外蕃漢馬步總管，於德勝口築南北城以據之。[2]七月，[3]汴將王瓚自黎陽渡河寇澶州，[4]存審拒戰，瓚退，營於楊村渡，[5]控我上游。自是日與交鋒，對壘經年，大小凡百餘戰。

[1]十六年春：《輯本舊史》卷二九《唐莊宗紀三》、明本《冊府》卷四一〇《將帥部·壁壘門》繫此事於正月。

[2]德勝口：地名。原爲德勝渡，爲黃河重要渡口之一。李存勗部將李存審築於黃河津要處德勝口，有南北二城。南城在今河南濮陽市東南，北城即今河南濮陽市。

[3]七月：《輯本舊史》卷二九《唐莊宗紀三》、《通鑑》卷二七〇繫此事於八月。

[4]王瓚：人名。太原祁（今山西祁縣）人。唐河中節度使王重盈之子。五代後梁將領，官至開封尹。傳見本書卷五九。　黎陽：縣名。治所在今河南浚縣。

[5]楊村渡：地名。位於今河南濮陽縣西南。

十七年，[1]汴將劉鄩攻同州，[2]朱友謙求援於我，[3]遣存審與李嗣昭將兵赴之。九月，次河中，進營朝邑。[4]時河中久臣於梁，衷持兩端，[5]及諸軍大集，芻粟暴貴，嗣昭懼其翻覆，將急戰以定勝負。居旬日，梁軍逼我營。會望氣者言，西南黑氣如鬥雞之狀，當有戰陣。存審曰：“我方欲決戰，而形於氣象，得非天贊歟！”是夜，閱其衆，詰旦進軍。梁軍來逆戰，大敗之，追斬二千餘級。自是梁軍保壘不出。存審謂嗣昭曰：“吾初懼劉鄩據渭河，偏師既敗，彼若退歸，懼我踵之，獸窮搏人，勿謂無事，可開其歸路，然後追奔。”乃令王建及牧馬於沙苑，[6]劉鄩、尹皓知之，[7]保衆退去，遂解同州之圍。[8]存審略地至奉先，[9]謁諸帝陵，乃班師。[10]

[1]十七年：《輯本舊史》卷二九《唐莊宗紀三》繫此事於七月。

[2]同州：州名。治所在今陝西大荔縣。

[3]朱友謙：人名。許州（今河南許昌市）人。唐末、五代軍閥。傳見本書卷六三、《新五代史》卷四五。

[4]河中：方鎮名。治所在河中府（今山西永濟市）。 朝邑：縣名。治所在今陝西大荔縣。

[5]衷持兩端：中華書局本有校勘記：“‘衷’原作‘衆’，據《册府》卷三四七、卷三九八改。”見明本《册府》卷三四七《將帥部·佐命門八》、《宋本册府》卷三九八《將帥部·明天時門》。

[6]王建及：人名。許州（今河南許昌市）人。五代後唐將鎮。以功賜姓名“李建及”。傳見本書卷六五、《新五代史》卷二五。 沙苑：地名。位於今陝西大荔縣東南。

[7]尹皓：人名。籍貫不詳。後梁將領。傳見本書附錄。

[8]遂解同州之圍：《舊五代史考異》：“案《歐陽史》：鄩以爲晉軍且懈，乃夜遁去。存審追擊于渭河，又大敗之。”見《新五代史》卷二五《符存審傳》。

　[9]奉先：縣名。治所在今陝西蒲城縣。有唐橋陵、泰陵等唐代帝王陵墓。

　[10]存審略地至奉先，謁諸帝陵，乃班師：《輯本舊史》卷一〇《梁末帝紀下》貞明六年（920）九月條："晋王遣都將李嗣昭、李存審、王建及率師來援同州，戰于城下。我師敗績，諸將以餘衆退保華州羅文寨。"《宋本册府》卷三六七《將帥部・機略門七》："（天祐）十七年七月，梁將劉鄩、尹浩寇同州。先是，河中節度使朱友謙以兵收復同州，以其子令德主留務。時友謙貌順友貞，請同州節。友貞怒其侵己，不時與之，遂絶友貞，請旄節於我，因授之。友貞乃遣劉鄩與華州節度使尹浩帥兵寇同州，塹其城。友謙力不能救，請師于我。帝遣蕃漢馬步總管李存審、昭義節度使李嗣昭、代州刺史王建及帥師赴援。九月，王師大集於河中，朝至夕渡。時汴人不意王師速至。劉鄩曰：'蒲人事晋，心異貌恭，假有乞師，争無猜審？至於師行次舍，倍道兼程，計其行途，未能及此。'李存審聞之，笑謂軍吏曰：'兵法有出奇無窮者，兵若自天而墜。劉鄩善將，何其昧哉！'汴人素輕蒲兵，每遇遊騎挑戰，必窮追襲。存審初至，率精甲千人，内選二百處蒲人之間，直壓賊壘。賊出千騎，結陣而追之，遽見我師，大駭而走，獲賊騎五十而旋。自是賊軍憚戰。明日，進軍朝邑。時蒲中蒭粟暴貴，糧餉不給。駐軍旬浹，人皆思戰。李存審欲徐圖勝負，不時聽從。存審謂嗣昭曰：'我率偏師入寇境，蒲中久爲賊有，人心尚懷兩端，事一差跌，則吾屬無類。且蒲人羸懦，不可驅以争鋒。惟悉我師，又衆寡不敵。持久則資糧不足，求戰則勝負難知。每一揣謀，令人鬚白。公方略如何？'嗣昭曰：'我數千里興兵與人解鬬。儻無成績，則失屬亡師。今日良圖，無踰急戰。'存審曰：'予所料度，非不至此。但同州南距渭河，又數十里連接華州。若逼動賊軍，夾河結壘，持久不戰，以逸待勞，俟我餽運不充，蒲人離貳，事生不測，吾輩安歸？不如示弱按兵，侈其鬬志，觀其進取，然後決機。軍士口譚，未可取信。'嗣昭曰：'善。'又旬日，望氣者言：'夜見西面

黑氣如鬭鷄之狀，必有戰陣。'存審曰：'吾方欲決戰，而形於氣象，得非天贊我歟！'召嗣昭、友謙聚謀，下令軍中，誡示所向。遲明進軍，距於賊壘。賊罄壘而出。蒲人在南，我師在北。騎軍既接，蒲人小退。賊呼曰：'冀王走矣。'爲賊所躪。嗣昭以精騎抗之，大軍繼逼，賊遂奔潰，追斬二千級。值夜劉鄩以餘衆保營，自是閉壁不出。居半月，存審謂嗣昭曰：'予所料者，懼劉鄩據渭結營，持久待我。今精兵亡敗，退走無門，戰窮搏人，勿謂無事。不如開其走路，然後追奔。'因令王建及牧馬于沙菀。劉鄩知之，遂宵遁。我師追及渭河，棄鎧投仗相蹈藉，所收輜重不可勝計。劉鄩、尹浩單騎獲免。"

十八年，王師討張文禮於鎮州，[1]李嗣昭、李存進相次戰歿。[2]十九年，遣存審率師進攻叛帥於城下，文禮之將李再豐陰送款於存審，[3]我師中夜登城，擒文禮之子處球等，[4]露布以獻，鎮州平，以功加檢校太傅、兼侍中。[5]

[1]張文禮：人名。燕（指今河北北部、北京、天津一帶）人。後唐將領。傳見本書卷六二。

[2]李存進：人名。振武（唐代治今内蒙古和林格爾縣）人。五代後唐將領。本姓孫，名重進，李克用以之爲義兒軍使，賜姓名。傳見本書卷五三、《新五代史》卷三六。

[3]李再豐：人名。籍貫不詳。五代將領。事見本書本卷、卷六二。　文禮之將李再豐陰送款於存審：《輯本舊史》之影庫本粘籤："李再豐，原本作'稱豐'，今據《歐陽史》改正。"見《新五代史》卷二五《符存審傳》。

[4]處球：人名。即張處球。張文禮之子。事見本書卷二九。

[5]侍中：官名。秦始置。隋、唐前期爲門下省長官。唐後期

多爲大臣加銜，不參與政務，實際職務由門下侍郎執行。正二品。

　　二十年正月，師旋於魏州，莊宗出城迎勞，就第宴樂。無何，契丹犯燕薊，[1]郭崇韜奏曰：[2]“汴寇未平，繼韜背叛，北邊遮虜，[3]非存審不可。”上遣中使諭之，[4]存審臥病羸瘵，附奏曰：“臣効忠禀命，靡敢爲辭，但痾恙纏綿，未堪祗役。”既而詔存審以本官充幽州盧龍節度使，[5]自鎮州之任。同光初，加開府儀同三司、檢校太師、中書令、食邑千户，[6]賜號忠烈扶天啓運功臣。[7]

　　[1]燕薊：地區名。即今河北北部、北京市、天津市一帶。
　　[2]郭崇韜：人名。代州雁門（今山西代縣）人。五代後唐大臣。傳見本書卷五七、《新五代史》卷二四。
　　[3]北邊遮虜：中華書局本之《輯本舊史》作“北邊捍禦”，有校勘記：“《册府》卷三四七作‘北邊遮虜’。”但未改。此因《輯本舊史》忌清諱而改，今據明本《册府》卷三四七《將帥部·佐命門八》回改。
　　[4]中使：即宦官。
　　[5]既而詔存審以本官充幽州盧龍節度使：《輯本舊史》卷二九《唐莊宗紀三》同光元年（923）三月己卯條：“以橫海軍節度使、内外蕃漢馬步總管李存審爲幽州節度使。”
　　[6]檢校太師：官名。爲散官或加官，以示恩寵，無實際執掌。
　　中書令：官名。漢代始置，隋、唐前期爲中書省長官，屬宰相之職，唐後期多爲授予元勳大臣的虛銜。正二品。
　　[7]“同光初”至“賜號忠烈扶天啓運功臣”：《輯本舊史》卷二九《唐莊宗紀三》同光元年閏四月丁丑條：“以幽州節度使李存

審爲檢校太師，兼中書令。"

十月，平梁，遷都洛陽。[1]存審以身爲大將，不得預收復中原之功，舊疾愈作，堅求入覲尋醫，以情告郭崇韜。時崇韜自負一時，佐命之功，無出己右，功名事望，素在存審之下，權勢既隆，人士輻湊，不欲存審加於己上，每有章奏求覲，即陰沮之。存審妻郭氏泣訴於崇韜曰：[2]"吾夫於國，粗効驅馳，與公鄉里親舊，公忍令死棄北荒，何無情之如是！"崇韜益慚懟。明年春，疾甚，上章懇切，乞生覲天顔，不許。存審伏枕而歎曰："老夫歷事二主，垂四十年，幸而遇今日天下一家，遠夷極塞，皆得面覲彤墀，射鈎斬袪之人，孰不奉觴丹陛，獨予壅隔，豈非命哉！"[3]漸增危篤，崇韜奏請許存審入覲。四月，制授存審宣武軍節度使、諸道蕃漢馬步總管，[4]詔未至，五月十五日卒於幽州官舍，時年六十三，遺命葬太原。存審遺奏陳敘不得面覲，詞旨悽惋。莊宗震悼久之，廢朝三日，贈尚書令。[5]

[1]洛陽：地名。治所在今河南洛陽市。

[2]郭氏：符存審妻。本書僅此一見。

[3]"存審以身爲大將"至"豈非命哉"：亦見明本《册府》卷三三九《宰輔部·忌害門》郭崇韜條。

[4]宣武軍：方鎮名。唐舊鎮，治所在汴州（今河南開封市）。後梁開平元年（907）升汴州爲東京開封府。開平三年置宣武軍於宋州（今河南商丘市）。後唐同光元年（923）改宋州宣武軍爲歸德軍。廢東京開封府，重建宣武軍於汴州。後晉天福三年（938），

改爲東京開封府。除天福十二年、十三年短暫改爲宣武軍外，汴京均爲東京開封府。　制授存審宣武軍節度使、諸道蕃漢馬步總管：《輯本舊史》之影庫本粘籤：“宣武，原本脱‘武’字，今據《歐陽史》增入。”見《新五代史》卷二五《符存審傳》。《輯本舊史》卷三一《唐莊宗紀五》同光二年四月丁丑條：“以前幽州節度使、内外蕃漢馬步總管、檢校太師、兼中書令李存審爲宣武軍節度使，餘如故。”

[5]尚書令：官名。秦始置。隋、唐前期爲尚書省長官，與中書令、侍中並爲宰相。唐後期多爲大臣加銜，不參與政務。正二品。　贈尚書令：《輯本舊史》卷四二《唐明宗紀八》長興二年（931）四月戊戌條：“故昭義節度使李嗣昭、故幽州節度使周德威、故汴州節度使符存審，並配饗莊宗廟庭。”

存審少在軍中，識機知變，行軍出師，法令嚴明，決策制勝，從無遺悔，功名與周德威相匹，皆近代之良將也。[1]常戒諸子曰：“予本寒家，少小攜一劍而違鄉里，四十年間，位極將相。其間屯危患難，履鋒冒刃，入萬死而無一生，身方及此，前後中矢僅百餘。”[2]乃出鏃以示諸子，因以奢侈爲戒。

[1]皆近代之良將也：中華書局本有校勘記：“‘將’字原闕，據《册府》卷三九三、《續世説》卷九補。”見明本《册府》卷三九三《將帥部·威名門二》。

[2]前後中矢僅百餘：中華書局本有校勘記：“‘中’字原闕，據《册府》卷八一七、《續世説》卷九補。”見《宋本册府》卷八一七《總録部·訓子門二》。

存審微時，嘗爲俘囚，將就戮於郊外，臨刑指危垣謂主者曰：“請就戮於此下，冀得壞垣覆尸，旅魂之幸也。”主者哀之，爲移次焉。遷延之際，主將擁妓而飲，思得歌者以助歡。妓曰：“俘囚有符存審者，妾之舊識，每令擊節，以贊歌令。”主將欣然，馳騎而捨之，豈非命也！《永樂大典》卷一萬八千一百二十八。[1]

[1]《大典》卷一八一二八“將”字韻“後唐將（一）”事目。

彥超，存審之長子也。少事武皇，累歷牙職。存審卒，莊宗以彥超爲汾州刺史。同光末，魏州軍亂，詔彥超赴北京巡檢。[1]先是，朝廷令內官吕、鄭二人在太原，[2]一監兵，一監倉庫。及明宗入洛，[3]皇弟存霸單騎奔河東，[4]與吕、鄭謀殺彥超與留守張憲。[5]彥超覺之，密與憲謀，未決，部下大譟，州兵畢集，張憲出奔。是夕，軍士殺吕、鄭、存霸於衙城。詰旦，聞洛城禍變，彥超告諭三軍。[6]明宗又令其弟龍武都虞候彥卿馳騎安撫。[7]六月，彥超入覲，明宗召見撫諭，尋授晉州留後。未行，會其弟前曹州刺史彥饒平宣武亂軍，明宗喜，召彥超謂之曰：“吾得爾兄弟力，餘更何憂，爾爲我往河東撫育耆舊。”即授北京留守、太原尹。[8]明年冬，移授昭義節度使。[9]四年，授驍衛上將軍，[10]改金吾上將軍。[11]長興元年，[12]授泰寧軍節度使，[13]尋移鎮安州。[14]

[1]北京：即太原府。治所在今山西太原市。　巡檢：官名。又稱“巡檢使”。五代始設巡檢，設於京師、陪都、重要的州及邊防重鎮。

[2]吕、鄭：具體姓名不詳。後唐莊宗宦官。事見本書本卷、卷六九。

[3]明宗：即李嗣源。沙陀部人。原名邈佶烈，李克用養子。五代後唐明宗，926年至933年在位。紀見本書卷三五至卷四四、《新五代史》卷六。

[4]存霸：人名。即李存霸。沙陀部人。李克用之子，五代後唐將領。傳見本書卷五一、《新五代史》卷一四。　河東：方鎮名。治所在今山西太原市。

[5]留守：官名。皇帝出巡或親征時指定親王或大臣留守京城，綜理軍事、行政、民事、財政等事務，稱京城留守。在陪都或軍事重鎮也常設留守，以地方長官兼任。　張憲：人名。晉陽（今山西太原市）人。後唐官員。傳見本書卷六九、《新五代史》卷二八。　與吕、鄭謀殺彦超與留守張憲：中華書局本有校勘記：“‘吕’字原闕，據殿本、劉本、《册府》卷七八補。影庫本批校：與吕、鄭謀殺彦超，脱‘吕’字，應增。’”見明本《册府》卷七八《帝王部·委任門二》。《舊五代史考異》：“案：《歐陽史》作張憲欲納存霸，《薛史》作存霸謀殺張憲、彦超，兩史紀載微異。”《輯本舊史》之影庫本粘籤：“《通鑑考異》云：《薛史·張憲傳》作張憲謀奉存霸爲主，《符彦超傳》又作存霸謀殺彦超，前後互異，今附識于此。”見《輯本舊史》卷六九《張憲傳》、《新五代史》卷二八《張憲傳》、《通鑑》卷二七五天成元年（926）四月條《考異》。

[6]彦超告諭三軍：《舊五代史考異》：“案《宋史·張昭傳》云：昭爲張憲推官，莊宗及難，聞鄴中兵士推戴明宗，憲部將符彦超合戍將應之。憲死，有害昭者，執之以送彦超，彦超曰：‘推官正人，無得害之。’又逼昭爲榜，安撫軍民。”見《宋史》卷二六一。明本《册府》卷四二三《將帥部·討逆門》：“符彦超爲汾州刺

史。同光末，魏州軍亂，天下騷動，詔彥超北京巡檢。朝廷先令内養吕、鄭二人，一監兵，一監倉庫，留守張憲與彥超承應不暇。及蕭牆變起，明宗入洛。皇弟存詔單騎入河東，與二寺人謀殺彥超、張憲，據城自衛。彥超預知其謀，夜密謁憲曰：‘摠管入洛。存詔此來無善意，濟之以吕、鄭，吾徒禍不旋踵矣。宜出機先，無落腐人之手。’憲儒者，又以莊宗故吏，不忍背之，猶像未決。是日，彥超部下大譟，趨紙橋。至暝，牢城兵軍集，憲出奔，殺吕、鄭、存詔於衙城。詰旦，號令諸軍，三城晏然。”

[7]龍武：部隊番號。　都虞候：官名。唐、五代方鎮高級軍官。　彥卿：人名。即符彥卿。陳州宛丘（今河南淮陽縣）人。後周、宋初將領。周世宗宣懿皇后、宋太宗懿德皇后，皆符彥卿女。傳見《宋史》卷二五一。

[8]太原尹：官名。唐開元十一年（723）改并州爲太原府，治所在今山西太原市。由太原尹總其政務。從三品。　即授北京留守、太原尹：《輯本舊史》卷三六《唐明宗紀二》天成元年五月庚午條：“以權知北京軍府事、汾州刺史符彥超爲晋州留後。”同年六月甲寅條：“以晋州留後符彥超爲北京留守。”

[9]昭義：方鎮名。治所在潞州（今山西長治市）。　移授昭義節度使：《輯本舊史》卷三八《唐明宗紀四》天成二年十二月庚辰條：“以北京留守符彥超爲潞州節度使。”

[10]驍衛上將軍：官名。唐置，掌宫禁宿衛。唐代置十六衛之一。從二品。

[11]金吾上將軍：官名。唐置，掌宫禁宿衛。唐代置十六衛之一。從二品。　“四年”至“改金吾上將軍”：《輯本舊史》卷四〇《唐明宗紀六》天成四年六月癸丑條：“以前潞州節度使符彥超爲左驍衛上將軍。”同年十月庚子條：“以左驍衛上將軍符彥超爲右金吾上將軍。”

[12]長興：後唐明宗李嗣源年號（930—933）。

[13]泰寧軍：方鎮名。治所在兗州（今山東濟寧市兗州區）。

[14]安州：州名。治所在今湖北安陸市。 "長興元年"至
"尋移鎮安州"：《輯本舊史》卷四一《唐明宗紀七》長興元年
（930）四月庚申條："以右金吾上將軍符彦超爲兗州節度使。"卷四
二《唐明宗紀八》長興二年九月丙戌條："以前兗州節度使符彦超
爲左龍武統軍。"卷四四《唐明宗紀一〇》長興四年三月己亥條：
"以左龍武統軍符彦超爲安州節度使。"

　　彦超厮養中有王希全者，[1]小字佛留，粗知書計，
委主貨財，歲久耗失甚多，彦超止於訶譴而已。應順元
年正月，[2]佛留聞朝廷多事，因與任貨兒等謀亂。[3]一
夕，扣門言朝廷有急遞至，彦超出至廳事，佛留挾刃害
之。詰旦，本州節度副使李端召州兵攻佛留等殺之，[4]
餘衆奔淮南，[5]擒彦超部將趙温等二十六人誅之。[6]彦超
贈太尉。[7]

　　[1]王希全：人名。籍貫不詳。五代後唐時人。事見本書本卷、
卷四五。
　　[2]應順：後唐閔帝李從厚年號（934）。
　　[3]任貨兒：人名。本書僅此一見。中華書局本有校勘記："任
貨兒，《通鑑》卷二七八作'任賀兒'。"見《通鑑》卷二七八清泰
元年（934）閏正月己酉條。
　　[4]節度副使：官名。唐、五代方鎮屬官。位於行軍司馬之下、
判官之上。 李端：人名。籍貫不詳。五代藩鎮將領。本書僅此一
見。 本州節度副使李端召州兵攻佛留等殺之：中華書局本有校勘
記："'殺之'，殿本、孔本作'敗之'。"
　　[5]淮南：方鎮名。治所在揚州（今江蘇揚州市）。
　　[6]趙温：人名。本書僅此一見。

［7］太尉：官名。與司徒、司空並爲三公，唐後期、五代多爲大臣、勳貴加官。正一品。　彥超贈太尉：《輯本舊史》卷四五《唐閔帝紀》應順元年（934）閏正月丁巳條："安州奏，此月七日夜，節度使符彥超爲部曲王希全所害，廢朝一日。"

　　存審次子彥饒，《晉史》有傳。[1]次彥卿，皇朝前鳳翔節度使、守太師、中書令，[2]封魏王，今居於洛陽。次彥能，[3]終於楚州防禦使。[4]次彥琳，[5]仕皇朝爲金吾上將軍，卒於任。《永樂大典》卷一萬八千一百二十八。[6]

　　［1］彥饒：人名。即符彥饒。陳州宛丘（今河南淮陽縣）人。符存審次子。五代後唐、後晉將領。傳見本書卷九一、《新五代史》卷二五。　存審次子彥饒，《晉史》有傳：《符彥饒傳》見《輯本舊史》卷九一。

　　［2］鳳翔：方鎮名。治所在鳳翔府（今陝西鳳翔縣）。　皇朝前鳳翔節度使、守太師、中書令：中華書局本有校勘記："'皇朝前'，原作'歷官'，據殿本改。劉本作'皇朝歷官'。按《宋史》卷二五一《符彥卿傳》，彥卿開寶二年六月移鳳翔節度，後因事罷，居洛陽，無復任官。"

　　［3］彥能：人名。即符彥能。陳州宛丘（今河南淮陽縣）人。符存審之子。事見本書卷一一四。

　　［4］楚州：州名。治所在今江蘇淮安市。　防禦使：官名。唐代始置，設有都防禦使、州防禦使兩種。常由刺史或觀察使兼任，實際上爲唐代後期州或方鎮的軍政長官。

　　［5］彥琳：人名。即符彥琳。陳州宛丘（今河南淮陽縣）人。符存審之子。五代將領。事見本書卷九〇、卷一一一。

　　［6］《大典》卷一八一二八"將"字韻"後唐將（一）"事目。